专业棋牌出版

王庆跃 / 主编
徐明 袁志华 张俭 / 编著

麻将

中国麻将竞技大全

成都时代出版社
CHENGDU TIMES PRESS

图书在版编目（CIP）数据

中国麻将竞技大全/王庆跃主编；徐明，袁志华，张俭编著. —成都：成都时代出版社，2020.3
ISBN 978-7-5464-2512-2

Ⅰ. ①中… Ⅱ. ①王… ②徐… ③袁… ④张… Ⅲ. ①麻将-基本知识 Ⅳ. ①G892.2

中国版本图书馆CIP数据核字（2019）第230360号

中国麻将竞技大全
ZHONGGUO MAJIANG JINGJI DAQUAN

王庆跃 主编
徐 明 袁志华 张 俭 编著

出 品 人	李若锋
责任编辑	曾绍东
责任校对	刘 瑞
装帧设计	华彩文化
责任印制	李茜蕾
出版发行	成都时代出版社
电　　话	（028）86618667（编辑部）
	（028）86615250（发行部）
网　　址	www.chengdusd.com
印　　刷	成都蜀通印务有限责任公司
规　　格	165 mm×230 mm
印　　张	21.75
字　　数	320千字
版　　次	2020年3月第1版
印　　次	2020年3月第1次印刷
印　　数	5000
书　　号	ISBN 978-7-5464-2512-2
定　　价	39.00元

著作权所有·违者必究。
本书若出现印装质量问题，请与工厂联系。电话：028-64715762

主编寄语

麻将源于中国，为世界公认，无庸置疑。麻将历时上千年长盛不衰流传至今，是中华传统文化园地里的奇葩，堪称国粹。毛泽东对此有精辟论述："中国对世界有三大贡献，第一是中医，第二是曹雪芹的《红楼梦》，第三是麻将牌……"放眼古今，享有这等待遇的有几个？麻将是实实在在货真价实的国粹！

麻将从19世纪传到美国、日本、欧洲等国家后，其命运就发生了根本性的变化。发源于中国的麻将，生长在日本，开花在欧洲，收获在美国。胡适先生首次赴美时，看到麻将在知识阶层的流行大为惊讶。以"麻将"为题叙述其空前的盛况："……麻将牌忽然流行到海外，后来日本也传染到了。有一时期，麻将竟成了西洋社会里最时髦的一种游戏……谁也想不到东方文明征服西洋的先锋队却是那一百三十六个麻将军！"

然而，从20世纪中叶起，麻将在发源地中国的境遇却耐人寻味。麻将这一喜闻乐见的游戏在带给亿万人欢乐的同时，也有一些不同的看法，让麻将不能登大雅之堂。在全国范围内，虽然麻将为亿万大众喜爱，是参与人数最广的竞技项目，但其地位不高，不像围棋、象棋、桥牌之类有国家政府正式认可的保驾护航。

1980年代后期，以于光远、李梦华、伍绍祖、徐才、龚育之、马惠娣为代表的一批有识之士致力于弘扬国粹，推动麻将的发展。国家体育总局1998年审定发行的《中国麻将竞赛规则》在前言中郑重指出："麻将运动不仅具有独特的游戏特点，而且具有集益智性、趣味性、博弈性于一体的运动魅力及内涵丰富、底蕴悠长的东方文化特征，因而成为中国传统文化宝库中的一个重要组成部分"。

1987年，我提出亟待建立中国休闲运动体系，加强学术研究，得到学术界学者的广泛认同。1996年策划组织专家编写《休闲运动健康丛书》，得到时任国家体委伍绍祖主任高度评价并题写书名，时任群体司谢亚龙司长为丛书作序。由于当时麻将相关图书资料匮乏，为了更好地开展麻将竞技活动，解读《中国麻将竞技规则》，组织编写《中国麻将竞技大全》一书即为丛书之一，已故80多岁高龄的家父参与撰写和审定书稿，于1999年5月在全国专业棋牌出版社蜀蓉棋艺出版社《中国麻将竞技大全》一书出版，得到国内外社会各界和麻将爱好者好评，重印多次断货。带动了一批麻将研究者著书立说，掀起了麻将学术研究热，各地相继出版了多种麻将研究专著，为研究弘扬推广麻将起到了积极的作用。

2003年，著名经济学家于光远发起并召开了四届"中华麻将论坛"，呼吁全社会弘扬"健康、科学、友好的麻将文化"。2006年12月原国家体委主任李梦华来成都考察四川麻将文化，我参与接待和座谈，并赠送《中国麻将竞技大全》给他，他十分高兴并对此书评价很高，认为四川成都基础最好，有麻将研究者和支持学术研究的出版社，参与麻将游戏活动的人口众多，指出"……我们有责任向世界输出我们的游戏品类。让麻将文化为世界和平服务，为世界人民服务"。

2015年日本申办2020年东京奥运会成功，计划将麻将竞技列为奥运会项目，旨在进一步弘扬麻将国际化。2014—2018年连年举办了中日健康麻将大赛，2019年10月举办中美日法麻将大赛为东京奥运会造势，中外麻将界学者期望中国为弘扬麻将多作贡献多出好书。成都时代出版社曾总多次提议我们对99版《中国麻将竞技大全》增补修编出版。2017年经过思考酝酿，我决定在原书基础上重新策划体例，组织专家编写《中华麻将竞技详解》，本书具有三个特点，一是充分展现麻将起源与发展史料完整性，二是重点突出麻将研究的科学性，三是麻将竞赛技战术的实用性。

　　本书在收集研究整理近二十年有关麻将国际化发展动态和研究最新成果的基础上，进一步全面系统地介绍了古代中华麻将的起源与流变；现代中华麻将的输出和国际化；麻将的初级、中级和高级技法；心理战术的运用；麻将竞赛的组织与裁判、计分方法；怎样参加和观赏麻将竞赛；麻将旁门左道的识别；麻将竞赛的场地器材；麻将与人体健康等。全书共十四章，内容丰富，图文并茂，实用性强，适合中外麻将爱好者及麻将竞赛组织者阅读。

目 录

第一章 中国的国粹——麻将概论 ………………………………（ 1 ）
  一、中国古代麻将的起源与演变 ………………………（ 2 ）
  二、中国现代麻将走向世界 ……………………………（ 7 ）
  三、麻将牌的分类及特征、作用 ………………………（26）

第二章 麻将的基础知识 …………………………………………（34）
  一、搬庄和定位 …………………………………………（34）
  二、洗牌与砌牌 …………………………………………（35）
  三、开牌与理牌 …………………………………………（36）
  四、和牌的基本形式和种类 ……………………………（37）
  五、打麻将基本原理 ……………………………………（42）

第三章 麻将竞赛初级技法 ………………………………………（45）
  一、学会识牌，明确牌理 ………………………………（45）
  二、仔细读牌，观察动静 ………………………………（55）
  三、慎重出牌，果断决策 ………………………………（57）
  四、正确防守，寻找时机 ………………………………（59）
  五、准确听牌，一举制胜 ………………………………（61）

第四章　麻将竞赛中级技法 ……………………………（63）

一、形势判断，主动出击 ……………………………（63）

二、组合构思 …………………………………………（69）

三、战术运用 …………………………………………（76）

第五章　麻将竞赛高级技法 ……………………………（85）

一．准听牌的牌型结构与机会数 ……………………（85）

二、多听口的牌型分析 ………………………………（100）

三、组牌高级技法 ……………………………………（110）

四、麻将进阶战术思想 ………………………………（122）

第六章　麻将竞技中的心理战术运用 …………………（134）

一、麻将选手的心理素质 ……………………………（135）

二、打麻将如何运用心理战术技巧 …………………（139）

三、打麻将时该如何调整心态 ………………………（142）

四、麻将心理战术应用 ………………………………（145）

五、猜牌技术 …………………………………………（146）

六、舍牌的技术 ………………………………………（154）

七、麻将心理战术的实例 ……………………………（159）

八、根据眼睛和表情猜牌 ……………………………（172）

九、根据动作猜牌 ……………………………………（174）

十、根据排列猜牌 ……………………………………（176）

十一、反猜牌战术 ……………………………………（177）

十二、兵不厌诈，为死吃碰 …………………………（180）

十三、战术运用实例 …………………………………（181）

第七章　怎样参加和观赏麻将竞赛 ·················· (184)

一、赛前检查和时间规定 ·················· (184)

二、麻将竞赛的礼仪规则 ·················· (184)

三、麻将竞赛应杜绝的行为 ················ (185)

四、麻将竞赛的基本规则 ·················· (185)

五、麻将竞赛基本守则 ···················· (188)

六、麻将选手的行为规范 ·················· (188)

七、如何组队参加比赛 ···················· (188)

八、如何欣赏竞技麻将 ···················· (189)

第八章　麻将竞赛的组织 ···························· (192)

一、麻将竞赛的组织 ······················ (192)

二、麻将竞赛的抽签 ······················ (193)

三、麻将竞赛的编排 ······················ (197)

四、编印比赛秩序册 ······················ (205)

五、记录表填写法 ························ (205)

第九章　麻将竞赛场地器材及设备 ·················· (219)

一、场地 ·································· (219)

二、设备 ·································· (219)

三、器材 ·································· (221)

第十章　麻将专门术语释义 ························ (223)

一、麻将的常用术语118例 ················ (223)

二、麻将的行牌术语80例 ················· (234)

第十一章　各地区麻将竞技方法 ···················· (244)

一、四川麻将竞技方法 ···················· (244)

二、广东麻将竞技方法 ………………………………………… (249)
三、湖南麻将竞技方法 ………………………………………… (253)
四、武汉麻将竞技方法 ………………………………………… (256)
五、北京麻将竞技方法 ………………………………………… (259)
六、上海麻将竞技方法 ………………………………………… (261)
七、贵州麻将竞技方法 ………………………………………… (265)
八、天津麻将竞技方法 ………………………………………… (269)
九、浙江麻将竞技方法 ………………………………………… (272)

第十二章 麻将旁门左道的识别及处罚 ……………………… (275)
一、常见旁门左道及实战表现15招 …………………………… (275)
二、牌场骗局实例 ……………………………………………… (277)
三、对付作弊的常用方法 ……………………………………… (288)
四、处罚与预防 ………………………………………………… (289)

第十三章 中国麻将竞赛计分标准释例 ……………………… (292)
一、番的类型及分数 …………………………………………… (292)
二、牌型花样统计及综合计分 ………………………………… (317)
三、数番计分注意事项 ………………………………………… (320)
四、比赛成绩的计算 …………………………………………… (321)

第十四章 中国麻将与人体健康 ……………………………… (324)
一、麻将的价值——"桌上太极拳" …………………………… (324)
二、麻将的作用——"老+脑杀手"的克星 …………………… (326)
三、麻将的魅力——平和心性、活力健康 …………………… (330)
四、麻将的竞赛——老龄化社会的福音 ……………………… (333)

第一章

中国的国粹——麻将概论

麻将是我国古代独创的一种极富趣味和娱乐性的牌具，它是我国传统文化的一个重要的组成部分，是中国的国粹，也是广大人民群众最为喜爱的室内外娱乐活动之一。

关于中国麻将，毛泽东发表了高论，他说："中国对世界有三大贡献，第一是中医，第二是曹雪芹的《红楼梦》，第三是麻将牌。不要看轻了麻将……你要是会打麻将，就可以更好地了解偶然性和必然性的关系。麻将牌里有哲学"，在他眼中闻名遐迩的中华古代四大发明竟然没有一个比得上麻将（木火明：《毛泽东对中西医的评价》）。

在延安时期，毛泽东常和朱德、叶剑英、师哲等一起玩麻将，一次一连打了好几圈，毛泽东兴致少有的高涨。新的一盘开始时，他一边理牌一边讲了"毛氏辩证法"：打麻将里边有辩证法。不少人一看到手上牌的"点数"不好，就会摇头叹气，这种态度，我看不可取。世界上一切事物都不是一成不变。打麻将也是这样，如果胸无全局，调配失利，再好的"点数"拿在手里，也会转胜为败，最好的可能转变成最坏的。相反，就是拿到最坏的"点数"，只要统筹调配，安排使用得当，也会以劣代优，以弱胜强。事在人为嘛！（孙宝义、刘春增、邹桂兰：《毛泽东谈中国对世界三大贡献：第三是麻将》）。

一、中国古代麻将的起源与演变

麻将牌也叫"麻雀牌"或"雀牌",打麻将也称"搓麻将"、"玩麻将"或"雀战"。而打麻将应先理牌。即四个人每人各垒十七或十八对双层的牌墙,俗称"砌长城"。因为四道墙有如筑成一座方城,所以又被叫作"方城之战"。

打麻将在中国民间大约已风行了1000年,它的产生是劳动人民智慧的结晶。根据史料记载,麻将的起源可追溯至武乙(公元前1420~1138年)的宫廷游戏——博戏。殷纣王之前就有六博游戏。博戏具有浓厚的博彩性和娱乐性,并很快由宫廷传到民间而风行于世,经久不衰。到唐朝开成年间(公元836~841年)叶子戏的出现,经历了一千九百余年;随后又演变成宣和牌(宋朝宣和年,公元1120年),马吊牌(元朝末年,公元1341年),最后,演变成现在的麻将牌(清朝咸丰年间,公元1851年)。

在中国麻将发展历程中,麻将是由多种棋牌活动融合、演变,并且不断丰富、完善、改良而形成的。麻将至今已有一千多年的历史,相传由唐代张遂(又名一行和尚)发明,并由最初发明时的纸牌逐渐发展为立体牌。在清代道光至清末时期,形成了一套144张牌和每把13张的定型打法。

从麻将牌的组合设计来分析,一副麻将牌中的任何一张牌都有着特殊的意义和作用,具有鲜明的中华传统文化的特点和意境。

(一)反映中国古代朴素的宇宙观

108张主牌反映了古人朴素的宇宙观,最初麻将牌的图案,选取的是《水浒传》中的108个好汉。这与一个名叫"万秉迢"的人相关。相传他非常推崇施耐庵笔下的梁山好汉,就以108这个数字作为麻将牌的基数,并隐喻108条好汉。打麻将胜者嘴里说的是"和"(音:胡),而不是"胜"或"赢"。麻将的发明是为了纪念梁山好汉,而梁山头领宋江一心想被招安,想与朝廷求和,并不想打赢朝廷,所以打麻将胜者历来说"和",即和为贵。

比如,牌中九条喻为"九纹龙"史进,二条喻为"双鞭"呼延灼。而麻将之所以分为万、饼、条3类,是取其本人姓名"万秉迢"的谐音。每类从一到九各有4张牌，刚好108张。

后来增加的风牌（即东、南、西、北）和箭牌（即中、发、白），则是缘于这样一个说法——108条好汉是从四面八方汇聚到梁山的，所以加上东、西、南、北、中五方，并各添4张牌计20张。

这些好汉有富贵贫穷各阶层，再后来加上"发"、"白"隐喻富有和贫穷，加上8张牌，整副牌共136张。随后，又加上各种花牌，整副牌就达到了144张。

一副传统的麻将牌是由六类42种图案组成的，其中有序数牌（含万子牌、饼子牌和条子牌）108张、风牌（即东、南、西、北）16张，箭牌（即中、发、白）12张，花牌（即春、夏、秋、冬、梅、兰、竹、菊）8张。

这种组合设计不是随意捏造的，而是来源于中国古代三十六天罡、七十二地煞的思想，反映了中国古人朴素的宇宙观。

（二）反映中国古代哲学思想

"东西南北中发白"体现了中国古代哲学的"三才观"和"天圆观"。众所周知，中国古代的哲学思想主要以五行说为代表，认为世界是由金、木、水、火、土等最基本的物质组成，和方位相配分别为：东方甲乙木、西方庚辛金、南方丙丁火、北方壬癸水、中方戊己土。

中国古人认为宇宙形态是天圆地方，所以，"白"代表地，"发"代表天，"发"是在人的头顶部，所以用发代表天。"中"既代表五行中的中方土，也代表天、地、人"三才"中的人。

正是"中"的确定，使东、西、南、北、中和天（发）、地（白）共同构成了一个真正的天圆，这个天圆不是地球的圆，而是宇宙的圆。

数字里暗含玄机，而麻将牌中的万、饼、条3种花色，则分别反映了物质的存在形式，数字则代表了物质存在的数量。

在中国古代哲学思想中，3为基数，9为极数，所以万、饼、条分别有9张。除了3、9外，5、12在古代文化中也有重要的地位，在我们的生活中除了五行、五味、五脏、五色等与5有关的物质外，还有很多和12有关的天文历法，中国古代有12地支，暗合12生肖、12时辰、12个月……

这种哲学思想在麻将中得到了充分的体现，144是12的平方，108也是12的倍数。另外，在麻将规则中，规定每人抓13张牌，而13乘以4等于52，这正暗合了一年有52个星期的规律。

（三）反映中国传统文化

麻将牌面图案设计寓意深刻，从牌面图案设计来考量，不难发现，麻将牌中的每一张牌的图案都有某种寓意，暗示了某一种中国传统文化的诉求。

以"花牌"为例，人们通常采用梅、兰、竹、菊为图案。梅、兰、竹、菊占尽春、夏、秋、冬，被人称为"四君子"。"梅"显示高洁傲骨之风；"兰"代表优雅高尚的气质；"竹"象征虚心有节的品格；"菊"则暗示超凡脱俗的品质。这充分表现了人们对时间秩序和生命意义的感悟，也是对某种审美人格境界的向往，成为中国人感物喻志的象征。

而"中、发、白"3张牌就寓意着"中正""发达""纯洁"之意。

中国麻将中的饼是铜钱；条是索，索在古代是穿铜钱的线；而万是铜钱的数量，老百姓希望钱不是百，这样太少了，也不是千而是万，表达了古人对财富的渴望。

东风、西风、南风、北风，代表着四方，寓意出门打拼的游子们远走四方，为了让家人过上好日子。

"中、发、白"也寄托着中国人最朴素的愿望。过年了，大家拜年的话就是恭喜发财，要么祝愿亲朋早日升迁发达。"发"当然是发财，"中"就中状元，就是考试及第，希望孩子能考个好学校，也希望亲朋能如古人一样中举人，仕途得到升迁，对将来的美好愿望。而"白"，代表着清白，在发财的时候要清清白白，这样才能把日子过得非常幸福和安稳。所以，中国老百姓过年休闲的时候，非常喜欢打麻将，里面包含着我们对新的一年的希望。

麻将不以牌面的大小为实力，而是讲究在群体中的价值，只有与别的牌配合了，才能发挥作用，一张牌的实力作用是相对的，不是绝对的。只要合用，绝无大小之分。加上"吃"和"碰"，也许对别人没有价值的牌，对自己却是很有用的。中国人更注重整体，强调我们是团体中的一员，从不搞个人英雄主义。

打麻将的过程是十三张牌不断与外界进行交换的过程，这就增加了很多偶然性和不确定的因素，打牌最难的就是面对未知，打牌过程也就是取舍的过程，我们喜欢权衡得失，考虑问题时想的比较全面。

麻将的这些图案都是源于设计者的聪明智慧，是中国人特有的美学思想的自然流露和表达。

关于麻将的定型则是由叶子戏（又称马吊牌）经数百年的演变而于清代才定型的。马吊牌共 40 张，分四类：第一类是万贯（万位数），第二类是十万贯，第三类是索子（千位数），第四类是文钱（个位数）。万贯类从一万贯、二万贯直到九万贯，共 9 张，以九万贯为最大。十万贯类则从二十万贯起，共 11 张，以万万贯为最大。索子类从一索（即"一贯"或"一吊"）、二索开始，直到九索，共 9 张，以九索为最大。文钱类从一文钱、二文钱直到九文钱。此外，还有两张比"九文钱"更大，最大一张叫"空三易"，次之叫"枝花"，因此这类也是 11 张牌。两个 9 张加两个 11 张，整副牌共 40 张。空汤及万贯类共 21 张牌，牌面上彩印着《水浒》中人物形象及姓名：万万贯为天魁星呼保义宋江，千万贯为天伤星行者武松，百万贯为天罪星短命二郎阮小五，九十万贯为天败星活阎罗阮小七，八十万贯为天满星美髯公朱仝，七十万贯为地勇星病尉迟孙立，六十万贯为天威星双鞭呼延灼，五十万贯为天孤星花和尚鲁智深，四十万贯为天杀星黑旋风李逵，三十万贯为地彗星一丈青扈三娘，九万贯为天退星插翅虎雷横，八万贯为天空星急先锋索超，七万贯为天寿星混江龙李俊，四万贯为天贵星小旋风柴进，三万贯为天勇星大刀关胜，二万贯为天英星小李广花荣，一万贯为天巧星浪子燕青。为什么马吊牌上印着《水浒》人物形象，至今还是个谜。有人认为这是马吊牌制造商为规劝入局者只可以视马吊为娱乐活动，因此画些"盗寇"的形象作为警戒。除了这 21 张牌之外，索子类及文钱类（除空汤外）共 19 张牌印的是几文钱或几吊钱的图案。

马吊牌的打法因时间、地点的不同而有所变化。最普通的打法，是四人先入局，先告幺（即洗完牌后，每人 1 张，以最大或最小牌为第一任的庄家），后抓牌，每人 8 张；余下 8 张，然后每人出 1 张比大或比小。

马吊牌沿着丝绸之路传到欧洲，欧洲人把四门 40 张的纸牌改变演化为四种花色52张牌的桥牌（即扑克，一般还有两张鬼牌，但打桥牌时不用鬼牌），成为一种世界性的竞技项目。

到了清代，马吊牌演变为"和牌"或"壶牌"（"和"和"壶"都读作胡"hu"）。这是最原始的麻将纸牌。

最早的麻将牌是把图案等印在纸片上做成的，因此，在民间也把这种牌叫作纸牌。打纸牌也就是打麻将。纸牌宽3.5厘米，长15厘米，印有万、条、饼的图样。后来又增加了类似东、南、西、北及中、发、白的牌。人们感到纸牌必须拿在手上，而且牌多了看起来很不方便。当人们从生活中算卦的骨牌得到启发时，就开始将纸牌上的图样刻在骨牌上，又考虑到大量的骨料来之不易，而竹子却是很容易得到的，便做成了骨面竹背麻将的初始形状。因此，人们在玩牌的时候，把手解放出来了。玩的时候，可将牌立起来，面向着自己，一览无遗，理顺也十分方便。这样，人们再也不把麻将牌叫作纸牌了。制作麻将的材料也逐渐地由纸片、竹、牛骨、象牙、象骨、树胶而到大多采用硬塑料和有机玻璃等。

关于现代麻将牌中的东、南、西、北及中、发、白七种牌的来历，有两种说法：一是过去人们最常用的桌子是方桌，又叫作八仙桌。八仙桌的名称是从就餐时可以坐八个人得来的。由于打牌时牌总是面向一方，这就限制了在一方里不能坐两个人，逐渐到形成了玩牌由四个人来玩的习俗，四人各坐一方。人们还从四方得到了启示，在麻将牌中增加了东、南、西、北风。随着人们在娱乐中憧憬着幸福，取中三元，为了避讳，不能将解元、会元、状元刻在牌上，于是取了一个中字刻在牌上。还从古代中举必发财里取了一个发字刻在另一种牌上。对于三元里的另外一种，实在想不出合适的字来，便形成了不刻字的白板。后来，人们发现在玩麻将时常常把牌拿完了，也没有人和牌感到扫兴。为克服这个缺憾，于是又增加了"听用"。最初的听用只增加两张，逐渐发展增加为更多的张数，直到发展为现在的有绘儿麻将，如财神、元宝、春、夏、秋、冬、梅、竹、菊、兰以及猫、鼠等等。

麻将牌从无到有，由简到繁，经历了一个逐渐发展的、逐渐完善的过程。直到今天，麻将的打法，还没有像棋类比赛那样的国际标准规则。在国内，大而别之，就有南方与北方的不同，小而别之也还有各省的不同。甚至同一县内各乡镇之间可能也有不同。在国外，麻将的流传也相当广泛，几乎有华侨处，就有麻将，并逐渐为外国人所传习。早在 20 世纪 30 年代，美国就成立了麻将学会、麻将研究会之类的组织，并出版会刊，探讨麻将的打法。但只是停留在探讨与提议的水准上，无法与海外的麻将打法加以统一。我国、日本、南洋、澳洲等地也不完全一致。1998 年 9 月由中国国家体育总局社会体育指导中心组织专家编写，广泛征求意见，历经数年，几易其稿，颁布的《中国麻将竞赛规则》标志着中国竞技麻将运动正逐步沿健康化、规范化、科学化、法制化的轨道，为提高竞技麻将牌运动技术水平，丰富人民群众的业余文化生活，反对以麻将牌作为工具的赌博行为而制定了计分方法和竞技基本原则，这无疑将会对麻将牌活动的开展起到积极的作用。

麻将还具有收藏价值，明朝麻将牌价值连城，清乾隆帝游江南时带回的紫砂陶麻将更是难得的珍品，除此以外，金玉麻将、象牙麻将、镶宝石麻将在中国历史上虽然屡见不鲜，但亦难以收藏。而在欧美，也常有人把雕刻装潢极为精致的麻将牌、盒作为东方古玩陈列在架上观赏。

二、中国现代麻将走向世界

麻将牌风行于中国民间已有千余年，据传当年郑和远洋即携带麻将以解船夫们的烦闷，随着郑和七次出航，历经南洋群岛至非洲东岸，麻将也随之广为流传。在欧美、日本、东南亚、韩国等国家和地区，凡有华人的地方就有麻将。麻将成为出口货的一宗，玩麻将风靡全球，从欧洲到美洲，从日本到马来西亚，麻将成了西洋社会里最时髦的一种活动，俱乐部里也差不多都设有麻将馆，书店里也出了许多种研究麻将的书刊，甚至中国留学生没有钱也可以靠教麻将挣钱吃饭。据悉，日本与韩国已将麻将作为一种开发智力的有效手段而大加推广，如电脑游戏软件中的"麻雀"大战即是一例。为使中国传统麻将与国际接轨以便将来时机条件成熟而举行奥林匹克大赛，有人建议可将麻将牌中的汉字拼音化，这不失为具备远大目光的举措。相信有一天，麻将等级称号也会应运而生。而麻将竞技也随着麻将牌参与者增多而被提上议事日程了，但这均属于民间自发举办的各种赛事，尤其以中国港、台地区，

日本、欧美华人圈里多见，其目的、性质各异，有博彩性的有募捐性的等等。甚至在非洲经济落后国家，也有因中国援外人员为自娱而携带的麻将流入，最终导致该国上下掀起麻将大赛的传闻。

由中国国家体育总局社会体育指导中心颁布实施的《中国麻将竞赛规则》开创了世界麻将竞技的先河，它详尽地提出了竞技麻将的运动准则和通则，罚则及组织程序，增加了麻将运动竞技的可操作性和规范化，这将对中国的国技——麻将的推广、普及起到极其重要的作用，必将引导麻将牌进入健康轨道，使其焕发出新的生命。

（一）中华现代麻将的国际化

20世纪初，中国人发明的麻将已广泛传播到海外，并深受欢迎。近代著名的翻译家杜亚泉在《博史》中写道："民国十年前后，麻将牌流行欧美，骨牌之输出，几成为巨额之商品。""我国人流寓外国，被人雇用为麻将指导者亦不乏人。东邻日本，亦踵西洋而起，研究麻将，一时称盛。"

20世纪20年代，越来越多的西方人来到中国。这些老外们发现了一种在中国街头巷尾无处不在的游戏——麻将。他们始则猎奇，继而学习并沉迷其中。这时在上海等通商口岸城市的洋人俱乐部里开始出现麻将的身影，外交官太太、商人们很快便喜欢上了这种带有东方神秘色彩的游戏。

中国麻将在很多国家都流行，对于外国人来说，麻将是一项有意思的益智活动，许多国家把麻将当做益智游戏去发展，而且在世界受到广泛的欢迎。

1. 麻将在美国

（1）麻将传入美国

1875年底，在中国担任领事以及海关税务师长达二十多年的美国外交官吉罗福向美国自然历史博物馆捐赠了他在中国收集的19件稀奇玩意，其中的17号赠品就是一副148张的麻将牌。据沈一凡等人考证，今天被世人所熟悉的中国现代麻将这个时候才刚刚成形面世，所以这副后来被命名为"吉罗福麻将牌"的麻将牌应该就是有史以来最早的一批麻将牌，换句话讲，中国现代麻将一面世便走向了世界。

麻将虽然早在19世纪晚期已经进入了美国，但真正将麻将从中国引进到美国的是曾在苏州美孚石油公司上班的约瑟夫·巴布考克（Joesph. Babcock）。他敏锐地嗅到了其中所蕴含的巨大商机，第一个尝试用英文整理并规范麻将的玩法，他1920年编写的《麻将规则》（《Rules of Mah-Jongg》）正式确定了麻将的英文名称，统一了英文术语的规范，而且规定了麻将游戏的具体方法。

1924年，他在中国出版了一本教西方人玩麻将的书《巴布考克麻将规则手册》（又称麻将红皮书），这本堪称西方麻将启蒙的"红宝书"不仅迅速成为在华外国人的搓麻指南，还漂洋过海，在美国、加拿大、墨西哥印刷和出售。1920年到1924年，短短四年间，《巴布考克麻将规则手册》印了十二版。

在这本书中，巴布考克统一了麻将术语的英文叫法，比如将麻将的英文名定为"Mah-Jong"。为让外国人容易上手，他大大简化了中国麻将的规则，削减花色牌，并在牌的一角标注英文或阿拉伯数字，以辨认区分。有了"红宝书"的指导，再加上麻将本身的魅力和中国留学生影响，在美国兴起了一股麻将热，称作"Mah-jonggCraze"。

20年代的美国正处于"一战"后经济发展的黄金时期，史称"柯立芝繁荣"，又因为爵士乐的兴起而被称为"咆哮的20年代"，作家菲茨杰拉德曾描述20年代是美国"历史上最为放纵和绚丽的时代，这是最值得书写的时代"。此时麻将的传入可谓正逢其时，这种带着东方情调、结合技术和运气的博弈游戏迅速赢得了美国人的青睐。1923年美国《纽约时报》上曾刊登过麻将广告，称某教会开了一个麻将学习班，正招聘学员，每人学费10美元。同年美国杂志《名利场》刊登的一篇文章中称："去年4月在西太平洋登陆的麻将风暴的中心，正以其毫不减弱的风力继续向美国东部劲吹，并已于今年早些时候移到了美国东部波士顿和缅因州的一些社交场所，预计麻将风暴中心将继续向纽约城进发，目前纽约城已经有十几个专事麻将教学的专家严阵以待。"

据研究，美国流行玩麻将始于20世纪20年代，1922年，13万副从中国进口的麻将运到美国，尽管售价为令人瞠目的500美元一副，却在转瞬间便抢购一空。1923年，纽约公园大道的年度街会准备邀请12位中国人示范打麻将，结果街会第一天，用于展示的麻将牌就被看客强行买走了。

1923年麻将在美国的销售数量激增到150万副，甚至有教会在以"报纸不该弄脏人们早餐的餐巾"做口号而成为严肃刊物标杆的《纽约时报》上刊登大幅麻将广告，为其开办的麻将学习班招聘学员，每人学费10美元。1923年，有媒体报道大约有1500万美国人在玩麻将，按照1920年美国106021537人口总数计算，几乎每7个人中就有1个人打麻将。"麻将风暴"席卷了美国的社交圈，有钱人就花钱请专门的麻将老师来教学，没钱的人就捧着巴布考克的麻将启蒙书学习。

1924年，有关麻将的摄影、歌曲、绘画、小说、电影等艺术品也层出不穷，比如美国剧作家柯培恩生平最负盛名的作品《洋麻将》。由影视歌三栖明星埃迪·坎特（Eddie Cantor）编写的《当妈妈在玩麻将》（《Since Ma is Playing Mah Jong》）成为了家喻户晓的流行歌曲，麻将成了美国人生活中一个十分抢眼的娱乐方式。

1924年美国妇女在游泳池中玩麻将

美国人很喜欢打麻将，美式娱乐精神让美国人把竞技麻将玩得"洋气十足"，在游艇上、泳池里打麻将。一张拍摄于1924年的老照片显示，四名身穿泳衣、神态悠闲的美国女性正在泳池里的浮桌上打麻将。与男性相比，麻将更为女性所青睐，因为她们的生活更为自由，麻将是她们在丈夫上班后的最佳休闲活动。一位白人女性瓦雷利每周打麻将的时间大约30个小时，被当地人称为"白人中的麻后"，她每周打9次麻将，外加两次马拉松式麻将从周日上午一直玩到晚上十一点半，再从次日上午十一点玩到晚上七点。艾迪·康特还特地写了一首歌叫《当老妈开始打麻将》，意思就是自从老妈开始打麻将，家里真是乱了套……

1924年4月24日出版的《生活》杂志封面上，是一对中国老夫妇打麻将，标题有谐音的趣味："老爸老妈（麻）将"，底下扔着一东一西两张牌，似乎暗示着东风传入西风，麻将风靡东西两边之意。在麻将的传播过程中，在美华人和留学生亦"功不可没"。钱锺书在小说《围城》的开头就写道："他们天涯相遇，一见如故，谈起外患内乱的祖国，都恨不得立刻就回去为它服务，但船走得这样慢，大家一片乡心，正愁无处寄托，不知从哪里弄来了两副麻将牌，麻将当然是国技，又听说在美国风行；打牌不但有故乡风味，

第一章 中国的国粹——麻将概论

并且适合世界潮流。"这种场景,并非完全是小说虚构,赵元任、杨步伟夫妇1925年从法国搭船回国的时候,航路与《围城》所述相仿,途中也看到了同船的中国人在打麻将的场景。

1937年,四百多个麻迷从纽约的各个角落赶到一个名叫"埃塞克斯之屋"的大楼里,参加第一届全美麻迷代表大会。大会的主要目标是统一麻将游戏规则,解决麻迷之间的沟通障碍。这四百余人最后选出了七名代表,委托她们负责具体讨论和章程制定。而最终选出的七个人,清一色的全是犹太人。犹太人对麻将的热情之高由此可见一斑。

据书评人云也退引用《纽约客》的一篇现场记录,七人中为首的名叫威廉·塞西尔太太,她一本正经地说,麻将不会消亡,纽约人玩麻将赌钱可以到深夜。"我每礼拜只玩三四次,不像那些老姐妹们那么频繁。"她还说,纽约已经有十万麻迷了,一大批骨灰级的,还有许多新近入行的,麻将经销商也在摩拳擦掌。

"二战"期间的上海虹口,对于全球犹太人来说是远东最温暖的一个地方。两万多名犹太难民在大屠杀期间逃到上海,中国麻将成为他们度过流亡岁月的伴侣。犹太人对中国麻将的喜爱,就这样在伤痛与温情交错中延续下来。在纽约东区开设了麻将班的琳达·范斯坦说:"麻将在犹太人中有很深
的渊源。几乎每家都有一个老祖母或母亲会打麻将,或收藏有一副老牌。"

2011年秋,美国马里兰州犹太遗产博物馆长梅丽莎·雅布巴姆(Melissa. Yavebaum)举办了一个麻将主题展,再现了1920年代麻将在美国的盛况,展出了一批包括古老的麻将广告、早期麻将桌以及1930年制作的麻将游戏手册、美国人学习如何打麻将的笔记等在内的麻将相关物品,主办方还专门制作了一个独特的麻将影音情景片,混合了麻将碰撞的声音和玩家们互相调侃叫嚣的声音,给参观者一个身临其境的感官刺激。这个为期10个月的展览,至少吸引了超过10万的观众。麻将作为一种休闲娱乐的游戏,许多美国人爱不释手,现在美国有大约350万人参与这项活动。

(2)美国国家麻将联盟及麻将规则

麻将传入美国的历史有100多年，目前美国组建了各种各样的麻将组织，如美国麻将联盟、美国麻将协会以及麻将热同盟等等。

1937年成立的美国麻将联盟（National Mah Jongg League）规模最大，现有大约35万多名会员，国人熟悉的美国职业篮球协会（NBA）的前身美国篮球协会（BAA）1946年在纽约成立，时间上比美国麻将联盟晚了整整九年。该联盟不仅负责制定并规范美国麻将的游戏规则，而且每年都设计制作一组特殊图案的麻将牌用于向会员和爱家拍卖，并将拍卖获得的款项捐赠给有关机构做慈善资金。

麻将漂洋过海到美国后，被美国人进行了创新，不仅多了8张牌，还增加了Joker等符合美国人习惯的玩法。麻将赢牌规则卡就是由美国国家麻将联盟制定的，他们每年都会有新的变化，每年都会制定和推出"最有趣和最富挑战性"的52种牌局。复杂多变的游戏规则对许多人来说难度有点大，但更赋予了麻将的挑战性。打麻将的时候，每人身边都有一张赢牌规则卡，和牌时要严格对照规则卡必须百分之百符合规定才能和牌。

1999年成立了美国麻将协会，每年在美国各地举行竞技麻将比赛和各种赛事。

美国麻将爱好者认为，麻将很有趣，有助于让人集中注意力。可以构建人际交往的社区，使人有归属感。在美国的许多家庭聚会里，麻将已经成为了朋友们定期约会的原因。在纽约创办了"曼哈顿麻将俱乐部"，每周一都在固定时间固定地点组织一次麻将聚会。平时的参与人数在60-80人之间，每次聚会，参加的牌友只需缴纳40美金，就能享受4个小时的麻将娱乐，还有午饭、甜点和饮料等免费供应。参与受众与日俱增，年轻人也很喜欢，并把麻将活动当成是交流感情，消除隔阂，愉悦身心，培养积极乐观心态的一种生活方式。

（3）美国麻将"圣经"流行带来产业化

被称为海外的麻将"圣经"，名字叫做《巴伯考克麻将规则》，它是美孚石油在苏州的代理商约瑟夫·巴伯考克写的。这个人相当有前瞻性，他当年为中国麻将深深吸引，想要推广又苦于规则复杂，便把麻将的玩法简化成了一本书，方便他进行"卖安利"。后来，这本书摇身一变，成为了一本万用的麻将小红书，在海外迅速流传。在这本书里，麻将第一次有了对应的英文名字"mahjong"。这本书让麻将在美国流行起来。美国人率先抓住了商机，不仅搞起了麻将进出口，麻将批发，麻将零售，麻将制造，还附带麻将教学课程等一条龙服务，让人学到满意为止。还发明了各种各样的麻将装备，比如记分牌，各种骰子，不放过每一个能够赚钱的机会。全民打麻将的热情迅速攀升，在美国的麻将也衍生出了许多不同的玩法。为了防止规则混乱，每年全美麻将联盟都会出一套新的规则，印成卡片，只有52种牌局可以和牌，一边打还要一边盯着规则卡片，可以说非常锻炼麻将爱好者的脑力。就是这样一个智力游戏，让许多人乐此不疲。也有许多学校开了麻将课，让麻将成为了一门专业课程。

2013年5月，一条内容为"去美国当麻将教练"的信息在网络上吸引了无数人的眼球。这条以微博形式播发的信息说美国人流行玩麻将，但严重缺乏有经验的麻将教练，尤其是能教授中国四川成都麻将的教练，因此有猎头公司受美方委托，特别来到成渝地区按时薪20美元标准遴选有关教练人选。这条消息在麻将爱好者中一传十、十传百，赢取了极大的点击率，甚至有麻将爱好者给出了颇为气壮的跟帖："三百六十行，行行出状元，谁说麻将只会玩物丧志，谁说麻将登不得大雅之堂？"。

不过，了解麻将历史的人对这个信息或许丝毫不感到惊奇，说不定反而会有种时光倒流的感觉，毕竟早在100年前就已经有国人在美国教如何打麻将赚钱啦。1927年，曾经在美留学的胡适先生写道："有一个时期，麻将竟成了西洋社会里最时髦的一种游戏：俱乐部里差不多桌桌都是麻将，书店里出了许多种研究麻将的小册子，中国留学生没有钱的可以靠教麻将吃饭挣钱。欧美人竟发了麻将狂热病了。谁也梦想不到东方文明征服西洋的先锋队却是那一百三十六个麻将军！"

2. 麻将在荷兰

荷兰是两个有代表性的地区即北荷兰省与南荷兰省的合称。尼德兰的原意是洼地，作为亚欧大陆欧洲始发点和欧洲交通运输的枢纽，荷兰素以海堤、风车、郁金香和宽容的社会风气闻名于世，而现在，荷兰作为欧洲麻将的桥头堡，成为了欧洲麻将推广的高地。20世纪荷兰人从美国将麻将传到荷兰，再从荷兰传入欧洲并点燃了欧洲人民的麻将热情。上至贵族，下至平民，麻将成为了一项世界级的全民运动。

1920年，荷兰率先成立了"荷兰麻将团体"。

1970年后，他们又以约瑟夫·巴伯考克写的小红书《巴伯考克麻将规则》为基准，对之前繁琐的麻将规则进行了修订，为早期比赛制定了一系列

1925年俄国亚历山德罗王子和保罗公主打麻将

的规则，让麻将逐渐为一般社会大众所了解。成立了"第一荷兰麻将协会"，开始定期举办国家级的比赛。

2004年，成立了一个全国性的麻将组织——荷兰麻将联盟。当时荷兰已经有几十个麻将俱乐部，这个组织一成立就有120个成员单位，每年出版四期麻将杂志。

荷兰麻将联盟诞生一年后，不断涌现的麻将爱好者们立刻又催生了颇具规模的"荷兰麻将协会"。现在荷兰这个人口不过1600万人的国家上规模的麻将团体已经超过了两位数，每年不仅会有各种名目如荷兰冠军杯赛一类的全国性麻将竞技比赛举办，还定期出版专业性的麻将书刊。

2005年荷兰麻将联盟发起举办首届欧洲麻将锦标赛，荷兰前首相范·阿格特（Van. Agt）不仅担任组委会主任，而且亲自作为选手参加了比赛，荷兰政府为纪念这个旨在发展健康、科学、友好的麻将文化活动的空前盛会，特别发行了限量版纪念邮票。

在荷兰，在业余时间教授麻将的心理咨询师黛丝莉受到当地一所高中邀请，学校作为中文课的辅助，让她为学生们传授麻将启蒙知识，以帮助学生进一步了解中国文化。"第一堂课有30名学生参加，而第二堂课就增加到60名学生了。争取下个学期能有90个学生。"黛丝莉对于这份教学工作感到十分满意，并且充满了信心。

3. 麻将在法国

2014年7月欧洲麻将协会在法国斯特拉堡市举办了第五届欧洲麻将锦标赛，共有19个国家和地区的204名选手参加比赛，选手们组成的51支队伍，在为期3天共11局的比赛中角逐团体和个人冠军。

法国不仅把麻将作为一项典型的智力运动来开展，而且还将其作为了解和亲近东方文明的工具，对青少年进行麻将培训。法国邮递员大卫·奥利因为会打麻将，被留尼旺岛大学聘为兼职教师，在工作之余专门向学生们教授麻将课。在这里麻将被列入了选修课程，学生修完相应的麻将课程将获得与其他课程一样的学分。

4．麻将在丹麦

把麻将玩得最高雅的是丹麦。丹麦麻将协会会员全是社会各界的精英。丹麦人在玩麻将时不用钱作为筹码，也没有麻将馆。麻将在丹麦完全变成了一项益智型绿色活动。

在丹麦麻将协会的官方网站上，有这样一个劝人不要过度沉迷于麻将的段子。如果发生以下情形，你就是入魔了。当你看见3和4，你喊碰和杠；你看见幺鸡（一条）像小鸟在飞；你开始相信码好的麻将牌是一种富有幽默感的动物（犹如一条活生生的龙）；试图入睡的时候，你听到麻雀的叫声；你把赢过的每一副好牌都列在个人简历里；听到有人说以"ma"音开头的任何事物，你就会心跳加速；你半夜被人叫起来打麻将，或者你在半夜群发短信打电话给很多朋友，邀请他们来你家打麻将；早上6点的时候，你还在打着麻将，并已输掉了数千分；你对别人说："某某某，你玩麻将的时间还差得远呢！"

5．麻将在英国

20世纪20年代，麻将就从美国辗转传入英国，一些王室贵族也迷上了这项运动。英国人认为必须学习地道的中国麻将，他们不按照改良的方法玩麻将，在和牌后高喊"麻将！"而是衍生出新词汇，他们玩麻将赢了之后说的是"Ihu-ed（我和了）"的英语叫法。虽然有的发音不很标准，但也算是把麻将的原汁原味浸透到了极限，可谓中西合璧。

6．麻将在日本

（1）麻将传入日本

麻将在日本也称"麻雀"或"雀牌"。研究表明中国古代麻将是明代由于郑和下西洋时传到日本的。

中国现代麻将什么时候传入日本的呢？日本宪法学者江桥崇教授监修出

版的《麻将博物馆大图录》认为，1909年前后由名川彦作引进日本，他曾经在中国四川教授日文期间，学会了打麻将，回国时便将中华现代麻将带了回去，至今已有100多年历史。当时这种被称之为"麻雀"的游戏因为规则复杂，还只是名人雅士消遣的游戏。

1926年，日本人就编写了一本适宜大众学习掌握其技法的书籍《麻将通》，将其普及到普通的日本民众。很多地方开设了麻将馆，乐此不疲者越来越多。中国现代麻将很快便风行于世。

20世纪70年代末，日本进入经济繁荣期，同时也成就了麻将的第一个盛世。与中国老少男女全家一起打麻将、犹太人主要是妇女打麻将不同，"搓麻"的日本人多数是白领男性，下班后，他们会三五成群地找地方玩一通。与中国人爱在家中玩不同，日本人都会去专门的麻将馆，即雀庄。直到今天，东京的麻将馆几乎到处可见，其中最为集中的是东京站的八重洲，那里大大小小的雀庄有上百家，其名字也都很有意思，如：红中、中兴、一船、青叶等等。

在日本，很多政客都是麻将爱好者。前首相菅直人曾申报过不少专利，其中最为他津津乐道的就是"麻将番数计算器"，灵感来自大学时与同学打麻将的经历。媒体爆料，这位首相最喜欢上网玩麻将。据说首相夫人发现自己的丈夫每晚工作到深夜，担心他累坏身体，结果推门一看，却发现他正在网上与人搓麻将，玩得不亦乐乎。

在日本，麻将的流行程度甚至超过围棋和日本传统的将棋。当今麻将在日本很风靡，日本已拥有2000多万名的"麻将迷"。各地的麻将俱乐部有1万个左右。

(2) 日本麻将"高大上"

有一个美国留学生，为研究麻将文化专门去了日本，当被问到为何要到日本研究中国麻将时，他说："日本有世界上最大的麻将博物馆，收藏了各国有关麻将的文物和资料。"看来，日本对麻将文化的重视已超过发源地中国。

呼吁建立麻将博物馆的大隈秀夫就是超级麻友之一。1943年，日本为继续发动侵略战争而在国内大肆鼓吹"为国捐躯"，当时正在东京大学念书的大隈秀夫被征召入伍。想到即将到战场上送死，大隈决定干脆先过把瘾，于是他和几个朋友躲在宿舍里打了整整一天麻将。当时，这样狂热的麻将迷还包括皇太子。在麻将博物馆里，珍藏着一张照片。照片上一个与中国女孩一起娴熟地打着麻将的日本年轻人，正是当时赴美访问的现任日本天皇，当时的明仁太子。"二战"结束后，麻将渐渐成为日本最受欢迎的大众娱乐活动。街道上到处是"雀会"、"二人打"、"自动麻将机"的广告招牌。

1999年，出于对麻将的喜爱，日本出版商野口恭一郎在千叶县岬町建立了世界上第一座麻将博物馆，馆内展出了从世界各地搜集而来的约3000件展品，除了"末代皇帝"溥仪用过的宫廷麻将"五彩螺钿牌"、中国京剧大师梅兰芳使用过的"游龙戏凤"牌等中国珍品外，还收藏有世界各地形形色色的麻将。比如中国流传到美国的第一副麻将牌、法国制造的竹制牌以及加拿大的石头牌等。还有一副用铝板经手工制作的麻将，它诞生于1954年的越南，制作者是一名法军士兵。在越南独立战争胜利后，这名法军士兵沦为俘虏。寂寞无奈的关押生活中，他想起了与家人同玩麻将的欢乐场面，于是用收容所里的铝板和木块做成了一副麻将。这副麻将上所有牌面一应俱全，不过，东南西北是用英文字母的"E、S、W、N"来代替的，而"发"的写法可让这位法国士兵犯了难，于是他照猫画虎地刻了一个类似梅花形状的图案代替。

2013年夏天，成都《华西都市报》以《"国宝麻将"即将回归中国》为标题报道消息，称日本麻将博物馆委托专人前来中国与有关方面接洽，协商其藏品捐赠事宜。尽管中日之间迄今各式各样的交流交往频繁，但由于麻将"不登大雅之堂"的名声，让普通人不仅不了解日本麻将的情况，而且印象中更是很少把麻将和博物馆这个"阳春白雪"的东西相联系。作为世界上的第一个麻将专题博物馆，这个由竹书屋出版公司老板野口恭一郎创办的博物馆收藏了从世界各地搜集的数万件展品，其中不乏京剧大师梅兰芳先生使用过的游龙戏凤牌、被称为麻将"三大古书"的《麻将牌谱》《麻将指南》和《麻将秘诀》，被称为独一无二珍本的清朝年间的《麻将大观》等一大批名品、精品，甚至还有传说是末代皇帝溥仪珍藏的御用麻将五彩螺钿牌、专门为袁世凯特制的大总统麻将牌……

2012年12月在北京由佳士凯国际拍卖公司对其藏品估值，认为起拍价至少将定在16亿日元（约合人民币1.21亿元）以上。这些价值极高的丰富藏品让人大开眼界同时，更让国人管中窥豹一般对日本麻将文化的"高大上"（高端、大气、上档次）有了新的发现和认识。

（3）日本麻将产业化

日本是中国之外麻将最流行的国家，经过 100 多年的发展，今天麻将文化已经非常发达，很多方面甚至超过了麻将的发源地——中国。日本不仅有《近代麻将》《麻将界》杂志在全国公开发行的期

刊，并且还有《咲－Saki－》《斗牌传说赤木黑夜飘落的天才》以及《胜负师传说哲也》等一大批老少咸宜的麻将题材动漫影视图书作品，塑造了宫永咲、赤木茂、哲也等许多脍炙人口的麻将天才、奇才，为人们茶余饭后增添了不少的趣话和谈资，更激发了无数年轻人对麻将的兴趣和爱好。

不过，也许令麻将爱好者最向往的应该是日本的职业雀士制度。这些被认为是当今麻将最高水平的日本专业雀士，拥有和围棋职业棋手一样耀眼的专业段位，每年通过参加名目繁多的各种职业赛事诸如名人赛、新人王赛、十段战、王位战和麻雀大师赛等等赢取数额可观的奖金，他们中的顶尖高手还是电视台和媒体的热门嘉宾，一般选手也可以出入各地麻将馆指导人们切磋麻将技艺。根据研究表明，日本参与麻将活动的人多达 1240 万人，日本总人口约为 1 亿 2 千万，也就是说 10 个人中就有 1 人在玩麻将。全国公开经营的麻将馆在 1978 年高达 36173 间，市场营业额常年维持在 1000 亿日元左右，麻将成为了日本第三产业中代表休闲娱乐行业的一大主力军。

（4）日本麻将联盟及其竞技化

日本很早便组织了麻将的竞技性比赛。1928 年秋，大阪新闻社在大阪的中之岛公会堂举办了第一个麻将的正式公开比赛，计有 400 名选手参加了这次比赛活动。第二年春，东京方面也庚即在日比谷的国民新闻社礼堂举办了超过 600 人参加的麻将大赛，并于同年底以创办了日本最有影响力的文学刊物《文艺春秋》的作家菊池宽为总裁成立了第一个专业麻将组织——日本麻将联盟。尽管在 1938 年后由于军部的镇压和管制，麻将从人们的生活中消声蹑迹了七年之久。

20 世纪 60 年代中后期，随着日本经济的复苏和起飞，以发行《周刊大

第一章　中国的国粹——麻将概论

众》的出版公司双叶社举办麻将名人战为契机，麻将再一次迎来发展的高峰，成为了人们业余休闲生活离不开的快乐游戏。

当今日本，除拥有80多年历史的日本麻将联盟外，各种形式的麻将组织可以用不计其数来形容。但在7个有规模的全国性大型麻将团体中，提倡"三不"（不赌博、不饮酒、不吸烟）麻将的日本健康麻将协会把麻将打出了新名堂。

法国汉学家伊丽莎白·巴比诺在其《中国透视》的书中对麻将有个颇为传神的描写："麻将文化，它的一套隐语，它的平均主义的驱动力，它令人眩晕的声音和手势，打麻将时品茶、饮酒和吸烟的气氛，这一切破除了命定的东西及人与世俗权力的关系。"毋庸置疑，麻将之所以在社会上和普通人眼中形象不佳，除了被诟病的赌博性外，玩麻将时的那种烟雾缭绕、吆五喝六像喝酒后的高声喧哗也是原因之一。

日本健康麻将协会成立伊始，便向人们习以为常的麻将传统提出了革命性的新理念：不赌博、不饮酒、不吸烟。在30多年的发展过程中，协会在实践推广这一理念的同时，不仅和地方自治体一起将麻将活动用于老年人的社会回归和健康促进，而且，麻将活动在2007年得到了日本厚生劳动省（相当于中国的卫计委和人事社会保障部）的正式承认，被纳入其主办的全国老年大会的常规竞技项目，麻将被升华成为能够"创建健康·创建朋友·创建生活意义"的21世纪的智力健康运动。

日本健康麻将协会作为民间团体，长期以来为促进中日麻将文化交流，增进中日友好往来做出了积极的贡献，1998年国家体育总局面向社会推出《中国麻将竞赛规则》背后就包含了该协会努力和参与的成果。2010年10月，中国人民对外友好协会和中日友好协会为庆祝日本日中友好协会成立60周年在北京举办的庆祝大会上，宋健会长向60名日本友人颁发了"中日友好贡献奖"，日本健康麻将协会会长田边惠三先生便是受表彰的日本友人之一。

日本民间组织的麻将协会数不胜数，日本的麻将高手也多如牛毛。日本是目前竞技麻将最为发达的国家，有九个级别的麻将联赛，职业选手甚至以

此为生,像职业篮球运动员、职业围棋运动员一样。等级最高的选手一年的奖金居然能够高达20万美金。除了比赛,日本的职业麻将团体还出版世界上唯一的一本麻将月刊《职业麻将》,非常畅销。

日本健康麻将协会大力倡导健康麻将,通过组织中日健康麻将比赛促进中日两国人民友谊的活动已开展了多次,中日双方的主办者都希望通过举办中日健康麻将比赛,让更多人认识到健康麻将的趣味性、竞技性,进一步加深两国人民间的了解,促进中日两国友好交流。

(二)中华现代麻将的竞技化

1. 欧洲的麻将协会

麻将在欧洲有100多年的历史,竞技麻将可说是发展迅速。据报道,2003年欧洲豪门皇家马德里来到中国时,在其下榻别墅的棋牌室内,按照皇马方面的要求,有一间被专门辟为麻将馆。

2005年,欧洲7个国家达成协议,成立了欧洲麻将协会,并不遗余力地推广麻将在欧洲的传播。2005年和2010年,荷兰政府曾发行过麻将主题的邮票。当年电影《色戒》在欧洲公映时,因为片中有很多打麻将的镜头,欧洲麻将协会还因此印发了很多有关麻将的宣传手册。

2. 欧洲麻将锦标赛

欧洲麻将协会一成立就马上组织了欧洲麻将锦标赛,邀请了中国和日本参赛。从那时候开始,越来越多的麻将国际性比赛陆续展开。许多欧洲国家还把麻将真正作为一个智力竞技比赛项目进行扶持,比如丹麦政府给予麻将高规格的资金支持。

来自丹麦、法国、德国、匈牙利、意大利、瑞典、英国、葡萄牙、俄罗斯、美国、奥地利、日本和中国台湾等10多个国家和地区的100多名麻将运动员参加了在荷兰旅游胜地奈梅亨市举行的第一届欧洲麻将锦标赛,包括荷兰前首相范·阿格特,以及荷兰两届奥运会游泳项目奖牌得主埃里·卡特普斯特拉出席。

比赛得到了中国麻将公开赛组委会的支持和协助,采用中国麻将竞赛规则作为大会的竞赛规则,而之前由于日本麻将游戏的影响,欧洲人大多习惯上用日本麻将的规则进行游戏。这次大会不仅让中国麻将竞赛规则逐渐演变成了国际麻将竞赛规则，而且促成了现在已经有17个国家加入的欧洲麻将协会成立，并为当年底在北京成立"世界麻将组织"打下了富有建设性的基础。

2014年7月欧洲麻将协会在法国斯特拉堡市举办第五届欧洲锦标赛。欧日联队获得团体冠军，日本铃木芳洋和德国迈克·扎拉德尼克分获个人冠亚军。

3. 世界麻将组织

世界麻将组织成立于2005年，是国际麻将运动的权威机构，中国著名经济学家于光远以九十高龄担任该组织主席，并为之题词："麻将源于中国，属于世界。"

中国人发明的麻将早在100多年前就已广泛传播到海外，并深受欢迎。实际上，就竞技水平而言，西方麻将竞赛水平已达到相当高的标准。看看那些对麻将兴致丝毫不亚于中国的老外们，你还敢保证麻将如果进了奥运会，中国能包揽个人以及团体赛的金、银、铜牌吗？

2014年7月4日至7日的第五届欧洲麻将锦标赛上，中国队不仅没拿到金牌，而且连前三名都没拿到。其成绩可谓惨不忍睹，中国的国花队和长安队分别获得团体37和39的名次，个人最好成绩为30名。中国选手折戟的消息传回国内，让自诩为麻将大国的国人多少都会感到一些尴尬和不了然，有不少人甚至认为之所以没有取得好成绩主要是人选不佳。有人说，国足比不过也就算了，毕竟咱没人家那个群众基础。但号称"十亿人民九亿麻，还有一亿在观察"的中国，麻将竟然也输给外国人太不合情理，四川有网友就表示"成都各支街道联队表示不服"。不过，作为本次赛事组织者之一的世界麻将组织秘书长江选旗先生指出问题的关键原因在于"咱们国家骑自行车的人多嘛，但是有几个自行车世界冠军？咱们没把麻将当做运动去发展，而人家国外真的是把它当成运动。"

4. 国际麻将联盟

国际麻将联盟（Mahjong International League，简称MIL）是竞技麻将的国际性组织，2015年7月在瑞士洛桑注册，成为正式的全球性麻将组织，其创始会员包括来自五大洲的近30个国家和地区的麻将协会，其中包括中国、日本、美国、荷兰、法国、加拿大、英国、新加坡、丹麦、俄罗斯、西班牙、留尼汪群岛（法）、澳大利亚等。2015年5月11日，"国际麻将联盟筹委会成立仪式"在北京钓鱼台国宾馆举行。

国际智力运动联盟（IMSA）荣誉主席Jose Damiani、欧洲麻将联盟（EMA）主席Tina Christensen、国际麻将联盟（MIL）筹委会秘书长李文龙、海南省三亚市文化广电出版体育局局长董永泉、联众公司CEO伍国梁、以及来自法国、丹麦、俄罗斯、西班牙、日本、新加坡等20多个国家和地区的麻将协会代表出席了仪式，国内多名体育界专家同时受邀到场给予指导。初建的MIL筹委会共有20余名成员，他们来自于10多个国家和地区，都是当地的麻将协会负责人或知名麻将选手。

5. 世界麻将运动会

为了去除传统麻将打法中的运气因素，国际麻将联盟首创竞技麻将复式赛制，并创办世界麻将运动会（World Mahjong Sports Games）、全球线上复式比赛（全球麻将冠军联赛，Global Mahjong Champions League）、欧洲复式团体赛和个人赛［European MCR Duplicate (Teams/Individuals)］、世界四川麻将大奖赛（World Grand Prix of Sichuan Rules）等多项国际顶级赛事，以公平、开放、包容、继承和发展的理念推动麻将文化的全球传播。

世界麻将运动会是由国际麻将联盟（MIL）主办、水木智娱承办的全球性麻将赛事，每四年一届，是全球最高规格的专业麻将竞技赛事。首届世界麻将运动会包括国标麻将团体赛及个人赛两个主项，以及四川麻将、日本麻将等11个表演项目，全面采用科学、公平的竞技麻将复式赛制，通过横向计分消除麻将的运气成分，使选手的真实实力得到体现。

中国现代麻将已经在全球范围得到广泛传播，爱好者群体亦有着爆发性增长。国际麻将联盟以国际智力运动的高标准制定章程和工作内容，致力于协调全球各地麻将协会，制定适用于世界范围的竞技赛制和规则，助推麻将向正规、专业、竞技的全球性智力运动发展。

国际麻将联盟主办的比赛主要有：世界麻将运动会（World Mahjong Sports Games），简称世麻会（WMSG）。首届世界麻将运动会于2015年10月24日至28日在海南三亚举行，共有来自中国、日本、新加坡、丹麦、俄罗斯、留尼汪群岛（法）等16个国家和地区的近300名竞技麻将爱好者参加比赛，是史上参赛人数最多的世界顶级竞技麻将赛事。在为期五天的比赛期间，进行了竞技麻将主赛个人赛和团体赛的较量，主赛规则采取中国国家体育总局1998年颁布的《中国麻将竞赛规则（试行）》（国标），采用最科学、公平的竞技麻将复式赛制。最后中国牌手唐波获个人赛冠军，赵坚、李良分获亚军、季军；中国B队、瑞士队、港澳联队、中国A队获团体赛四强，中国B队（赵坚、周勇、周昌盛、卢华通）获得团队金牌。

6. 中国麻将联盟

随着中国麻将正式步入世界智力运动会大家庭，中国麻将迎来发展契机。2017年4月中国麻将联盟执行主席陈红卫在天津由中国麻将联盟指导、天津市体育总会麻将运动分会和方城博弈体育俱乐部主办举行的"麻将职业化、年轻化、国际化发展论坛"上指出，中国传统的麻将游戏，正迎来规范化、竞技化、国际化发展的机遇。

国际智力运动联盟已经宣布，麻将继桥牌、国际象棋、围棋、象棋和国际跳棋之后，正式成为第六个世界智力运动项目。陈红卫说，麻将纳入世界智力运动会，对中国竞技麻将发展是极大的推动。

2017年7月，中国麻将联盟正式成立，其重要职能是选派最优秀的麻将高手参加世界智力运动会，推动麻将的科学化、规范化、绿色健康发展。麻将运动在中国有广泛的群众基础，目前约有3亿人参与这项运动。为规范中华麻将竞赛活动，引导麻将运动走向科学、规范、健康的轨道，中国国家体育总局早在1998年就审定发布了《中国麻将竞赛规则（试行）》，但由于各方面原因，竞技麻将发展缓慢。

2017年7月21日，汇聚全球近200名麻将精英参与的欧亚麻将精英交流赛暨第二届世界麻将运动会成功举办，由国际智力运动联盟（IMSA）下属国际麻将联盟（MIL）主办、水木智娱承办、联众国际协办。这次竞赛汇聚了全球麻将顶尖选手，是竞技麻将成为国际智力运动正式项目后的首场大型国际赛事。最终，中国江苏选手王向农夺得国标麻将冠军，浙江选手季云重赢得四川麻将冠军，两个项目各有16位优胜选手在本次赛事中获得2018年第二届世界麻将运动会的参赛资格。这也标志着竞技麻将登上世界舞台。本次欧亚麻将精英交流赛是第二届世界麻将运动会的国内首场比赛,包含国标麻将和四川麻将两个项目,分别采用 MIL 认证的 MCR 国标麻将规则和 SBR 四川麻将竞技规则,汇聚全球近 200 名参赛选手,其中海外选手占比超过 30%。这些海外选手来自日本、新加坡、奥地利、丹麦、法国、匈牙利、意大利、瑞士等 20 余个国家和地区,都是在大型国际赛事中取得过优异成绩的高水平运动员,其中不乏"欧洲十冠王"、"日本学霸牌王"、"俄罗斯美女冠军"等传奇选手。

国标麻将冠军王向农表示:"这一次的赛事规则严格、竞技化水平高,特别考验选手技巧,所以整个赛程比较紧张,能感觉到外国选手进步很快,尤其在比赛中他们算分甚至比中国选手还认真,与中国选手的最大差距可能还是在防守上。"王向农从 1998 年就开始接触国标麻将,是十多年来参加过 5 次世界级比赛、20 多次全国大型赛事的资深选手。

MIL 主席、联众国际 CEO 伍国樑表示,赛事的成功举办离不开全球麻将精英的参与,更离不开 MIL 及下属 40 多个麻将组织的鼎力支持,很高兴看到麻将正在逐步地以智力运动的形式在全球范围内进行推广,麻将将为智力运动发展带来新机遇,将以公平、开放、包容、继承和发展的理念积极推动全球麻将规范化、竞技化和运动化发展。

IMSA 是国际单项体育联合会总会(SportAccord)团体会员,是全球智力体育领域最具国际地位的体育联盟组织。MIL 进入 IMSA 有利于提升麻将在全球智力运动领域的地位和影响力,进一步加速项目的推广和普及。IMSA 执行主席 Geoffrey Borg 表示,IMSA 将为竞技麻将的全球化推广带来更多机会,积极推动其与更多智力运动项目进入奥运舞台。这对进一步弘扬中华麻将文化,助推竞技麻将全球化发展无疑将起到非常积极的作用。

7. 竞技麻将规则:国标麻将、日本麻将、四川麻将

目前通过 MIL 认证的竞技麻将规则包括国标麻将、日本麻将和四川麻将,大众对国标麻将的认知相对陌生,但国标麻将却是最广泛被应用于国际大型麻将赛事的麻将规则。

2015 年 8 月,联众国际推出全球唯一支持复式赛制的专业竞技麻将产品——《国标麻将》,为全球麻将爱好者带来便捷的学习交流与切磋机会。作为

MIL 主席，伍国樑在智力运动领域拥有丰富的经验和后备力量，联众国际为 MIL 的成立鼎立支持，推动了麻将项目向竞技化、国际化方向发展，更为中国麻将文化全球化发展提供助力。

关于竞技麻将的发展，MIL 将继续努力奋发，为全球麻将爱好者带来更多更规范的麻将赛事，为更多智力运动项目的全球化和普及与健康发展带来有益参考。而中华麻将是中国传统文化的一部分，因此要取其精华去其糟粕，还要认真研究规则，把它真正引到健康的智力运动的轨道上来。

（三）麻将保健功能研究进展

中国麻将具有丰富的文化内涵，同时又可以促进人体健康，值得大力弘扬推广，麻将运动与围棋、桥牌都是高智商的体育运动，但它比围棋、桥牌更适合中老年人参加，因为打健康麻将可以让人非常愉快，脉搏、呼吸、血压、消化液分泌、新陈代谢都处于平衡协调的状态。

1. 日本

日本医学专家经过调查研究，向中老年人推荐了一种能够有效预防阿尔茨海默症（老年痴呆症或老年失忆症）的娱乐活动，这就是"健康麻将"。以"不赌博、不喝酒、不吸烟"为口号的"健康麻将"在日本老年群体中已颇具人气。打健康麻将既锻炼大脑的灵活性，又可以预防老年痴呆症。打麻将的过程中，洗牌、抓牌、砌牌、打牌等动作都需要上半身肩膀、手臂、手指的互相配合，都要用上肢不停地去协调完成，这就起了经络穴位按摩及肌肉关节活动的作用，因此老年人的上半身也就得到了锻炼。同时还可以增加人体大脑血流量，因而对延缓衰老，防止老年性痴呆，都是有益的。而每天约几个好友一起打健康麻将，在打麻将的同时说说笑笑，有助于老年人排解心中的寂寞，有利于老年人的心理精神健康，打健康麻将可成为调剂生活的好帮手。

2. 新加坡

研究发现，老年人经常开展麻将等娱乐活动，如果是在无关胜败毫无压力的健康环境下玩耍，可以有效提高大脑各部位的活动，从而达到预防认知机能下降的作用。研究人员对高龄麻将玩家的大脑状态进行了测定，并与数千名不玩麻将高龄者的大脑数据进行比较,结果发现,麻将玩家的脑年龄比平均值年轻了3岁,而且与高度认知机能有关联的"额叶"以及"角回"等大脑部位也更加活性化。

研究显示,打麻将会减少老人患上痴呆症的几率。新加坡亚历山大医院将老年病患者打麻将作为老年痴呆症和其他生理疾病的疗法,归纳了打麻将具有四大医疗效果。

(1) 延缓老人痴呆症

因为必须记得游戏规则和摸牌先后顺序、甚至牌友打过什么牌,能刺激人脑活跃,帮助记忆。

(2) 提高认知能力

集中精神打麻将,还要算牌点数,能提高注意力和记忆力。

(3) 让肢体更灵活

通过打麻将,能帮助一些上半身肢体动作有障碍的老人活动筋骨,尤其是双手。

(4) 促进人与人交流

麻将桌是最好的交流平台,可以让性格比较孤僻的老人进行社交。

三、麻将牌的分类及特征、作用

(一) 麻将的分类和特征

一副麻将牌通常由136~148张构成,其中136张是必备的,其余的花牌则是根据不同的打法而决定其取舍的。

竞技麻将使用的是144张牌,可以分为6类(或称为6门牌),如图1-1所示。

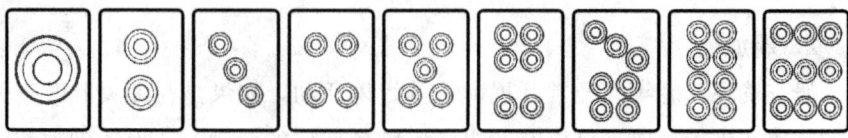

第一章　中国的国粹——麻将概论

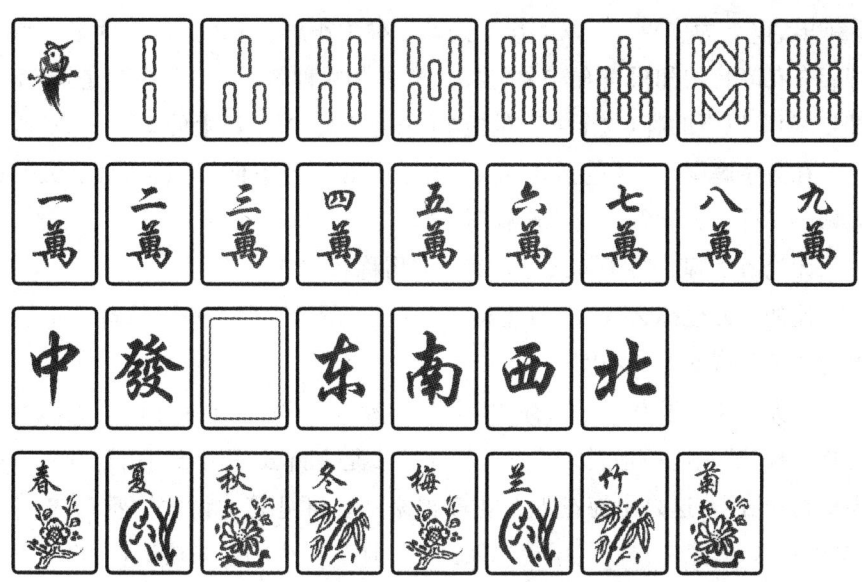

图 1-1

1. 第一门是字牌

共有 4 个名目，分别为东风、南风、西风、北风。每个名目 4 张，共计 16 张。

2. 第二门牌是饼子牌（筒子）

从 1 饼到 9 饼共 9 个名目，每个名目有 4 张，共计 36 张。

3. 第三门牌是条子牌（索子）

从 1 条到 9 条共 9 个名目，每个名目有 4 张，共计 36 张。

4. 第四门牌是万子牌

从 1 万到 9 万共 9 个名目，每个名目有 4 张，共计 36 张。饼、条、万子牌统称为数字牌或色字牌。

5. 箭牌

包括红中、白板、发财，各有 4 张，共 12 张。

6. 花牌

包括春、夏、秋、冬、梅、兰、竹、菊，各 1 张，共 8 张。

数字牌中的 1 与 9，又称为"老头牌"或"幺九牌"。1（包括 1 饼、1 条、1 万）也称"幺牌"，9（包括 9 饼、9 条、9 万）也称"九牌"。如顺序目

1到9，以5为中点，4以下比5为幼，称为小牌，6以上比5为老，称为大牌。在花麻将的和目里有"全小"、"全大"两种名目，"全小"是指14张牌都是"4"以下的牌，"全大"是指14张牌全是"6"以上的牌。

在数字牌中，1（包括1饼、1条、1万，余下同）4、7；2、5、8；3、6、9，又称"关联牌"或"筋牌"。

无论万子牌、饼子牌或条子牌都有俗称和"雅号"。

比如1万也称幺万。5万也称"五魁"。所谓"捉五魁"的番，就是4、6万与"和"嵌5万的和牌。

比如1饼，取其形，俗称"汤圆"、"烧饼"等。2饼俗称"眼镜"。5饼，也称"梅花"。这一是因为其近似梅花，二是古诗云"鹤云霜田足叶三，虎踏雪地梅花五"，这是由梅花五个花瓣得来的。可见其称谓之"雅"。6饼俗称"马肿背"，其意来自汉代学者牟融的《弘明集》中的一条谚语："少所见，多所怪。见骆驼言马肿背"。指的是不认识骆驼的人把骆驼叫"马肿背"。这是根据6饼的6个圆形图案有两个在上面，像骆驼的两个峰得来的。至于为什么把6饼跟马联系起来，这又与我国古代把正月初六叫马日有关。7饼，根据其形状又名烟杆或烟枪。8饼又名人牌，其意来自八元，因8饼是八个圆形图案，圆与元同音，八圆就变成八元。而八元是我国传说中的八个德才兼备之人，即伯奋、仲堪、季仲、伯虎、促熊、叔豹、季狸等。8饼中每一个圆形代表他们中的一个人，所以叫人牌。

1条，也称1索，或幺鸡。2条取其形俗称"鼓锤""棍子"等。4条因其形俗称"铁轨"。某些牌的俗称，不仅反映了麻将牌的趣味性和高雅性，而且有些咋番"，就是依据某些牌的俗称而命名的。比如：一坎东风，一坎南风，在加上一坎1条，就组成"孔雀东南飞"；4、6万嵌搭，和5万，称为"捉五魁"；7饼、东风、2条，可组成所谓"枪毙东条英机"；这既增添了麻将的趣味性，又提高了和牌率及和牌的"番"数。

东、南、西、北俗称"四风牌"或"四喜牌"，如东称"东风"，南则称"南风"，余此类推。四风牌刻上字，涂以蓝色或黑色。

饼子牌以同心圆为图案，象征铜球也。1饼是一个圆，2饼是两个圆，余类推。不同数目之圆形排列有一定模式。圆圈的颜色为绿色或绿色兼红色。

条子牌，也称索子牌。条子图案以条形为基本单元。条形上下两节，中间有结，象征绳条贯结，形似所谓"吊线"，不同数之条形排布也有定式；1条则常刻做鸟形，其中2、3、4、6、8条均涂绿色，5、7、9条则涂绿、红两色。

万子牌，万子不做图案而书写汉字字样，其中数字用蓝色或黑色，万字用红色。

箭牌里的"中"常用红色，"发"常用绿色，"白"的框常用蓝色，也有用红绿两色刻上双框。故"中、发、白"常分别称为"红中"、"发财"或"绿发"、"白板"或"白脸"。这三个牌目又称为"三元牌"或"箭牌"。

花牌"春、夏、秋、冬、梅、兰、竹、菊"以及财神、听用之类的牌，则图案形式因制造厂家不同而各异，有的有图无字，有的有字无图，有的有字有图，如财神听用之类竞技麻将不用。

（二）麻将竞技的作用

在麻将竞技过程中，不同的牌其作用也不尽相同，但在大多数情况下，相同花色品种的牌如出现相同或三个相互连续的顺序时方能显现出其最大的作用，这方面的内容将在以后的章节中加以阐述。

竞技麻将属于高智力、高情趣的体育运动项目，它具有复杂多变的战略战术和技术技巧，适合广大人民群众参与。它具有深入浅出、易学易懂的特点，有助于人的智力水平提高，有助于锻炼人的意志品质，有助于优化人们的思想修养和审美情感。

竞技麻将可提高人们的身心健康和智力水平。参赛者必须根据自己的手牌、起牌的好坏、另外三方的舍牌、吃、碰、杠牌的情况而决定自己和牌的种类、类型，还可选择和牌的早迟，是否需要自摸、做大牌或"放水"等。经过周密思考、慎重斟酌后方可作出抉择，这无疑对参赛者自身的大脑反应过程、思维快速转换、机敏程度等都是一种锻炼，而长达3小时的竞赛过程，也是对参赛者体力和耐久力的考验。竞技麻将也与棋类、桥牌一样，属于体力、脑力相结合，斗智斗勇的运动项目。

麻将牌能够长久、大范围的流传并演变到今天，人们对麻将牌产生了越

来越浓郁的兴趣，均取决于它丰富的内涵和价值。麻将牌的形式千变万化，民间各种约定俗成的打法五花八门，它给人们带来的情趣、欢乐和心理上的影响是多方面、多层次的。麻将牌竞技又是一种智慧与趣味相结合的高尚的休闲运动项目，它有益于开发人们的智力、提高观察分析和判断能力。同时麻将运动中蕴涵着决策学、运筹学、概率论、逻辑学中的诸多原理和方法，要求打牌者具有较强的记忆能力、逻辑思维分析能力和较好的心理素质。参与麻将竞技还有助于陶冶情操，消除疲劳，增进身心健康，促进参赛者彼此之间的感情交流。

在竞技麻将比赛过程中，参赛者在努力夺取胜利的拼搏中，由于大脑中枢神经系统的高度集中，内分泌腺释放激素增多，会使心率加快，血压升高，使人感到心情愉快，抛弃烦恼，忘却忧愁，对中老年人身心健康起到了极好的促进作用。

据研究表明，经常参与麻将竞赛有以下作用：

1. 有利于身体健康

打麻将时，一只手摸牌，另一只手码牌，脑子里不停地想着如何快点和牌，所有这些几乎都是在同一时间完成的，有利于手脑并用，对强化手脑协调，促进脑部发育，延缓衰老，预防老年失忆症有一定功效。

2. 有利于化解夫妻矛盾

两口子平时有点小矛盾，无需有错一方陪礼道歉，只需麻桌之上给对方放一炮即可，当对方露出得意微笑时，那矛盾早已在对方心里随着和牌的喜悦而灰飞烟灭了。

3. 具有手疗功效

因麻将具有自然的凹凸感，经常在手中磨擦，能起到穴位按摩的作用，天长日久，会收到与足疗相仿的手疗功效。因为手部经常受到麻将磨擦，有利于手部美容，使经络畅通，对去除死皮、老茧等作用明显，打一小时麻将相当于在美容院做手部护理十分钟。

4. 有利于心理健康

麻坛如人生，瞬息万变，大悲大喜是常有的事，喜如杠上开花，悲如坐庄点炮，如经常打麻将，就会练就宠辱不惊的良好心态，以此心态投身竞争

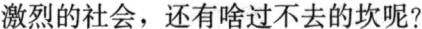

激烈的社会,还有啥过不去的坎呢?

5. 有利于强化时间观念

玩麻将时会对"时间就是金钱"这一名言有深刻认识,在热锅上蚂蚁似的三缺一等待中,在稍纵即逝的机会把握中,时间不等人的观念更是深入人心。

6. 有利于感情交流

俗话说,救场如救火,在三个人愁苦于三缺一时,如果此时能挺身而出,救场于十万火急,然后幸福地置身于三个人的感激之中,那感觉是终生都难忘呀。

7. 弘扬中华文化

麻将是中国的国粹,要继承弘扬发展,不能毁在我们这一代人手里,应该尽快组织申报"世界非物质文化遗产"。

8. 环保低碳生活

打麻将需要场地小,人数少,容易组织,不用花大力气去建设场地。另外,不是剧烈运动,能量消耗不大,节约资源,与现在倡导的低碳生活不谋而合。

9. 节约开支

打麻将多了,自然购物游玩的时间减少,开支骤减。若是输了牌,会觉得不好意思,更是节省不买衣物,所以是节约开支。

10. 有利社交

朋友聚会,桌上无话不说,既拉近了人与人之间的距离,也扩大了社交范围。

11. 开发大脑潜能

麻将场上风云变幻,需要缜密的思维,可培养大局观、注意力、推断能力,要做到吃碰果断,敢作敢为,精力集中,可以开发大脑潜能,避免老年失忆症。

12. 麻坛识人,明辨人品

俗话说"牌品如人品",牌场上常鸡争鹅斗之人,生活中也绝无坦荡之行。有人打得慢,有人打得快,有人爱生气,有人爱欠钱,有人谨慎,有人

大意,一招一式,全是每个人个性的写照。麻坛识人,绝对可靠。

13. 提高智商

打麻将不光靠手气、牌技,用脑至关重要,码牌、记牌、拆牌、出牌、和牌招招有奥妙,精心算计斗智斗勇。

14. 陪伴亲友

陪亲友打麻将,润物无声感情投资,虽然偶尔"出血(输牌)",但对于今后个人成长与进步大有好处。

15. 排忧解烦

打发时间消遣娱乐,坐上牌桌,郁闷之气即消,烦忧之情顿解。

16. 珍惜时间

打麻将的时候,没有人愿意迟到。打麻将的人,也从不挑剔环境,坐在哪都能打,都能乐呵呵的。

17. 永不放弃,增强斗志

打麻将的人个个精神抖擞,斗志高昂,仿佛不知道什么是疲惫,连续"战斗"几个小时乃至十几个小时,也没人叫苦叫累。打麻将的人知道就算是最后一把也还有机会,永不放弃,只要还在桌子上就还有希望。

18. 培养专注工作

打麻将的人都知道在关键时刻肯定是不接电话的,因为一接电话就会严重影响他们的状态,最后不能达到赢取牌局胜利的效果,所以在打麻将时通常会十分专注。

19. 善于换位思考

盯住对家、看住上家、管住下家。对于他们需要什么牌以及在想什么都要揣摩,这实际上是一种换位思考。不会抱怨别人如何,而是会责怪自己打错牌了、没算清楚等,只会在自身上找原因,有过错不推诿。

20. 乐于接受他人的建议

打麻将的人不管是在失利还是有利的情况下,都十分乐意听旁边观战人的建议,以便调整自己的战略和战术,以期赢得最终的胜利。

21. 善于总结,归纳经验

每次打麻将结束后,总是先清点统计得与失,出去了多少筹码,收回了多少筹码，打错了哪些牌，失算了哪些关键策略。

在麻将竞赛中，公平性永远是第一位的，所有人都不知道下一张会摸到什么牌，所有的规则每个人都心知肚明，常打麻将的人，没有抱怨他人的，牌不好，怪自己手气差。总而言之，积极主动，任劳任怨，所有工作当中的理想状态，在麻将竞赛中都能找到。

第二章

麻将的基础知识

一、搬庄和定位

四人一桌打牌,首先要决定坐次,也就是说,四人各位居何方,是有规矩的,尤其是麻将竞技比赛,往往涉及到参赛各方的"牌运"、"胜负"、"名次"等等。

搬庄通常采用的方法有以下几种:

(一)点数法

利用两枚骰子,四人每人掷一次,按各人掷出的点数大小逆时针排座次。掷了最大点数的人为东,可自行选择坐位,依次南坐其右,西坐对面,北坐其左。

(二)骰点法

即按照麻将取牌的方式先搬庄定位,用两枚骰子,每人掷一次,掷出"5"或"9"点的为东,坐原位不动;"2、6、10"点为南,坐于东之右方;"3、7、11"点为西,坐在东的对面;"4、8、12"点的为北,坐于东之左方。为了定庄方便,人们编了几句顺口溜:2、6、10"过",3、7、11"迁";4、

8、12"底",5、9在手自个儿先。"过"就是从庄家的位子过下去,即第一家的意思。"迁"字是说从掷骰方翻山过去,显然就是对门了。"底"就是表示坐在最下手的一家的意思。5、9在手,就是说自己坐东位。

两个人掷的点数相同时,那么,后掷出该点数的人,需要重新再掷一次,把坐次确定下来。

(三)摸风法

取东、南、西、北各一张,扣下搅乱洗开,每人可随意摸一张,东的位置不变,南、西、北,则逆时针坐定。

(四)习惯法

这是非正式比赛时,四个人随便就坐,大多让老者、尊者或是年幼者先坐庄,以体现尊老爱幼的美德和对客人的尊重。

对于正式比赛,搬庄、定位均应由各家预先商定,或由组织比赛的机构事先规定。

坐庄家的方向为东,逆时针依次为南、西、北。由于坐庄是轮流的,因此,这一盘牌你是东,下一把牌你就是北了。打牌时,坐庄的一家和了牌,下一盘牌,你就继续坐庄,称为"连庄"。如果其他三家和牌,下一盘牌就应依次轮下去,由第二家(原南风家)坐庄,这叫作下庄。

依次轮流坐庄,当第一把牌坐庄的人(最初的起庄人)第二次坐庄时,就算第一圈(东风圈)结束了,而开始了"南风圈"(也就是第二圈),第三圈是西风圈,第四圈为北风圈。庄家本身是东,如果圈风也是东,本风与圈风合二而一,称为双东。任何一把牌,第二家的本风都是南,第三家的本风都是西,第四家的本风都是北。

二、洗牌与砌牌

在麻将正式竞技前参赛各方共同完成洗牌与砌牌。

洗牌之前,应当把牌正面扣下,参赛者一起动手将牌搅开、和乱使牌充分混合，以期四家机会均等，同时也可防止作弊。参赛者双手搓动牌，使牌均匀而无序地搓动。注意避免相同的或相连的牌集拢在一起，洗牌时主要是搓动自己面前的牌，可以适当地把自己面前的牌摊向中央，在牌桌中央搓动不得伸手到别人面前去拨拢牌。裁判员发现搓动牌不够均匀，可以令其继续搓动。牌洗好后，四人同时砌牌（又称码牌）。砌牌时横牌18张，上面再各叠上一张，并依次横排在门前成一条状，然后四家汇合，围成方阵（又称作"方城"）。方阵之中，谓之"堂子"，又称"海里"或"河里"。方阵形的牌称为"墙牌"。

砌牌数量，需依据打的是何种牌而定。如打"素麻将"，各家均砌17墩，如打竞技麻将，各家均应砌18墩。

三、开牌与理牌

（一）开牌

1. 方法一

砌好方阵之后，即可掷骰子开牌，开牌又称开门。规则规定由庄家用两个骰子掷点，再由此两个骰点数相加点数所指示的参赛者再掷一次，前后两次掷骰的点数相加的和数为开牌依据，即在第二次掷骰者所砌的牌墙，从右向左依次数到和点数相同的那一墩，由庄家开始抓下两墩牌，再以下家至对门，上家依次顺序开始抓满为止。比如庄家掷骰3点，接着对门第二次掷骰8点，则3点加8点为11点，便在对门牌墙从右向左数到第11墩，庄家开始先抓第12、13墩，然后庄家的下家抓第14、15两墩，以下依次轮流抓牌，直至各参赛者抓三次共12张牌，再由庄家跳牌，即隔1墩抓上层两张牌，其余三人依次各抓1张。开牌结束时庄家应有14张牌，其他人各有13张牌。

2. 方法二

只掷一次，即庄家掷出的点数决定开牌的方位，也决定起牌的位置。比如庄家掷出的两颗骰子数相加为7点，以自己为起点，按逆时针方向数到7，是对门，即决定从对面一家开牌，再在对门的牌墙上按逆时针方向数到7墩作为留牌，庄家从第 8 墩开始抓牌，一次抓两墩共 4 张，再下家（即庄家右手的一家），按逆时针方向顺序每人每次抓两墩共 4 张。

3．方法三

要掷两次，第一次由庄家掷，决定门家即开牌方位，第二次由门家掷，决定起牌位置。例如：第一次，庄家掷出的两颗骰子数相加为 8 点，按逆时针方向数到 8，应该在庄家的上家即左手一家开牌，上家即门家再掷第二次，两颗骰子数相加为 6 点，则从门家面前的牌墙上数出 14 墩作为留牌，庄家从第 15 墩开始抓起。

4．方法四

以两次掷骰点数相加之和即按庄家掷出的两个骰子点数之和确定门家，再依两个骰子点数最小者确定开牌墩数（如遇相同点数则按两点数之和除以 2 来确定开牌墩数）。例：庄家掷骰点数为 3＋5＝8，则确定上家为门家，并从第 3 墩开始起牌；假如庄家掷骰点数为 5＋5＝10，则确定下家为门家，并从第 5 墩开始起牌。

(二) 理牌

理牌，即各自迅速分类整理取进手中的牌，确定基本阵形，对一时无用的牌作出先后去留的决策。

四、和牌的基本形式和种类

(一) 和牌的基本形式

1．和牌的基本形式

(1) 1、1、1、2、3、1、2、3、1、2、3、1、2、3；

(2) 1、1、1、2、3、1、2、3、1、2、3、1、1、1 或 1、1、1、2、3、1、2、3、1、2、3、1、1、1、1；

(3) 1、1、1、2、3、1、2、3、1、1、1、1 或 1、1、1、2、3、1、2、3、1、1、1、1、1、1、1；

(4) 1、1、1、2、3、1、1、1、1、1、1、1、1 或 1、1、1、2、3、1、1、1、1、1、1、1、1、1；

(5) 1、1、1、1、1、1、1、1、1、1、1、1、1 或 1、1、1、1、1、1、1、1、1、1、1、1、1。

以上 1、1 表示为花色、序号相同的两张牌，即将牌；1、2、3 表示为花色相同，序号相连的三张牌的组合，即顺子；1、1、1 表示花色序号相同的三张牌的组合，即对子（也称坎）；1、1、1、1 表示序号相同的四张牌的组合，即杠。

2．特殊的和牌形式

(1) 七对子和

1、1、1、1、1、1、1、1、1、1、1、1、1、1。

(2) 十三幺和

1、1、1、1、1、1、1、1、1、1、1、1、1、1。

(3) 十三不靠和

1、1、1、1、1、1、1、1、1、1、1、1、1、1。

（二）和牌的种类

1．摸和（自摸）

自己按顺序从牌墙中拿牌而和牌为摸和（又称自摸）。

2．点和

依靠其他三家任意一人打出的牌和牌或依据抢杠而和牌均为点和，出牌让他人和牌的或被抢杠的一方称为"放炮者"。

3．和牌的确定

一盘二人以上同时表示和牌的，从打牌者向右算起，顺序靠上者被定为"和牌者"。

4．和牌时的宣布

和牌者必须明确宣布和牌，并将自己面前的牌整理好后放倒，以便于并必须经过裁判和其他三家的确认。而其他三家在和牌确认之前，不得将自己面前的牌放倒。定番核分要经过裁判和另三家审核后，由另三家按规定标准计分。

（三）麻将的基本行牌

麻将打法花样很多，有数十种不同名称的"番"，而且不同地区的打法也不尽相同，但从最基本的牌理来说无非是把摸来的 13 张牌，如何尽快把它们形成组和价值的一种游戏。所谓"和牌"也就是完成了这种组合。因为完成组合时，不再把牌打出去，所以和牌的时候至少应有 14 张牌，多余或少于都不能和牌（除非有杠牌）。

14 张牌有价值的组合，应该是 3 张组成一组共 4 组，12 张，另有同样的牌组成将牌，这就是和牌。

14 张麻将牌的组合，可以有许多种"名堂"，但归纳起来无非是四个字："顺、坎、杠、将"，也可以说是四个"子"，"顺子、刻子、杠子、对子。"

1. 顺子

麻将牌中的"顺子"也称乘，指的是花色相同，序号相连的三张牌的组合。这里不把四张牌的组合叫作顺，也是有道理的，因为组合的牌越多，顺数就越少，难度就越大，灵活性就越少；另外，在麻将里还有四张组合的安排，可以避免混淆。把 1、2、3 饼放在一起，或者把 3、4、5 条放在一起，或者把 5、6、7 万放在一起，都可以组成一个顺子。同理，6、7、8 饼，2、3、4 万，4、5、6 条，7、8、9 饼等三张牌，都可以组成一个顺子。由此可见，能够组成"顺子"的牌，仅限于数牌，而且一定是同种类的牌，中间不允许有间隔。如 5 万、6 条、7 饼就不能组成一个"顺子"，而且 9 万、1 万、2 万也不能组成二个"顺子"。因 1 与 9 被称为"端"牌，"端"就是"开头"的意思，既然到了"头"就不能连接了。

2. 坎

在麻将中坎是指三张花色相同，且序号或牌面相同的牌组合起来，就成为"坎"。如三张 1 饼、三张 5 饼、三张 8 饼、三张 1 万、三张 3 万、三张红中，三张东风，三张 6 条等，都可以组成一"坎"。组成一坎的三张牌，可能都是自己手上的，这样的坎，称为暗坎。暗坎是什么牌，是不能让其他三家知道的，这是机密。如果谁听和这张牌，那和牌的希望就很小了。组成一坎

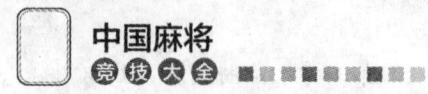

的三张牌其中一张是另外三家中的一家打出来的,这样的坎要摆出来,放在自己手牌的左侧,称为明坎。

3. 杠

麻将牌中,无论哪一种花色的牌,包括三元及四风在内,都各有四张。四张全到一个人的手中,根据行牌或和牌的需要,可以决定是否一起放下来。而且,杠者,桥也,即通向胜利之桥的意思。因为持有杠者,通过开杠,多了一次摸牌的机会,当然增大了"和牌"的可能性,"杠"因此而得名。

开杠是打麻将过程中比较有趣的,也是比较复杂的内容,一定要进行统筹规划。那么,怎样开杠呢?假如你手中有三张北风,别人打出一张北风,你便可以喊"开杠"或只喊一声"杠",与此同时将自己的三张明牌摆下来跟别人打出的那张北风放在一起,组成一杠,并到岭上(牌墙尾部)去补一张牌。如果不去补一张,你就少了一张,成"小相公";如果补过一张,而不再打出一张,你就多了一张牌,成了"大相公";在这两种情况下你就不得和牌了。假如你手里有四张南风,无须亮牌,仅扣放在立牌前即可,此为暗杠,然后去岭上补一张牌,再打出自己不需要的牌。一般地说:"三元牌和四风牌,有杠就开,但打花麻将时,从和牌考虑,有时三元牌、四风牌有杠也可不开"。至于数字牌的开杠更应全面思考,根据手牌情况统筹规划。比如:当你持有三张5饼,同时还有一张6饼、一张4饼,另一家打出一张5饼,一般地说,你是不会去开杠的,最好用自己的两张5饼与别人打出的5饼组成明坎。总之,开不开杠应从手牌的全面考虑。如果玩的是"推倒和",开杠就得分,等于一次小"和",那么多数情况下是有杠就开。

4. 将

"将"就是一个"对子"。因为"和牌"的要求,不管是什么"和",都要有麻将头,这样的对子是不让成坎的,必要时,甚至可以打出相同三张中的一张,以便进入较好的听牌阶段。但是,在做十三幺不靠的牌型时,却不能有麻将头,否则不能和牌。根据上述,参赛者在行牌过程中可通过摸、吃、碰、杠等方法,努力使自己手中的牌形成顺子、坎子、杠子和对子(将牌),以达到尽快和牌的目的。

(四) 麻将行牌的基本规定

1. 出牌

竞赛过程中,各方打出的牌应将花纹图案面朝上放在方阵之中,按竞赛规则要求凡打出舍去的牌均应放在靠近自己的牌墙,从左到右横排,放置到九张后,再在上方依次另放一横排,并且应放整齐,以便其余各方和裁判员观察,同时,在打出牌时不得报出牌名。

2. 碰牌

手中已有两张相同的牌,如看到另外三位牌手任何一个打出的牌与自己的这两张牌相同,便可报碰,成三张一副相同牌,按规定牌式应亮明放在自己的立牌前。"碰"比"吃"优先。

3. 吃牌

上家(坐在自己左方的牌手)打出的牌,如与自己手中的牌可以组成一副序数牌(即顺子),无论是边张或嵌张均可报吃,并把此一副牌按规定牌式亮明在自己立牌前。

4. 杠牌

凡一人有 4 张相同的牌,便可以报开杠,即把这 4 张相同的牌摊放在自己的立牌前。"杠"比"吃"优先。杠分以下几种:

(1) 花杠

凡抓一张花牌,亮放在立牌前,再从牌墙最后(即庄家开门抓牌左边)一墩上层的一张抓回(这张称"杠牌"或"补牌")放进自己的立牌中,然后再打出一张牌。花杠并不影响"门前清"。

(2) 明杠

凡已有三张相同的牌(即一个暗刻),此时别人打出一张与此相同的牌,便可报杠。另外自己又抓进一张与已经碰出相同的牌,也可报杠,并把此牌放在已碰牌的右边(此称"补杠"),也与花杠一样,从牌墙最后再抓一张牌。有明杠则不能再有"门前清"。

(3) 暗杠

四张相同的牌均为自己抓到,在一家和牌前,随时可以开杠,四张暗杠牌不亮明。在一家和牌时,必须亮牌,以便其他三家查实,以戒有诈杠。暗杠不影响"门前清"。

5. 抢杠

只限于已碰出牌，又抓到（或早已抓到）相同第四张牌，亮出后无论有无抓杠牌的动作，均可被抢去成和。不能成和牌，则不能"抢"。但必须注意，若有两家成和牌，按补杠者以下家—对门—上家为顺序，排前者应先得此牌成和。若三家都可"抢"此牌成和，则按"平盘"处理，均不得和牌，庄家重坐一次庄，并且不作连庄论。

6. 听牌

又叫听牌或有叫，只差所需要的牌就成和牌的牌式。听一种花色的某张牌，称"独听"或"单听"；可能是两种、三种……九种牌，这样可以称为两面听、三面听……九面听。根据所听的牌，各种叫法很多，如听边张、听嵌张、单钓将、听对倒、听绝张……

7. 扣张

开牌后，任何人抓第一次两墩牌，看过报"扣四张"后，可以把四张牌扣放在自己立牌前，在和牌前不得翻看，可以根据记忆用扣张与手中牌进行吃牌、碰牌、开杠或和牌。

8. 和牌

所谓的"和牌"是指自己摸来的牌，与另外三家中一家打出的牌或杠得的牌达到"和牌"形成时的行为。和牌者必须明确宣布"和了"，并将手中的牌整理后放倒，以便于、并必须经过裁判员和其他三家的确认。而其他三家在和牌确认之前，不得将自己手中的牌放倒。

"和"比"吃"、"碰"、"杠"优先。

五、打麻将基本原理

麻将要赢牌，运气与技巧各占一半。虽然麻将没有定式的打法，但必须视牌局发展，灵活运用打麻将的原则及理念。

1. 不同的牌有不同的处理方式

（1）一副144张的麻将牌，扣除花牌8张，海底牌16张，各家已取走16张牌，海底剩下的牌只剩56张，平均每人只能再摸14张牌。

（2）拿到好牌的，可打生张牌，造成对手吃、碰，如此使自己以更快的速度摸牌，而且可减少别家吃、碰的机会。

（3）拿到中等牌的，如果是牌型组合不太好，则不必急着拆牌或错牌，先跟打熟张，避免让别家吃、碰牌。但若牌组太多，必须拆掉的偏张另说。

（4）若牌太烂，可以逼和为目的，让本局流局，或求不放炮。尽量跟打熟牌，扣住下家的牌，还有旺家的牌。

2．舍牌的技巧

（1）在摸牌之前就先考虑要打出哪一张牌，别在摸牌后才考虑半天。通常先打字牌，再打边张，最后才是中张数牌。

（2）若一开局便打数牌，甚至拆牌打，可能此人牌很好，要特别提防。

（3）某家一直打某一色的牌，须提防此人作大牌。

（4）某家一直未打某一色的牌，他可能是在做清一色或混一色，故别任意丢那门的牌。

（5）假如是听牌阶段，若某家跑5万，小心打1、4万和6、9万。

（6）某家先拆1、2万，即可能手牌中有4、5万的顺子，他对3、6万非常期待。

3．听牌的型态

（1）听多门：一个数列通常听好几个牌，例如2、3、4、5，听2、5，2、3、4、5、6，听1、4、7。不过需注意和其中某些牌可能破坏牌型（如一条龙、平和……）

（2）听单吊：即一张单张牌，要凑一个对子（将牌）

（3）听嵌张：例如2、4万，听嵌张3万。

（4）听边张：例如7、8万，听9万。

（5）听对对：留有两组对子，只要再凑一组刻子，另一组当将牌，因此听两张。

（6）避免与上家听相同的牌，避免被上家喊和。

4．注意原则

（1）不要固定以某种顺序将牌区分开来，以免被看出牌型。

（2）吃、碰牌后也应适度变换牌的位置。

(3) 先审自己的牌，看比较容易做成哪一种牌，留中间数牌，比较容易凑成顺搭。

5. 麻将的致胜法

(1) 147，258 规则：下家丢1万，3、4、7万基本不吃，2、5万可能要吃。

(2) 牌局过半，上家开始落风子，不要碰（碰听张除外）。

(3) 牌局一直不顺，最好不要动牌，要打熟张，牌一动就有被吃大牌的可能。

(4) 下家丢3、8万，有可能手握3、5、6、8万，小心打4、7万。

(5) 下家丢8、9万，有可能手中还有4、7万，小心打4、7万。

(6) 开始几圈，除嵌张、边张外，两头张最好不吃，先上别的张，等上家再拿到这种牌时，他还会打出。

(7) 手中有1万一张，2万一对这种牌型，别人丢3万，如有混（百搭）不要吃（吃听张除外）。

(8) 外面风子除东风外全都见了，不能打，有可能要杠开，至少看二圈再打。

(9) 外面有7万碰掉，8万见两张，9万基本上有人碰。

(10) 牌开始时先舍荡张，再舍风字，但是手中风字不可超过2张。

(11) 自己无混（百搭）听张，比如2、5万，上家丢2、5万，如果你吃了可听2、5、8，就没有必要吃；

(12) 单吊不要吊没有见过的张，最好吊两头都碰掉，外面见一张的张子或风字。

(13) 开始几圈，有人舍东风，手中有东西风，要先舍西风，因可能有人拿西风对，别人舍你将被轮出一圈，东风你还可能拿对。

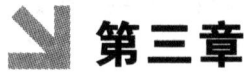

第三章

麻将竞赛初级技法

一、学会识牌，明确牌理

打麻将牌技巧中最重要的一环就是识牌和读牌。识牌是指要准确地将开牌过程中所获得的牌分门别类并以大小顺序而排列，以便自己能清晰地认识此副牌的组合和局面，方可在行牌过程中见机行事。

（一）理牌

一般初拿上手的十三张牌，杂乱无章，必须加以整理。要把条子、万子、饼子和三元、四风牌归类，按数顺序排列。哪是对子，哪是搭子，哪些牌可以尽快地组合起来，哪些牌可留，哪些牌准备舍掉，都要理清楚，做到心中有数。理牌，对初学者来说是十分重要的一个步骤。有些老麻客，对十三张牌稍加浏览便可明了大概，根本不理牌。之所以如此，主要为了防止别人从自己的理牌动作中猜出自己手牌的情况，同时也是不让站在后面观战的人看清自己手牌的情况，同时也是不让人通风报信。总而言之是为了"保密"。但是也有因为不理牌，大意失荆州的例子。往往由于手牌未加整理而导致漏吃、漏碰等不当的错误。

(二) 摸牌

当自己的上家打出一张牌后,其余两家既不和牌,也不"碰"或"杠",那么就轮到自己摸牌了。摸上来的牌,能用不能用,两种可能性都是有的。如果你留牌留得正确,上牌有用的可能性就大些,否则可能性就小些。比如,你手上原本有1、6、9三张条子,你不假思索地随手打出1条,到再一次轮到你摸牌时,摸到一张3条,这就靠不上了。又一次轮到你摸牌时,偏偏又摸到一张2条,那就会使你感到沮丧,影响打牌的情绪。开头,在1、6、9三张条子中,应该打9条,而不应打1条,你打1条,留下9条,是不对的。因为1条可以与2或3条连接,6条与4、5、7、8条连接,所以9条能连接的牌,6条也可以连接上,而1条能连接的牌,6条则不能连接上,故应打9条而留1条。总之,摸牌是调整手牌,逐步完成手牌十三张组合的一个很重要的,甚至是基本的手段。因为你要能够吃牌,首先就得摸上"搭子";如果你要能够碰牌,首先就得摸上"对子";没有有效的摸牌,即摸不到有用的牌,吃、碰、杠也就谈不上了。所以,有经验的老麻客都注意实战过程中的摸调。如果摸得很顺的话,完全靠自摸就可以"和牌"。

(三) 如何吃牌

吃牌就是你手中有搭子,当上家打出一张牌时,正好与你手中的搭子组成一个顺子,这时你就可以吃进这张牌,与自己手上的两张牌组成一个顺子。比如,你手中有8万与9万,或者5万与6万,也可以是6万与8万,这时上家打出一张7万,你可以喊"吃",同时把7万拣回,并把自己手里的两张牌拿下来与7万配成顺子,这就叫吃牌。只有下家可以吃上家的牌,不允许跳开一个人来吃牌,即第三家(或者第四家)吃第一家的牌。更不允许第一家反过来吃第二家的牌。而且,吃牌只有当时有效,摸了牌,即使退回也不允许吃牌了。吃牌时,应把三张牌亮出来,放在自己手牌的右侧。在吃了一张牌之后,应尽快打出一张牌,以免让其他三家久等。

对初学者来说,只要是上家打出来的牌,自己手中有同样花色的牌能与之相配成顺子的应毫不犹豫地吃进,以便尽快达到能够和牌的条件,成为胜者。

吃张有两头吃、吃边张与吃嵌张（也叫吃夹张）的区别。

1. 两头吃

又有吃两张、吃三张与吃四张的不同。持有5万与6万可以吃4、7万，持有3条与4条可以吃2条、5条；持有4饼与5饼可以吃3、6饼，等等，都是两头吃、吃两张的例子。若持有2、3、4、5、6条，则可以吃1、4、7条；持有4、5、6、7、8饼，则可以吃3、6、9饼，这些都是两头吃三张的例子。三张3万，三张5万，一张4万，如图3-1所示。

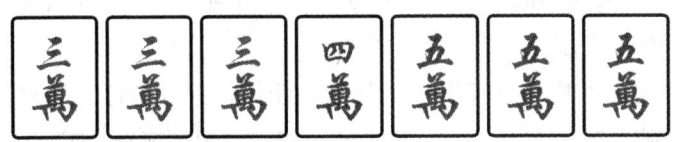

图 3-1

这种情况既可以吃3、6万，也可以吃2、5万，这是两头吃中吃四张的例子。这些吃三张、吃四张的例子，也可说是两头吃的一种特殊结构。

2. 吃边张与吃嵌张

都只有一张牌可吃。如持有1、2万，只能吃3万；持有8、9条，只能吃7条，这叫吃边张。持有3万与5万，只能吃4万；持有6饼与8饼，只能吃7饼；这是吃嵌张的例子。因为边张，嵌张，能吃的牌只有一张，所以，在一般情况下，边搭或嵌搭，遇上有吃牌的机会，都尽可能地吃牌。

如图3-2所示，这十三张牌能吃些什么牌呢？从左至右，首先看到的，持有1万与3万，能吃2万。4条与5条，可以吃3、6条。7条与5条相配，也可以吃6条。7条用来与9条相配，又可吃8条。8饼与9饼，可以吃7饼。这手牌可能吃五种牌。西风与北风，虽也挨着，但不能吃南风。四风与三元只能组成坎子，而不能组成顺子。

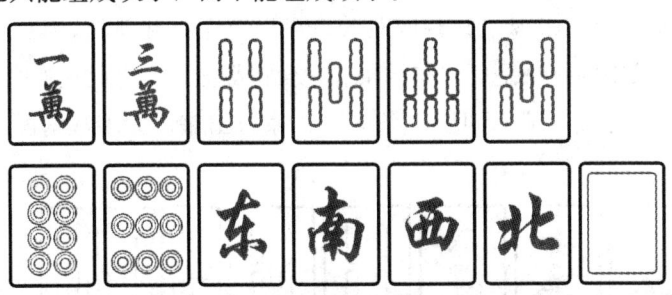

图 3-2

（四）如何碰牌

碰牌也是实现十三张组合的一个重要手段。譬如，你持有一对4条，当另一家打出一张4条，而这个打牌的人可能就是你的上家，你在没摸牌之前，可以喊"碰"（或者喊"对"），然后将打在堂里的那张4条拣到面前并将你持有的两张4条拿下来组成一坎，然后尽快打出一张你持有的不需要的牌。"碰"跟"对"的意思是相同的，表示手上持有的一对与刚才另一家打出的那一张牌碰到一起了或对上了。

碰是不受限制的。当某一家打出一张牌来，任何一家具备碰的条件都可以碰。如果这一张牌是第一家（庄家）打出的，第三家要"碰"，则第二家这个轮次就被隔过去，不能摸牌了。第三家"碰"了之后，打出一张牌，如第四家用不上这张牌，就该第四家去摸牌了。可见，当某一家碰牌时，对这一家的上家是不利的，面对这一家的下家则较为有利，因为增加了一次摸牌的机会。故有句俗语是"有钱难买上家碰"。当然，这也不是绝对的，如果你摸调很顺，上家一碰，打乱了摸牌次序，也有可能你的摸牌变得不顺了。所以，具备碰的条件，不一定都要碰，还要考虑碰了之后对哪家有利，对哪家不利，如果利害不当，则可不碰。再有，如果某一家打出的牌，下家要吃，而另一家要碰，一般说来，碰比吃优先；但是，如果碰家犹豫不决，下家已经完成了吃牌或摸牌，再喊"碰"，因为未能尽快作出反应，那是不行的。如：有的人手中有对子，别家舍了一张，他本来不想碰，但看到另外一家喊"吃"，并做出吃牌的动作，这时他为了破坏这一家上张，于是喊了一声"碰"，并把该牌拿了过来。但按牌理来说如果喊"吃"在先，他再喊"碰"就无效了。

如图3-3所示，十三张牌中共有四对牌，可以碰东风和4饼、4万与4条。但可以看到4条中的一张是可以与5条、6条组成顺子的。如果这时7条已被另一家碰了或是开杠，那么即使4条被另一家打出来，大多数情况下也是不碰的。

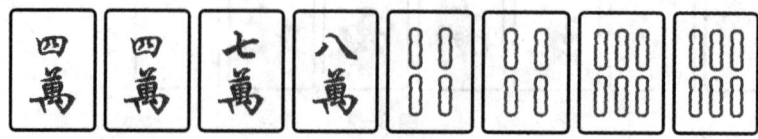

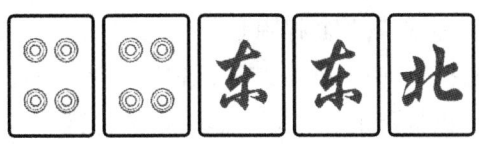

图 3-3

(五) 如何杠牌

开杠也是组牌的一种手段,但因为开杠同一种牌需要四张,故这一手段并不像吃牌、碰牌那样经常使用。开杠也不是具备了开杠的条件就一定要去开杠,应当看到开杠的利害关系。从有利的方面来说,一开杠可以加分,使自己多得分,少失分;但有的地方,开杠并不一定加分,反之,开杠而没有和牌,别人和了牌,开杠的一家还要多失分。二是,如果是在手牌进入听牌阶段,这时开杠,有时还可以"和"一把"杠上开花"。比如你手牌叫听5、8条,这时你正好开1饼的杠,从岭上补过一张,这一张恰巧是8条,你可以和牌了。这种和牌方式就叫作"杠上开花"。这种情况,不是经常能碰上的,故算"分"时,要加番。

有时根据手牌情况和牌桌上的形势,开杠反而不利。比如你手上有7万9万各一张,8万有三张,这时别人又打出一张8万。在这种情况下,最好是"碰"了那张8万,而不要开杠。再一种情况,到牌局的后期,各家都已先后进入听牌阶段,你开明杠,就有可能被别人"抢杠"而和牌。比如,你碰了5万的明坎,过了几巡之后,牌局已到后期,你又摸来一张5万,如果别家正好做万子的清一色,或万子"一条龙",你不加考虑地开杠,就有可能被别家"抢杠"和牌,而且要加一番。当然,开暗杠,别家就不能抢杠,"明杠"是可以抢的,所以开明杠要慎重。

(六) 舍牌——技术取胜的关键

麻将之所以比其他牌例如扑克更吸引人,在于它有一个相当长的变化过程。在这个过程中,参加麻将游戏的人,每摸一次牌或每舍一次牌,总是报着一定的目的与希望以及目的与希望的实现与落空,从而给人带来情绪上的愉悦或沮丧。同时,在这个变化过程中又有明有暗,让人动脑思索。摸牌、

吃牌、碰牌，就是你的牌组改变的环节，而舍牌则是你的技术取胜之关键。所以，切不能轻视舍牌。"不要就打"，说明你玩麻将玩得不到家。摸、吃、碰的牌是既定的，但舍牌完全是可以选择的。有时可能一张牌打错了，形势便急转直下。麻将高手和新手之间的差别，主要体现在舍牌上。

1. 舍牌的原则

起手配来的13张牌，往往有好几张可舍的牌，舍哪张、罄哪张，先舍哪张、后舍哪张，这里就有个技术问题。舍牌选择有三个原则：

（1）舍自己组牌过程中无作用或作用不大的牌。

（2）尽可能舍下家不要的牌，即让他吃不上牌。

（3）尽量不出可能让人吃、碰或食和的牌。

当然，第一个原则是主要的，首先应考虑自己组牌的方向，因为只有这样才会连消带打。然而，当形势转为紧张时，第二、第三原则就可能上升到主要地位。有时甚至以拆牌、放食来克扣牌张，避免人家能出大和。

避重就轻则是反上述第三原则而行之，专门拆牌放张，希望非大和那一家食和，遏止造大牌一家的咄咄逼人之势。

在整个牌战中舍牌的最基本原则，应贯彻始终。

2. 舍牌的顺序

起手竖牌后，不刻意做牌时，为完成一对雀头加四组牌的自然组合，扣张、送张例外，一般按以下次序来舍牌：

（1）孤张

孤张就是无搭、无对的牌。这时先打孤张，打孤张的次序应是：字牌、幺九牌，然后才是中张牌。

（2）字牌

字牌的舍弃次序一般是：非庄风——非门风——庄风——门风——三元。

另一个顺序原则就是看堂子里或地上面多寡而定。露面多的先出，这是不言自明的。不过，有时也会反过来，例如形势不紧张，自己手牌搭子不好，可以较快听牌，就早出生张，避免人家摸成对而碰出。

（3）幺九牌

幺九牌成搭成顺的机会较少，故先打出。最早舍弃的应该是上家所需要的色子而下家所不要的色子。最没有用的幺九牌是具有隔两张牌的情况，例如有1与4或者是6与9，即使有进2与3或7与8，1与9都基本上是多余的。凡中局以后未露面的幺九牌，都可能已成对待碰，就不能随便打了。

(4) 中张牌

中张牌就是从2饼到8饼，2万到8万，2条到8条。中张孤张牌的出牌次序一般是：1、8-4、5、6-3、7。之所以是这个次序，是因为2、8，成搭的机会比3、7要差，故先舍2、8；4、5、6成搭机会与3、7是一样的，但3、7是尖张，可能下家求之不得，你扣一扣，可能他会拆掉1、2与8、9的搭子。他拆了之后，你再舍出，不就安全了吗？

总之，从配牌之后庄家打出第一张牌开始，各家就通过摸、吃、碰、杠、舍等手段，逐步完成自己十三张牌的组合，就在这进进出出、打打换换的过程中，哪一家先"和牌"，这一把牌就算结束了。

(七) 关于和牌

麻将和牌条件：麻将玩法就是要将手中的牌凑成四组"顺子"或"刻子"，再加上一对"将"。每一个"顺子"或"刻子"都由3张牌组成，"将"是指两张一样的牌所组成，又称"眼牌"。所谓的"顺子"，是由3张连续的数字所组成，例如3万、4万、5万，而"刻子"则是由三张同样的牌组成。

四人中最先将手中的牌凑成四副顺子或刻子及一对将者为优胜。其他三人必须依据和牌者的牌型大小给予胜者不等的筹码。

"和牌"时，和牌者必须将手中的牌摊开，摆放整齐亮给裁判和其余三家检查和计算番数与分数。如果是"自摸"和牌，则必须将摸来的那张牌单独地放在自己手牌的右侧，以明示自己摸来的是哪张牌，因为你和的是哪张牌，与计算"番"很有关系。比如，原来你13张手牌，既有乘（顺子）又有坎（刻子）又没有牌风、箭牌，可以说一"番"也没有。如果你和的是边张、嵌张或单钓，这就有了一"番"。所以你必须把摸来的那张牌单独亮出来。

1. 截和

某家已叫听，但在一巡之内，第一家他不和，那么紧跟着出来的第二张，他就也不能食和了。例如，北家已叫听，和嵌5万，这时东家打了一张5万，北家想自摸而未食和,紧接着在这一巡之内,南家、西家也各打出了一张5万,北家已无权再食和了。除非北家自摸5万,或者是过了这一巡,北家已经抓过一次牌,别人再打5万,北家才有权食和。因为他本想和5万自摸,但一看食和的希望太小了,北家又想食和,这是不允许的。概括起来说就是:"同巡不食跟张。"一是合乎牌理,二是防止有人作弊。

在有的地区实行出重制,没有"截和"这一说,如果某家舍出一张牌,其余两家或三家都喊"和了",这时,两家或三家都可以和牌,由放炮的一家分别付给三家计分卡。

2. 诈和

"诈和"(也叫"横和"、"错和"、"误和"、"冲和"),所谓诈和是指宣布食和时,手上的牌包括付露的牌,不符合食和的条件。造成"诈和"的原因有:

(1) 吃错了牌,本来上家打的是1万,你用2、3万吃,但从堂子里取牌时,取回了一张2万,当时未发现,到手牌食和时,才发现这个付露吃错了牌,于是形成错和。碰牌也有这种情况,比如碰南风,但从堂子里拣回一张"东风"与两张南风作为一付露亮出来,和牌时也就成了错和。

(2) 带"绘"的花麻将,有两三个"绘",自己牌技又不高,要贪"食和",结果算错了叫牌,形成错和。

(3) 规定一番或两番才能和牌,在手牌番数不够的情况下叫了和牌,形成诈和。

(4) 手牌已经叫听,又是大牌,精神过于紧张,本来和6万的一条龙,别人打出6条,一听到"6"字,就喊食和,形成诈和。

(5) 牌是多门听,但你没有看得很明白,本来摸3万是自摸,但打了出去,在一巡之内,别家打了3万,你又叫和,这也是诈和。

3. 诈和的处理方法

通常都规定诈和要受罚,打多大便罚多大,有的是你和几"番"就罚几"番"。这是为了避免作弊。如果不施惩罚,串谋者随便翻牌,让他竖起来再玩,他的合作者就很容易放牌食和;即使规定他不能食和,他也已经向伙伴报了牌。诈和而不罚,让该局算流产作废的话,那样做牌的人就失去了食大牌的机会。所以，罚是合理的。

（八）关于荒牌

指自抓牌开始，四家都没有开杠，直至牌墙剩余六墩牌，第七墩牌最后一张为海底牌后，仍没人和牌，即为荒牌（或称黄牌），但在行牌过程中如有人开杠，则每开一副杠，牌墙则应多留一墩牌。这一盘则称为"黄庄"或"和局"。

有些地方实行"无鸡尾"的办法，即必须摸到最后一张不留荒牌。这种作法不大好。一是这种摸到最后，不留荒牌作法，就失去了麻将竞技的神秘感，从而也就减少了麻将的兴趣和魅力；二是这种作法，使手牌不好的人失去了防御能力。他手牌不好，无法和出，留下七墩作荒，他还有免输的希望，如果非摸到最后一张，往往是有高番的人和自摸，这种手牌很差的人，就只有束手被擒的份了。所以，还是留七墩比较公平。

黄庄的处理办法：

（1）庄家连庄。其理由是其余三家没有下他的庄，他可以继续坐庄。

（2）由下一家坐庄。黄庄的庄家要受处罚，平均分给其余三家一定的计分卡，理由是庄家自己不能和牌。

（3）由已经听牌的人坐庄，没有听牌的人要付给已经听牌的人一定的计分卡。

（九）如何听牌

"听"有专心等待的意思（也叫停牌、醮牌）。所谓听牌就是再进一张牌就和了的意思。所"听"的那张牌，叫作"听口"。"听口"可以只有一张，也可以有两张或更多的张。听牌是和牌必经的阶段，也是组牌的目标。

在走向听牌的阶段上，如果还要进一张牌就能"上听"（或"有听"），就称为"一进听"或"一人听"，要进两张牌才能"上听"，称为"二人听"。一般说来，最初配来的牌大体都是四到六进听，即只有上四或六张有用的牌，才能达到听牌的阶段。

听牌有五种型式：

1. 听单张

又称单钓也叫"单骑",这是指四组的组合已完成,剩下的是等"麻将头"的听牌型式。

2. 听边张

这是数牌中的一、二或八、九的边搭,要听三或七的听牌法。要和的牌只有一种四张,数牌虽是相连,但一边是端牌,所以只有一种牌可和。因此三和七被认为重要的牌,牌谱上有金三银七之说。

3. 听嵌张

数牌相隔一张,中间牌是和牌的听法,也叫"听中空"。要和的牌和听边张一样,只有一种四张。但听嵌张比听边张具有较大灵活性,因为所听的牌不像听边张那样,只限于三或七这样重要的牌,有时可根据自己摸牌的情况而改听嵌张为两面听。

4. 听绝张

所谓"听绝张"是指所听的牌已被碰过或已经打出过三张,仅剩下一张还没出现,因此听这一张牌而和牌的几率较小,如最终和了这张牌,则是要加分(番)的。

5. 双碰听

又称"对倒"。对子两组,任何一方的牌出来就可和牌的听法。如图3-4所示,1饼出来,即形成碰子,用6万作"麻将头",6万出来的话,6万形成碰子,1饼就成了"麻将头"。这种情况就叫双碰听,可以称之为"1饼、6万对倒"。

双碰听要和的牌有两种四张,与听嵌张、边张的牌数是一样的,只是多了一种牌。一般都觉得对倒和好和牌,其实双碰牌的和牌率并不见得比听边张、听嵌张的大。但双碰听根据摸牌的情况也有变成两面听的可能。

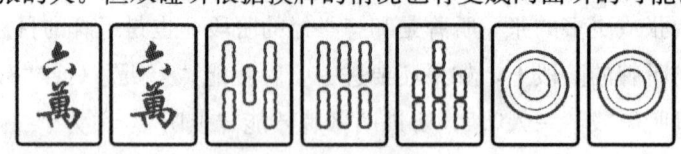

图3-4

6. 两面听

两面听是以数牌的相连中张牌顺搭来听牌的方式。在五种听牌的方式中是最为有利的，共有两种8张牌，与边、嵌、钓比起来和牌的机会大了一倍。因此，听牌应尽可能选择和牌几率高的方式，在条件允许的情况下，应尽可能做成两面听。

（1）典型的两面听

是两头搭子的倍牌型式。这是除1、9之外，从2到8的数字牌中，任何两张相连，都可以形成的两面听。

（2）两面单骑听

4张数字牌相连，听两头的牌。比如其他组合已完成，只差麻将头，4、5、6、7条相连，这种情况，无论来4条或7条都可以和牌。

（3）嵌张单骑张

4张牌中有一暗刻，外加一隔张，就构成嵌张单骑听。5、5、5、3万，要和的牌是3、4万。

（4）边张单骑听

4张牌中有一副是幺九牌的暗刻和一邻张，就构成边张单骑听。如1、1、1、2万，要和的牌是2、3万。

除以上五种基本听牌形式之外，还有三面听、四面听、以至更多的听，将在第九章中介绍。

二、仔细读牌，观察动静

麻将竞技中一个重要的环节就是读牌，即读堂子里出过的牌，哪一家出过哪些牌。由于出过的牌，都面向上地放在堂子里，当需要决策时，看一看堂子里的情况，是会帮助你做出决定的。

（一）如何舍牌

打牌过程中，为了容易吃到上家的牌，又不让下家吃到自己打出的牌，必须留上家不要的牌，打下家不要的牌。怎么能知道什么是上家不要的？什么是下家不要的呢？只要出两三轮牌，便很容易知道了，甚至一轮就清楚了。为什么呢？因为，人们打牌的习惯总是先打不靠牌张。第一轮，打出1、2万或8、9万（条或饼）等边张，还不甚明显。若第一轮就打出饼、条、万的中间张，那就很明显表示打什么就不要什么了。特别是规定了没有多少番就不许和的情况下（通常用于有绘的麻将及非比赛的活动中），热衷于做清一色，几乎人人都这样。往往只需看上下家出的第一手牌，便可判断出来。例如上家做清一色万子，你持有的饼又恰好有利于做饼子，那就再好没有了。这样，你就容易吃到牌，而下家则吃不上你的牌。但在打牌中，往往不那么理想。在上述情况下，你持有的牌，偏偏只有几张饼，要做到下家做什么，你就做什么，显然不那么容易了。这时你就应当趁下家做得不成熟的时候，把自己手上仅有几张饼子扔掉，舍掉的顺序应当先舍中张，后舍边张。如此会使下家在判断不清的情况下，只能吃第一张不能吃第二张。例如，下家持有6饼、7饼、4饼与3饼，他的牌是可以吃2、5饼与5、8饼的。你手上持有的两张饼子，一张是5饼，一张是2饼，你先舍出一张5饼，下家便面临用6、7饼吃，还是用3、4饼吃的问题，正确的吃牌，只有百分之五十。如果你先舍出2饼，那么下家便可毫不犹豫地吃你舍出的2饼。在任何情况下，你都不要做与上家同一种花色的清一色。如果你这样做打绘多的牌，有时还有和的可能，否则就没有多大希望了。当经你读牌判断出上下家都做条子的清一色时，你手上持有的牌，条子偏多的可能性不会大。你若持有条子的对子，可以尽力去做对子和。多打过张（也叫熟张），少打生张（即堂里还没有出现过的牌），增加摸成对可能性。

（二）如何判断生张和熟张

判断自己要打出的牌是生张还是熟张，对于打麻将来说，也是个十分重要的问题。解决这个问题的办法就是要会读牌，看看堂子里已经出过哪些牌，自己手上有哪些牌，然后进行判断，把手中持有的牌与打在堂里的牌结合起来分析，就会得出有益的结论。当5万（饼或条）与8万（饼或条）都断了，即已经各出现四张，则在其他三家手中，已不可能有3、4、5，4、5、6，5、6、7，6、7、8，7、8、9组成顺子的可能性。此时，6、7、9万（饼或条）在堂内又不是过张，他们成对或坎的可能性就非常大了。再结合每家出的牌，判断有没有在做对子和，如果有，6、7、9万（饼或条）在哪一家有坎、有对，也就很清楚了。5万（饼或条）断了，3、4万（饼或条）的组成情况，还得看1、2万（饼或条）的出现情况才能得到正确的判断。一副牌中，打断某种花色、序号、种类的牌是常有的。因为一副素麻将总共136张牌，一开始便被四家分拿了53张。打麻将，堂里已有四十多张牌还没人和是经常有的事。打有绘的麻将，由于大家都想和的番多一些，经十轮以上打牌还没人和也是常见的。在这样情况下，剩下没有摸的牌已只有四十张左右了。因此，三十四种牌中出现几种打断的牌的可能性非常大。表现断了的情况有开杠。如果确无出现打断的牌张，也应从哪些牌出现得多，哪些牌出现得少去分析。结合各家出过的牌，不难判断出哪家持有什么牌与需要什么牌。

三、慎重出牌，果断决策

麻将实战，从庄家打出的第一张牌就开始了，初学者往往觉得麻战刚刚开始，各家都没听牌，打第一、二轮牌时相当随意和轻率，这是不可取的。打一、二轮牌，留什么牌，舍什么牌，应当根据三个因素来决定。

（一）根据手牌的牌姿来确定

麻将共有144张牌，在这么多牌中，任意取13张，牌形会有几十种。即使一个人经常打麻将，打一辈子也很可能拿不到一副同样的牌来（指刚刚拿到手上的13张牌）。牌形虽如此之多，但有三种情况，则是经常碰到的。一种情况是，手上没有对子，有利于做平和。第二种情况是对子比较多，搭子比较少，有利于做七对或对子和。第三种情况是某一种花色的牌多，有利于做清一色或混一色。

1. 做平和

首先应打掉字牌，即四风、三元牌，即平和先打风。手上的四风、三元牌打光了，还剩下一些单张的数牌，这种情况下，你就应当留下比较容易上张、容易联络上的牌。比如手中有1、4、7万（饼或条也一样），要打出其中一张，就得打1万（饼或条）。打1万，只有摸一张1万时靠不上，打4万虽说也只有在摸4万时靠不上，但留下4万，比较优越。至于打7万，就会导致摸7、8、9万都靠不上,这样做是不合适的。故手中持有1、4、7万(饼或条)就得打1万(饼或条)。又如,你手上持有2、5、8饼(万或条)需要打出一张时,应该打5饼(万或条)。打5饼的理由是打出了5饼,再轮上自己摸牌摸上的饼子,只有5饼靠不上。如果打出2饼,摸1、2饼都靠不上。打出8饼,摸来8、9饼都靠不上。两张靠不上,当然比只一张靠不上损失的机会要多。当持有3、6、9条(万或饼)且须打出其中一张时,应打9条。将上述打牌的规律归结起来就是:1、4、7打少,3、6、9打多,2、5、8打中。

打风也是有一定技巧的。一般说来,有番的风为圈风,本风与三元,总是留在后边打的,要先打无番的风。对庄家来说则先打客风。目的在于摸来有番的字牌成了对,就有成坎的希望,可以使你和较高的番数。但也有例外,当在第一、二轮中堂里已经出现了两张的风箭牌,例如红中等,就应当先打。因为即使自己摸成了对,也是一副死对(即碰不出的对子)。这样做,也有几句口诀:"即打风先打无番风,莫等成对才给碰;有番堂内已两张,拿在手上已无用。"

2. 做清一色或混一色

首先打持有数量最少的那一花色的牌,做牌先打空。还有一句口诀是:打风不做牌(指做大牌),做牌不打风。意思是说刚拿上手的13张牌,某一种花色的牌较多些,有利于做清一色或混一色,这时手上的风是不先打的。留下了风,即使做不成清一色也有做混一色的可能。为此,堂里已出现两张的四风与三元,也可以暂时留下,一旦摸成了对,还可以做将牌使用。

如果你手上的牌适合做七对或对子和,四风三元也得留下。如打七对,第一张牌可任打一张散张,以后便是跟过张。因为,这是由另三家打过的张,自己摸成对的可能性变小了。而且过张又是另三家不需要碰也不能和的牌,打出去没什么危险。

(二)根据上下家需要什么牌,不需要什么牌来确定

通过观察上家与下家出的牌,就可以大体上知道他们的牌情与趋向了。这样,轮到自己打牌时心中就有数了。一般采用跟牌与投石问路的技巧,来确定后几步该怎么打。例如在一副牌中,上家打出了一张7条,下家打出过一张5万。初步判断上家可能不要条子,下家可能不要万子。在这样的情况下你也最好跟出一张条子（当然你手中用处不大的一张牌）。这张牌，可以起两个作用，既可以让上家放心打条子，也可以观察下家到底是要饼子还是要条子，帮助你决定后几步该打什么。

（三）根据自己的战略与策略来确定

出于策略的考虑，有时打出的第一张牌，往往是自己不应打出的牌。庄家打一张条子，你是第二家也跟一张条子，这纯粹让庄家放心大胆打条子。本来，你手上多一张条子不是更好吗？又如你先打一张红中，实质是让人感觉你无意做混一色，也表示你没有风对与发财、白板等。其实，你正是有风的，而且有意做混一色，只是顺与坎已基本够用。你这样做是从战略思想出发的，有利于你碰风对，也有利于你做牌。

当你持有的牌，其中的一种花色达到七张或七张以上，而上家又不要你做的这种花色的牌，这样的牌得向着做清一色的方向发展。为了顺理成章，做不成清一色，混一色也可以。故持有的牌中，四风和三元是要后打的。但手中留下的风、死牌（即堂内已出现过两张牌）不要太多，最好不超过一张。其他花色的牌，可以保留一、二中张。做不成的牌，不能硬去做，要随着摸牌的情况来变化。任何时候都不要忘记，打牌的最终目的是和牌。

四、正确防守，寻找时机

打麻将的防守可分为积极防守和消极防守。

（一）积极防守

即将防止别人很快和牌寓于自己争取和牌之中。因为，打牌的目的在于使自己能够先和牌，而自己和牌的一个基本条件便是其他三家和不了。自己和牌跟别人和不了本是一个整体，所以积极地防止别人和牌正是为自己和牌创造条件。

舍牌时，不仅要注意上家与下家，也要注意到对家，这叫做眼观四面耳听八方。各方需要什么，不需要什么，都应当有所了解。尤其是其他三家的牌听了还是没有听,至关重要。因为,打麻将是四个人的关系,除了上下家吃的关系外,还有碰的关系跟听牌后打出"听"的牌的关系。吃、碰的关系,由于不等于和牌,关系还不大。而打一张别人听的牌,别人和了,这一牌局便结束了,故它是决定这牌局胜负的关系,不可轻视。观察另一家是不是快和了,也就是听了,可以观察打牌人的表现,听牌的表现有两多两少:看堂内牌的时候多,看手上牌的时候少;寄希望自摸和牌的时候多,打牌考虑别家要不要的时候少。只要细心观察,不难判断有没有听叫的。在都没听的情况下,自己又有听的可能时,必须先出险张(其他三家听了之后很需要的牌张)、生张。而给自己在听牌时留下的打张总是过张,俗称臭张,即谁也不要的牌张,又称安全张。当判断到摸上手的牌,必然为其他三家中的一家所要,而很可能"放炮"(指打出这一张牌,别人就和了)的话,即使将自己的牌打烂,也不能随手就打出去。别人和了,你手中的牌再好也是没有用的。这一点对于打竞技麻将尤为重要。

(二) 消极防守

主要指被判罚这副牌免和(即不准和牌)条件下的防守。这种防守的目的是避重就轻,即把自己的负分降到最低限度。

至于消极的防守,就是将注意力集中在其余三家在做什么,可能有多少番并加以比较。三家的番数不分高下时,注意力应集中不让庄家和牌。三家中,明显看出番数最少是哪一家,你就尽可能地出另两家不需要的牌,打番数最少那一家需要的牌,这种防守技巧,称为避重就轻。当一副牌,已经打到最后阶段,至少已有两家听了,而自己的牌却离听牌还相当远,这时避重就轻技巧也是适用的。

拿牌的好坏,与洗牌、砌牌、掷骰等方面有关,并有相当大的偶然性。但在打牌的实际过程中,往往出现一家的牌风顺了,连续和牌时,就需要在防守上刹一下牌风。刹牌风的技巧,主要是既不给他吃牌,也不给他碰牌。当他需要摸牌时,尽可能运用碰他上家的牌的方法,使他减少摸牌的机会。这一套做法,当然非一家所能胜任。但牌风顺的那家的上手,将起到决定性的作用,其次是下家,再其次为对家。因为,上家要不让下家吃牌是较易做到的,上家还应当不给下家"提上水",也就是说不轻易碰牌,相反却打出除下家外两家容易碰的牌。这样做,不用几把牌,牌风顺的那家的牌风就会被刹下去了,你的牌风也许就会好起来。因为你的牌风好起来的概率是三分之一。

五、准确听牌,一举制胜

要和牌就要听准牌。因为,和牌的前奏是听牌。准确与否来源于判断技巧的高低。听得准,很快就和牌,听得不准,往往使人望洋兴叹。

到听牌的时候,该听什么?怎样打牌,首先应根据实际情况来做出决策。听牌绝对不要去听死牌。譬如,你手上持有的十三张牌已有三个顺子(坎或杠),另四张牌是两张7万一张5万跟一张6万(变为不同的花色也一样)。这副牌听的是4万、7万。然而,7万自己已经有了一对,对家又碰了4万,在堂里又出现一张4万跟一张7万。此时,你的牌明为两头听,实质只听一张7万。这样的两头听,便不如单钓了。当轮到你摸上一张任意的牌,而且不是只听一张,你就应当打出一张7万,单钓你刚摸上手的那张牌。摸上一张5万,你就扔出一张7万,该听5、8万,还可以在上家打出一张6万的时候,你用7万跟5万吃,并打出一张7万。你便神不知鬼不觉地把牌改为单钓6万了。虽然6万只有两张(这样做的前提,必须有两张未出现),但他是等出过的熟张,别人会出来的。因为,其他三家很难想象你是这样做的。又如,你做庄刚拿上手的十四张牌中,除了两个顺子、一坎外,余五张为一对3饼做将,另一张6条一张5条与一张3条,如图3-5所示。

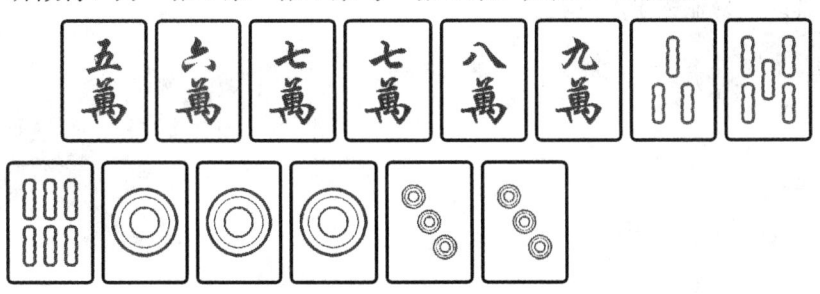

图 3-5

这副牌已有一坎,没有做平和的条件,在一般情况下,应打3条,听4、7条。在7条有人碰过,或在堂里已出现三张的情况下,你应打出6条,听别人易于打出的夹4条；因为大多数的打牌人，都认为留两头听是天经地义的（庄家刚拿上手的十四张牌），决不会弃两头听去选听夹张。如果把上例变换一下，使余下来的五张牌是一张5条，两张6条与一张7条，还有一张是比较容易钓到的牌（比方说2条吧）。你选择钓6条呢？还是留下另外那一张2条来钓将呢？看起来，钓6条要少听一张牌，不太可取。但留下6条，具有牌的变化大的优点。摸一张4条，既可叫听3、6条，还可改听4、7条；摸上一张8条，既可改听6、9条，也可以改听5、8条。因此，各有利弊，你可根据情况来选择。

听牌的基本原则：

（1）听的牌张多

即和牌的可能性大。牌张的多少，不应从表面上去看问题，而是通过读牌，判断得出切实可靠的结论。

（2）要和得快

即选定的和牌张，应是容易被人打出来的。为了达到这一目的，往往要不失时机地改听。例如，听牌家除三乘（坎或杠）外，余下的四张牌为两张3饼，一张5条，一张3条。通过几轮打牌，判断出4条可能成坎或成对。于是，当另一家打出一张3饼或自摸3饼时，应当机立断，通过碰或留下3饼，打出5条或3条改为单钓。

（3）不让另一家和在前头，即自己先和牌

那就是说，如果自己要打的一张牌，打出去别人就会和。那么，就应当留下这张牌改弦易辙去争取胜利。

第四章

麻将竞赛中级技法

中国麻将竞技与其他牌种竞技方法的不同之处是,在打牌中麻将的牌张、牌型不断在发生变化。有的人抓得一手"好牌",但由于出牌不当,或因形势判断错误,或因技术战术运用不当而功败垂成;相反,有的人一手"坏牌"却因取舍得当,几番调整后让其变成"乖张",并最终取得胜利。打麻将的技术技巧对致胜具有相当重要的作用,掌握带规律性的技巧、技法,才能在变幻莫测的竞赛过程中,审时度势,做到游刃有余,克敌制胜。下面从三个方面谈谈麻将竞赛技术、战术的运用。

一、形势判断,主动出击

形势判断指在打牌过程中如何根据手中牌型选择出留牌张,以及如何根据各家出亮牌情况和堂子已有牌张测算牌局状况。判断时要特别注重"看"和"算",并在此基础上做出自己的成牌构思和战术运用。看,即要审视各家的出牌、亮牌;算,即要猜度各家的牌型组合和余张的分布。知己知彼,才能在打牌中占据主动。

（一）舍牌的技法

1. 留"多"舍"少"

在取牌结束后及前几轮出牌中，各打家牌型组合不甚明确，这时出牌以闲张为主。所谓闲张，是指各花色中数量最少的牌张，这样做一方面是为了能尽量保存组合，另一方面是为了加快听牌速度。在下例中，就应将2万牌出手。如图4-1所示。

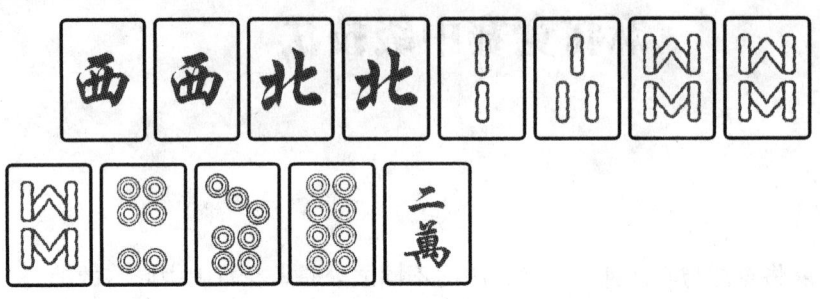

图 4-1

2. 留"花"舍"字"

如果手中箭风牌少，就应尽快地将其出手，这是因为箭风牌只能碰和杠，很难保证以后能摸到足够的张数，况且在一般情况下，各家都会先将其出手，除非其已有套型或准备做某种含箭风的花样外。因此，手牌明显不能凑成箭风套时，就应改换成饼条万牌以成顺牌或形成某种组合。在下列中，就应将中和南字牌出手。如图4-2所示。

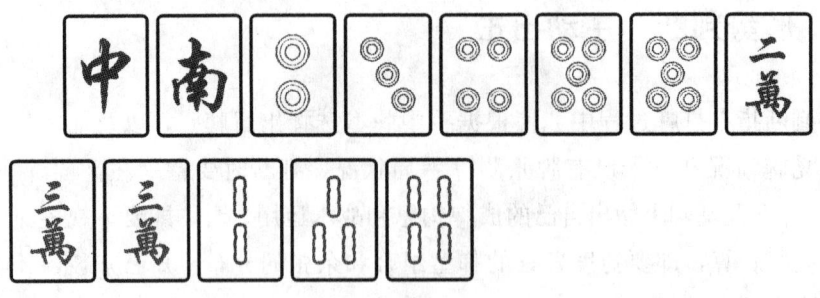

图 4-2

3. 留"套"舍"单"

在各种花牌中，应尽量先打出单牌。所谓单牌，其主要特征是数量不多且不能与相应牌组合成顺子的牌，特别是一些边张，要通过这些牌迅速建立顺子组通常是不容易的。在下列中，就应将9条和2饼牌出手。如图4-3所示。

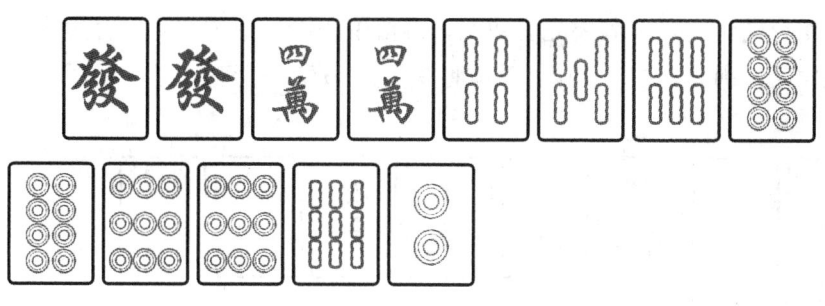

图4-3

4. 留"大"舍"小"

竞技麻将讲究花样和高分，在牌型组合中，要随时注意手牌的不断变化，要对各种花样的变形了如指掌，真正做到心中有数。在理牌过程中，尽可能地留成大番的牌面舍仅能成小番的牌。在下例中，就应将9条、4条和3万牌出手。如图4-4所示。

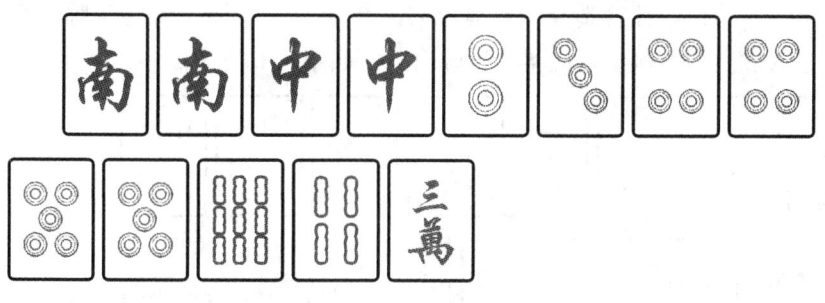

图4-4

5. 留"旧"舍"新"

所谓旧牌，指手牌中已有的花顺子牌或数量较多的牌，新牌则是指手中已出尽或打算出尽的牌，打牌既要忌讳死守单一牌型，也要忌讳不停地改变组合。早打新牌，也能尽快地扰乱别家组牌设想或对其造成和牌困难。

6. 留"生"舍"新"

在多轮出牌后各家接近或已经听牌的情况下，堂子出现较少的牌称为生牌。与前不同的是，不能随意将其打出，因为这些牌张极有可能是某家或某几家等待要的牌。这时就要"顾全大局",宁为玉碎,不为瓦全。

7. 留"中"舍"边"

顺子易来,对子难摸,从数理统计角度来看是概率问题。因此,在无望形成幺牌组合的情况,舍牌要先舍边张,得留中张以后形成套牌。舍边张也可带来他家吃碰困难。在下例中,就应将9条、1万和6万牌出手。如图4-5所示。

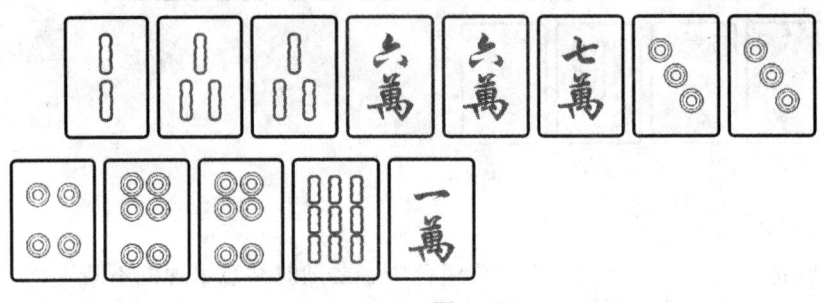

图 4-5

8. 留"番"舍"闲"

手牌中与组番无功的牌张,应尽量去掉;与组番有助的牌张应尽量保留,计番也是组合式累计,往往造反一组牌能带来多番牌。风圈门圈的字牌要后出以待有番形成。在下例中,应将2饼牌出手。如图4-6所示。

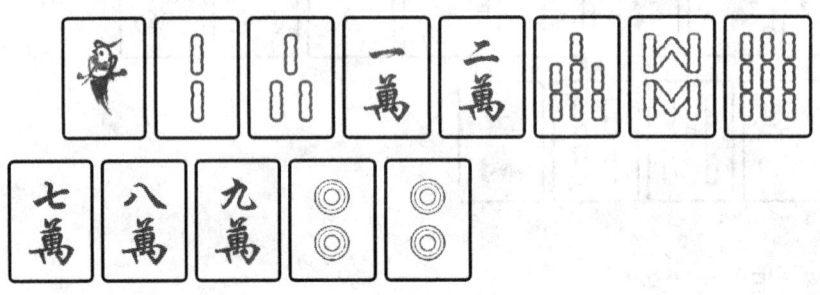

图 4-6

9. 留"心"舍"妄"

麻将竞技中,切忌心存奢望。成牌计番,天时地利人和,临场中,要根据手牌和实际发展情况作出相应判断,不可盲目追高。坐庄时,小番即可和牌,积小溪成大流;听牌晚,见好就要摊牌。

(二) 形势判断要诀

形势判断依牌而定，同时还要限于时间，决不能生搬硬套，因此熟记番型，见机将手牌灵活转换才能处变不惊，高分手到擒来。下面几点是形势判断中要切记的。

1. 牌有双花，忌做一色

手牌中有两个长套或两个主流牌，就要避免再去刻意求"清一色"。舍牌过多，一费时间，二难保证以后变化如人意。

2. 杂牌满目，花样百出

手中杂牌较多时，往往不易听和，因此要注意：

（1）避免喂饱下家；

（2）避免强凑"清一色"和"混一色"；

（3）观望行事，顺水推舟成花样，而不能消沉意志，坐以待毙。

3. 同花长牌，高番有望

不论是何种牌，如果有了九张以上，就应想到高组合，"清一色"、"混一色"、"清龙"，而不能草草了事，心慈手软，葬送大好河山。

4. 稀缺紧张，早弃早祥

明显已被他家收罗殆尽，或为几家追寻的牌应早弃而不要强跟死等，牌张有限，时不我待。

(三) 快速和牌的技巧

形势判断即根据战况，迅速调整打法，转变牌型，选择组合。下面介绍常见牌型组合的判断选择。

1. "平和"与"断幺"

这是两种最常见牌型，快速熟练地运用牌张组合形成"平和"和"断幺"，是麻将竞技的基本技术，不能或不愿做"平和"和"断幺"，其胜算一定不会高。在做大番无望时，选择这两种牌型，是最恰当的。在考虑"平和"时，往往还可以根据上牌情况迅速调整为"无字"、"断幺"、"一般高"、"喜相逢"、"清龙"等。因此有"平和"不平，"断幺"难断之说。

2. "混一色"与"清一色"

只有一色。因此，当手牌中有两三个单色连张或较多的某种牌以及箭、风牌时，应该首先考虑"混一色"。由于有两三个单色连张或较多的某种牌以及箭风牌，常常可迷惑他家而不至招到封杀。做"混一色"，还可随时根据变化调整牌型向"清一色"和"一条龙"发展。做"清一色"要随机应变，受他家钳制被迫收拣一色牌时要注意掩人耳目，例如不时打出一两张同色牌让他家不知所以。在做"清一色"时，还要能做到因势利导，见机求变，即既有企图又有应变。如果花牌为条子，碰巧又有发字，往"绿一色"发展说不定也能妙趣天成。

3. "全不靠"及"五门齐"

这两种牌型都要求手牌中有较多的箭、风牌和各色花牌。如果牌一摸就有5张以上的字牌和数量较为均匀但不成顺的花蠢，应首先考虑做"全不靠"。在不断进牌中，如果形成顺子亦可考虑改变为"五门齐"或者"混一色"，运气好还能再加上二个"三色三同顺"。在摸牌中，若能连上幺牌也可考虑向"全带幺"和"十三幺"发展。

4. "七对"与"碰碰和"

一上牌，就摸有三四个对子，就可以考虑先做"七对"。如果不能快速成牌，"七对"也能很方便地改成"碰碰和"。"七对"不能刻意追求或死等，只能顺其自然。转变为"碰碰和"、"三暗刻"也是很不错的，通过"碰碰和"、"三暗刻"也有可能引出"杠"带来新番。

5. "小三元"与"大三元"

起完牌后，若手牌中含有三种箭牌并有对子或暗刻，则应考虑做三元。一般地，有了"小三元"，就给做"大三元"奠定基础。如果上牌困难或堂子已出现较多，则应早弃早变，不可久等。若箭风牌张多，向"混一色"发展也是容易的。

6. "小四喜"与"大四喜"

手中摸入有较多成对的、甚至成坎的风字，就应先想到打这两种和目。与"大、小三元"一样，其运气占有较大成分，因此，要根据海里牌况和进牌发展随时进行调整。情况不如意。顺势转换牌形为"碰碰和"、"混一色"，说未定还能转成"字一色"。

7. "全带幺"与"全带幺"加"清一色"

配牌后，如果边牌多，且边套或半顺较多时，应首先想到打带幺牌。以后字牌来得多，就向"全带幺"发展；字牌不上，可打出字牌求"清一色"。即便带幺牌形成不顺，组成几套"老少副"、"喜相逢"或"三色三同顺"也是很好的。

二、组合构思

成番靠组合，积分靠构思。麻将竞技就是比谁的组合多，谁的构思巧。十四张牌其组合成千上万种，再加上摸牌顺序变化，出留牌不同，手牌的花样变化莫测。如何组合，如何根据牌型变化组合是麻将竞技的精妙所在。组牌其实是如何留牌，而留牌又取决于出牌，因此，可以说，组牌是贯穿麻将竞技全过程的综合技术。

（一）如何组牌

吃、碰、杠、抢皆为组牌。无论拆顺还是开对，都应根据上、下家需求，做到克扣生张、边张和嵌张，尽量打熟张。在顺子多、对子多、靠张多时可作如下考虑：例如手中有2、2、3饼，要是没有对子，那么一对2饼应留作将，不能拆，只能打掉3饼。如果手里除2、2、3饼外，还有一对风或箭牌，通常2饼对还应留下当将，把3饼打掉，因为这对箭或风当桌面上出现或少有时，是容易开碰成一组的。要是靠张里还有其他对子，或者2、2、3饼之外，还有一对9万，那么，9万计划当将，就可打掉2饼，以增加2、3饼成一组的可能性。其次，拆套应从无法开碰的对子中进行。所谓无法开碰的对子，是因自己成对之前，桌面上已有同样的牌先打出，或在另三家吃的牌副里已发现有同样的牌色，这时，对子就成为死对，再也无法开碰。除非留下作将，方可另作别论。对子多时，通常先开对然后拆顺，因为开对时通常下家只有一张牌可吃，其他两家开碰的可能性也少。当然，也可拆掉嵌张顺子，如1-3，2-4，3-5等，这种顺子进张只能是嵌张，上张困难，不如顺靠顺子如3、4、5、6两头上张容易。尤其是，发现嵌张已被别人开碰或开杠时，进张已无希望，应当快拆，快打。

如果手里没有嵌张或边张套，多是顺靠的中张顺子，如2、3、5、6等，拆顺时必须根据实际情况通盘考虑。例如，顺子的一头已被别家开碰或开杠，剩下靠另一头去进张，与嵌张顺子和边张顺子没有两样，此时拆之并不可惜。还可视上家发牌而定，如果发现上家不要万牌，留下万牌不拆，便于吃牌。对下家则相反。如果下家需要什么，自己偏拆什么，等于给下家供牌放张。拆顺子也要根据自己的牌局而定。一旦组牌大体完成，出牌务必慎重，尽量不要供吃供碰，避免放炮，尤其要避免向坐庄者放炮，让坐庄者继续连坐，失分过多。例如，手里原来就有1、2、3条，进张又是4条，形成1、2、3、4条的连顺顺子（不是听张有叫牌），势必将多余的1条或4条打掉，究竟打1条好还是4条好，必须看桌面牌势哪张是熟张打哪张较保险。但在一般情况下，以打1条为宜。

一般地，组"连六"、"花龙"、"清龙"，要舍"对"舍"重"留"顺子"；组"七对"、"碰碰和"要舍"单"舍"连"留"双张"。但在实际中也要看牌而定。如手里有1 2、3顺子加一张的打法，如果手里顺子较多，无闲张，这四张牌应拆成1、2、3一副。相反，如果手里顺子少，闲张多，上家打了（必须与自己手里1、2、3色牌的花色相同），可以用1、2打另一副顺子。如果上家拆1、2边张顺子往外打，这当然成了下家的"肥缺"，与1、2、3、3恰好吃成两组。这种可能性是有的，要靠吃牌者善于分析情况。不论手中顺子多或闲张多，对于1、2、3、3来说，见了3也很难开碰。因为3开碰，意味着手里留下1、2边张顺子成了死牌。但是，如果1、2、3、3，换成2、3、4、4，又当别论，碰4后，2、3不是边张顺子，捞不到4还有1。

又如，手里有4、6、6嵌张靠对子。如果手里闲张较多，则以抓牌调整为主，碰牌为辅，吃牌次之。只要抓到2至8之间的任何中张，均能使4、6、6配成两个顺子，对牌局的设计是十分有利的。手里有3、4、4、5的情况下，一个成组的顺套还多一张，只要三张牌，现在多余一张在顺子数目已够4个时，这种多余的牌应该当机立断打出。

当然，在顺子不够时，这种3、4、4、5可以组成两个套，例如，3、4、

4、5可以分成3、4与4、5两个套，在闲张少的情况下，可将4打出，组成一副牌。因为上方的一家，不可能连续打出2、3、6让你连吃两组（正好上家拆顺子例外，但机会甚少），不如打出多余的牌另行组织其他顺子为宜。当出现3、4、5、5时，自己的顺子确实不够，则可先吃成一组，而留下一个两头顺子。如上方打出4，可吃成3、4、5，而留下4、5，等3或6。但是，如果上方打出3或6，则不应成组，留下嵌张顺子，很难进张成组。另外，也要区别这样的一种情况，即上方打出3，吃成3、4、5，再等嵌4成和。这样，可以成为两组3、4、5，即"一般高"，就不一定要吃了。在手里有2、3、4、6、7、8、9一组紧接连顺的情况下，如果上家打4，宁可不吃，再等1，成为"清龙"极好基础。

组牌不仅要熟悉各种番型花样，还要熟悉一张牌究竟能与多少张牌组合。麻将分花色牌与字牌两大类，前者既能成顺又能成刻，而后者只能成刻。不但花色牌与字牌的关连数不同，花色牌之间的关连数亦不完全相同。因此，打麻将想要取胜，必须熟悉一张牌能与多少张牌组合。

1. 花色牌

花色牌中无论万、饼还是条子都有9张，且1与9是两个极点。麻将牌的基本组牌方式是顺子和刻，那么这1与9中的任何一张牌均能参加顺和碰子的组合，即是说一张牌可以从两个方面或三个方面组合。如图4-7所示，中张牌3、4、5、6、7条均能从三个方向组合，横向与左右各二张牌组顺子，纵向参与同种牌的一张组成将牌，或另两张牌组成刻，或者和另三张牌组成杠。麻将中每一种牌有四，那么3、4、5、6、7条中任何一张均能与十九张牌（左八、右八、自身三）进行组合。2、8条虽然也称中张，但其组合与上述稍逊一等，只有十五张。边张1、9条就更少，只有十一张。组成基本牌的顺子或刻，其难与易是由能利用的牌的多少决定的。组成刻的只有四张牌，组成顺子的至少有十二张牌。因此，在打牌时，应尽可能地做顺子而不做刻，当然这不是机械的教条而是根据牌型发展而定。

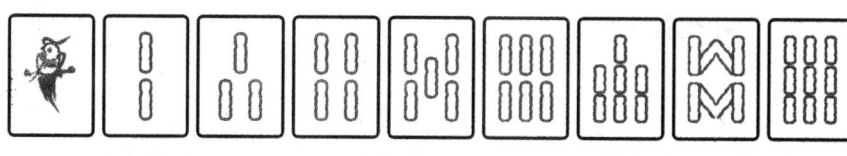

图4-7

组成顺子时，有下列三种变化：

(1) 对顺

除1、9外的任何两个相连数的顺套就是对顺，其组合方式是2、3；3、4；4、5；5、6；6、7；7、8共有六种组合，如"5、6"能接4或7组成顺子。对顺多，上牌是很快的。

(2) 嵌套

嵌套是指能嵌进一张牌而形成顺子的牌。如在5、7中嵌6形成顺子。这个5、7套就是嵌套。嵌套要组成顺子只有四张牌的造反余地，较对顺少了一半。

(3) 边顺

边顺只有1、2与8、9牌。1、2只能接3成顺子，8、9只能接7成顺子，因此边顺只有四张牌的造反余地。

由上述分析可看到，要快速成顺，应首选对顺，其次再选嵌套和边顺。

2. 字牌

字牌只能从一个方向组合，即组成刻或杠。字牌之间除了形成番种外，没有其他组合联系。因此，在处理字牌时，主要从算番计分上考虑，而要做成高分，首先要能合理安排出牌的先后顺序。

"先风后箭"是字牌出手的基本要求。风字的利用率最低。要组成刻或杠只有四张牌的造反余地。除了有一手字牌要向"全不靠"、"全带幺"、"混幺九"、"十三幺"、"五门齐"发展外，单张的风字留着别无它用，不妨先打出去；若留到以后打，反倒易给别家和牌的机会。出牌时，要先打不是门风或圈风的风字，以免错过番数。"箭刻"有番，在堂子中未出现箭牌时，可稍作停留。如已有"大三元"、"小三元"雏形，当然不要随意放过。

在听牌阶段，字牌的出留要根据堂子中明牌情况，判断生熟张后再作决定，不可为了保持听牌状态一意孤行；由于字牌多不被人要，新抓进后留下做"单钉"往往能立即见效。

(二) 吃、碰、杠牌的时机

吃、碰、杠在麻将竞技中也要注意时机，不是随意的行为。有时一吃一碰后才发现出了问题,要么丢掉高番,要么难以听牌,要么前功尽弃。下面举出几例来看看何时宜吃碰、何时不宜吃碰、何时可吃可碰。

1. 吃牌

(1) 吃两头张,如4、5,上家打出3或6,都可以吃成组合。

(2) 吃独张,边张8、9吃7,或嵌张如5、7吃6。

要是吃得不恰当就会失掉大牌的许多番数,如图4-8所示,这副牌如果上家打出3条,这时若吃成1、2、3,则将使"清龙"失去成功的希望,何况这一吃张又使"门前清"丢掉了。如果吃张正好符合自己的牌式,则可以早些吃。如图4-9按照牌情应该做"清龙",如上家正好打出3万或8万,则应吃进。

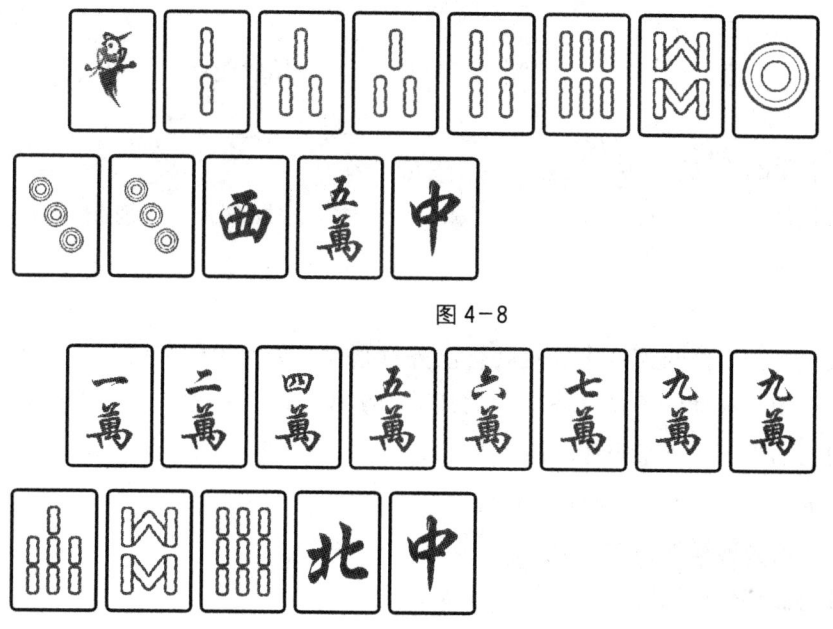

图4-8

图4-9

(3) 吃的战术

吃也不是见有就吃,而要三思而行。一般刚开局时,要少吃,这是因为牌型组合还未确定,可能以后生乱;或者吃得过早,暴露战机,使再进牌困难。在牌型已定,有嵌套和边顺进牌时,应毫不犹豫吃进。在下列情况下不宜吃:

①吃了会影响余牌的组合;

②吃了后没有适当的安全牌能打出;

③吃了就不能再和；

④牌即将黄牌（平局）。

2．碰牌

（1）字和幺九牌少碰

除非做某种花样番型，字和幺九牌不要碰进，否则可能会增加废牌张数。对无番的字刻、幺九刻可以当作安全牌拆舍，或转做将牌使用。

（2）中张花牌可多碰

因为中张牌往往是他人牌张组合不可少的牌，所以，通常中张牌开碰能减缓他人成牌速度，故对自己有利。

（3）紧逼他家靠碰牌

碰牌后，他家会因组牌无望而将某些牌舍出，这样就能增大自己的进牌机会。

（4）有番的箭风应该碰

箭风就是红中、绿发、白板、圈风和门风五种。中发白碰有"箭刻"；在遇圈风门风时，风字牌碰后也有番。

（5）能够抓牌谨慎碰

由位于自己上边的人打出的花牌自己开碰则失去一次摸牌的机会，应考虑不碰而摸牌，这种做法在开局不久的几巡中更应如此，要是这一局已进入后期，自己的牌可以听张叫和，在这种情况下，以开碰为宜。

（6）遇到下列情况之一时也可以碰牌：

①碰出的牌能增加番数特别是能显著增加番数时；

②准备做"碰碰和"；

③已经有别的牌碰出或手中还有其他的暗刻；

④碰出后即可听张叫和，并且成和后的番数已达到规定的起和番数；

⑤为了阻他家吃牌，故意叫碰。

（7）凡属于下列情况则以不碰为宜：

①"门前清"牌型已定，即将或已经听张叫和时；

②碰出牌就会损失"无字"或"缺一门"之番；

③仅有一对牌碰出后没有将牌；

④碰牌后使留张不便成顺子；
⑤碰出后失去"平和"番；
⑥碰后出牌发生困难；
⑦碰后非打出生张中的中张牌不可时。

（三）做组合的要诀

麻将牌的获胜，不在于和牌次数，而在于和牌番数。因此，要尽力争取做成大组合以获得高番。

1. 做成大组合，必须有一定的牌型基础

一手乱七八糟的牌是不可能打成"清一色"的，而"清一色"的牌也绝不可能打成大乱。例如，取完十三张牌后，手中若有九张可以成型的牌或接近九张的同一花色，那么此牌可以向"清一色"发展，如果连同风、箭牌才够九张，那就至多能打"混一色"。注意花色可以吃进，因此有时接近九张的八张牌也可以作九张计，有时打得顺手，即牌上得快，换取对路，七张也能往清一色上发展，不过，不能吃只能碰的风、箭和全幺的大牌，不仅不应低于九张，有时还必须多于九张来计算。想打"大、小四喜"牌最低要求是有三个风对一个单张；"大、小三元"，起码也要有两个中、发、白的对子。"七需五对已备方可，"碰碰和"要有四个对子或坎子才行。

2. 学会多面吃牌

同样的牌，有的人可吃多达八张，有的人只能吃一张，这就看分析综合能力的强弱与反应灵敏与否了。多面吃牌的条件是不与上家同辙，必须避实就虚。

3. 取完牌后多设计几个打牌方案

尽量达到手中牌型可以按多种方案进行和发展，不能一条路死走下去。

4. 争取手中的组合包罗丰富

大组合中可有小组合，同色组合还可套配异色组合，尽可能地做到一牌多用。

5. 打牌要沉着冷静，不露痕迹

尤其是"清一色"的牌避免连吃加碰达到三刻，那样就等于自己的牌情公布于众。愈是好牌、大牌，愈要沉得住气，切莫喜形于色，引起怀疑。

三、战术运用

(一) 庄家连庄,不求大番

庄家和牌三家输,因此,要设法在庄上和牌并连庄。要想达到这一点,唯一秘诀是一个"快"字。快,就要考虑去做听容易和牌快的组合而不要太拘泥于做高番的牌。

例1. 如图4-10所示牌例:

如摸进5万或8万,这时是舍掉9条,听嵌6条做成"断幺"的番,还是舍掉5条而叫听嵌8条?显然,后者的和牌率高。

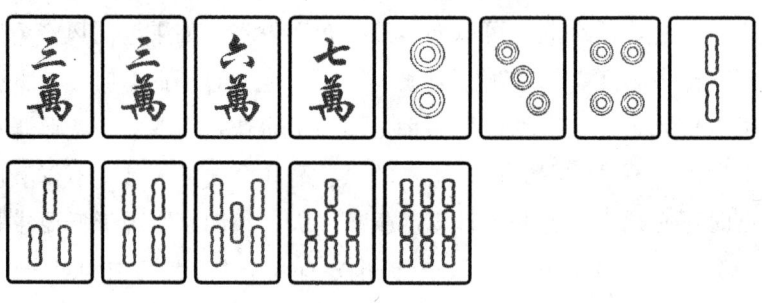

图4-10

例2. 如图4-11所示牌例:

庄家碰红中之后,就可自摸6、9万而和牌,但在有人舍出4饼时,可能觉得可以做成"全带幺"的牌,若不是庄家当然应当试一试,但为了快,庄家就仍应当以6、9万和牌为首选。

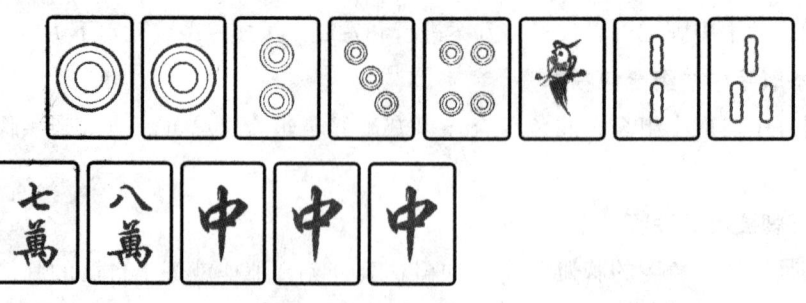

图4-11

例3. 如图4-12所示牌例:

通常,等碰出东风,舍2万或6万,形成两面单听,这样做双风牌是不错。但手牌到此若完成的话,还不如和三面听来得更快。

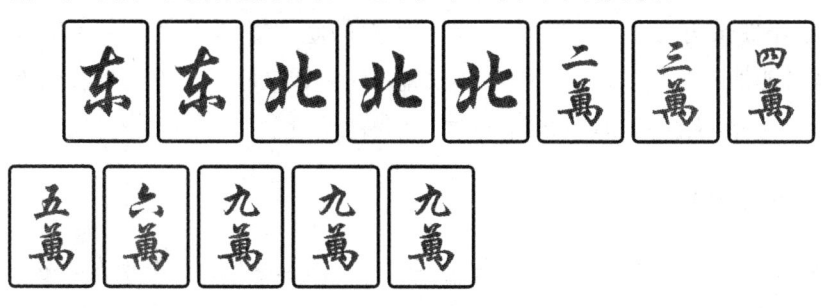

图4-12

(二)硬做高番,未必奏效

做高分满贯,利用"番"子牌来做,不如用牌型去做。换句话说,用中、发、白和门风、圈风的风牌去做,就不如用"门前清"、"平和"、"断幺"这类牌型去做为好。

如图4-13所示牌例:

往往是舍掉花牌而留下"三元"牌中的白板和红中。像这副牌,如果过分看重"三元"牌,那么,就只有留下9饼对和7条对子,其他一律舍掉。结果是很难和牌,等把红中、白板摸上手,别家早就和牌了。

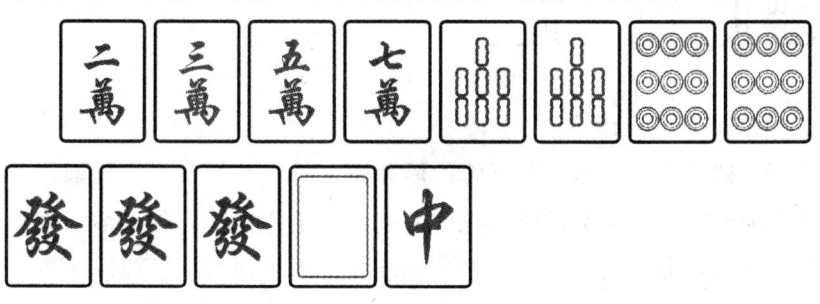

图4-13

(三)快吃快和,时不我待

听牌的速度是个技巧,总是要想快就不能违反牌理,违反牌理的情况有:

(1) 不顾手中牌型强做花样，即死做硬做；
(2) 先入为主，厌恶或嫌弃某种牌型；
(3) 求胜心切，不愿随遇而安。

听牌的前提最好是"门前清"听牌，偶而的吃、碰形成"全求人"或"平和"也可能加速听牌，过多的吃碰如三碰、四碰或三吃、四吃而听牌的牌型，往往难以甚至无法和牌，除非有运气自摸和。

（四）连吃带碰，易露战机

吃、碰过度番分很难高；同时亮牌越多，自己出牌难且容易被他人防范。

例1. 如图4-14所示牌例：

碰8万之后，再吃、吃、吃。可以说后面的二次吃是无用的。因为碰了8万，吃了7饼之后，无论摸进2、5万或1、3、6万中的任何一张都可以听牌，没有必要再吃。显然，最后手牌中只剩下一张2万，就很难和出，而且容易放炮。

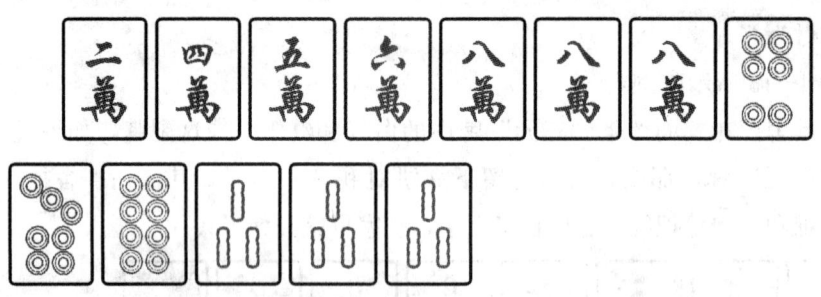

图4-14

例2. 如图4-15所示牌例：

吃了6万、碰了2万之后，要听牌，得舍掉9条，这就很容易放炮，不舍9条，就不能上听。正因为两次的吃碰才造成了这进退维谷的局面。该舍的没舍，和牌无望。如果控制吃碰，也有可能在手中做成边7条或嵌8条的听牌。虽然和牌得分不多，但小和总比大输好。

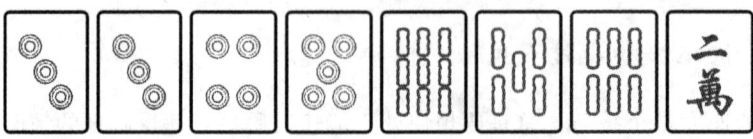

图 4-15

例 3. 如图 4-16 所示牌例：

这副牌是一上就听的带幺型，如果 1 万出来，容易想到开杠。但这样发展下去听，别人大致可以推断出你的牌型而不会再舍你需要的牌，应该在手中做成，而不宜靠吃、碰来做。假设摸进 4 万，"全带幺"的设想破灭，也还可以舍 3 饼听牌。

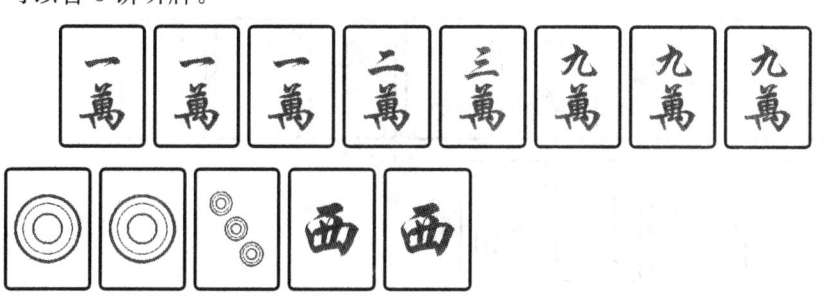

图 4-16

例 4. 如图 4-17 所示牌例：

这 13 张牌，是仅仅经过 2、3 巡之后的一手牌。因为配牌与自摸的好运，有可能做成"清一色"、"清龙"。这时是三上听，上家若舍出 4 条、7 条，你最好还是不要吃，争取自摸。如果自摸不顺，"清龙"也毁了时，仍可做"门前清"的"混一色"。

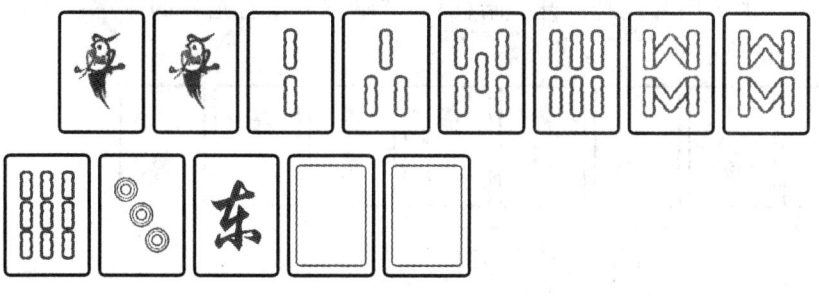

图 4-17

（五）瞻前顾后，暗刻坚留

例1. 如图4-18所示牌例：

有8条暗刻，附一孤张5条，正听牌单叫5条。但有了8条的暗刻，就没有"平和"的番了，只有"门前清"和"断幺"的番。这时摸进了期待已久的4条。如果此时舍8条，十之八九是让别人和了。暗刻坚决留，是麻将竞技中的至理名言，切记。在舍系列暗刻牌时，必须十分慎重，最好留在手中比较安全，纵然减少了一番，甚至和不了，但他家也有可能和不了，这样总比放炮来得合算。

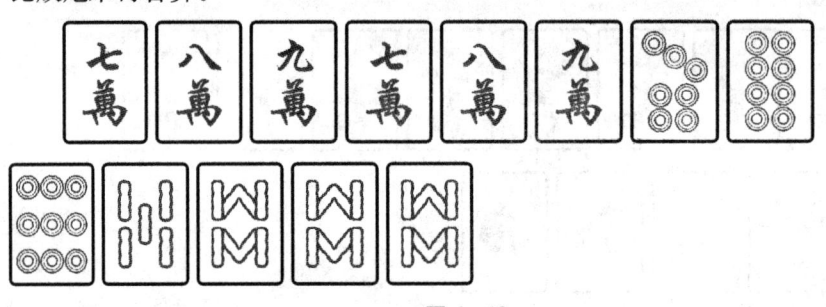

图4-18

例2. 如图4-19所示牌例：

仍是8条的暗刻牌时带听一张邻牌6条，这时若摸进一张4条，最好不要换牌，持续听嵌7条。因为听8条的人有可能听烦了，而拆开套舍出7条，可以食和。反之，为了增加"平和"的一番，留4条而舍8条，就很可能放炮。因为实际上可能已经形成谁拆谁点炮的局面。另外，手中有暗刻牌时，一旦摸到第四张不用客气赶快开"暗杠"。"暗杠"没有抢杠的顾虑，还有"杠上开花"的可能性。

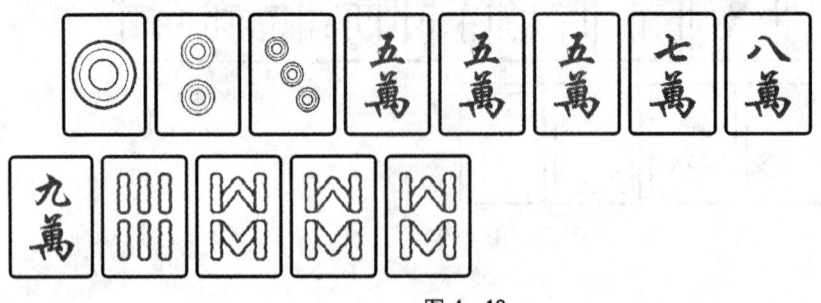

图4-19

（六）多门听牌，和率倍增

"平和"及"断幺"容易听和，尤其是"断幺"，没有1和9的边牌，都是2~8的组合，因此利用中张可以大作文章。换句话说，中张牌有较广泛的听牌型态，当然并不只限于中张牌。在实践中，要尽可能创造多张听牌机会，如同时听1、4、7牌，2、5、8牌或3、6、9牌。

如图4-20所示牌例：

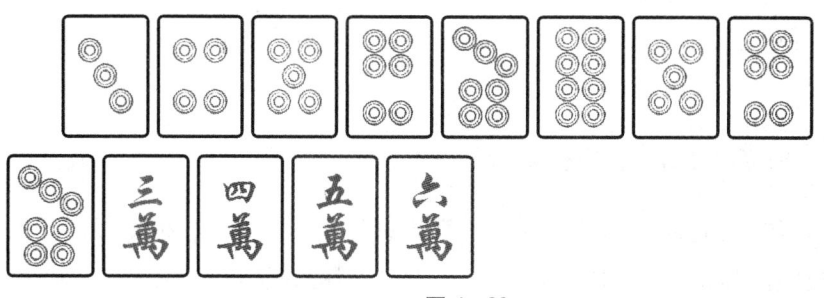

图4-20

（七）四人打牌，恭上苛下

麻将竞技中，碰牌不分彼此，但吃牌仅就上家。因此，上下家关系尤为重要，吃上喂下时，如何多吃少喂？这就要求理顺关系，对上家，最重要的是避免打相同的牌，即上家留的要丢，上家丢的要留，切不可一味跟进断绝牌源。与上家抢张，显然只亏不能赚，相反，对下家就要严加"管束"，即在完善自己牌张的同时，要观察下家的意图动向，不可饱喂下家，让其不费劲地、快速地成牌，一般下家要的牌要尽量早出，有时宁可不和牌，也不能让下家春风得意。

（八）边张嵌张，能和就行

不能说一定要二面听、三面听才比较好。如能早报听，或者外面牌张尚多，听边嵌张也是很好的。

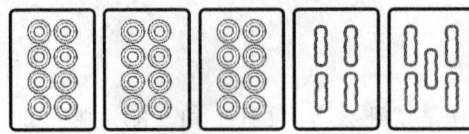

图 4-21

这是一手漂亮牌,含"断幺""三色三同顺",自摸4条舍5条就能两面听。如果摸进7条,这时一定是毫不犹豫舍7条,毕竟3条和6条两面听和牌率比较高。尽管是两面听,其中一面却是6条。所以说舍7条,待3、6条的几率,是和舍4条待6条是一样的。关键是还要看到嵌6条是做"三色三同顺"的牌型。

(九)判断要张,舍听取黄

当看见有人吃进某张牌后,要判断其相关牌张的安全性。很多时候,他家的牌中会有诸如3、4、4、5和6、7、7、8型的牌套,3、3、4、5和2、2、3、4型的牌套,5、6、7、7和4、5、6、6型的牌套等,这时他吃进某张牌后,其相邻或相间隔的牌就成了危险张。例如3、4、4、5型,吃进2后,3、6就成了下一个目标,再如3、3、4、5型,吃进4后,2、5就成了下一个目标,等等。因此,如能判断出来,一定要坚决保留要张,宁可不听牌,也不能让他家轻易得手。

(十)垂死吃碰,扰乱他家

如果他家连连得手,或其意图已经暴露无疑,而自己的牌张凌乱无组合,又回天乏术时,乱吃乱碰,打乱他家成牌构思,也是可取的。增加他家难度,就增加自己的力量。

(十一)敢弃敢取,技高一筹

自己连小番都屡做不成,反笑别人成不了大器是打牌中之大忌。高手不计番数高低,只管和牌,特别是能在减一番的情况下和牌而不放炮,随遇而安方是麻将之道。相反,初学者很难做到退一步自然宽,结果放炮给人家和。一翻小和与放炮的差别是很大的。打牌中,如果能做到撤销一番却仍保持听牌的话，可以说已立于不败之地。

（十二）花色满园，组合多变

要忌讳一开始抓牌就迅速搞缺门，其结果往往是要的牌不来，不要的牌频频来，更坏的是喂饱下家并让其他各家窥破牌型，自己成牌的希望被减少到最小。从竞赛规则看，相当多的番种上三种花色都有的，因此，要尽可能地保留饼、条、万三种数字牌，才能随机应变，伸缩有余。

打麻将是几家的斗智，上家对下家，三家对庄家，尤其是对连庄的庄家，因打牌过程中，相互间控制较紧，宁可荒牌，不可让牌。因此，保留三种花色牌，也是明智和稳健的打法。

（十三）胸有番种，牌路清晰

对番种熟记在心，方能根据手中牌张变换花色。特别是要熟练掌握每种牌型的组合及其可变化的范围，即相关或类似组合的种类，才能做到顺牌型而发展，不硬做单一牌种。牌型变化难以预料，在牌中巡时，一定要适应变化，能大则大，能小则小，以速成为要。总之，对番种熟悉，保持清醒的头脑，才能做到牌路随意转换。

（十四）堆牌砌墙，结构隐藏

麻将比赛，最怕被别人识破牌型，手牌中的欲弃之牌，不要明显地孤放在一旁，也不能将顺子和暗刻几个一组单列开来，这样容易被人看出自己的出牌规律，要随时调整花色位置，故弄迷阵，做到稳中不乱，砌牌有方，才能有效避免狙击。

（十五）平常心态，不急不躁

打麻将毫无疑问要讲技巧争输赢，但图乐趣显高风更有利于身心。其实，在麻将竞技中保持良好的心态和习惯，才更有可能经常地做好牌做大牌，因此，打牌时要牢记以下几点：

顺其自然，输赢皆为有得。

说笑取乐，不为一番失态。
视作大雅，恶习切勿入堂。
表情如一，休要喜怒无常。
切磋技艺，勿论高手低手。
诚挚以道，愉悦旧朋新友。
熟记番种，巧弄牌型花样。
有张有弛，身心健康为要。

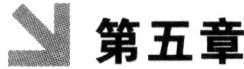

第五章

麻将竞赛高级技法

一. 准听牌的牌型结构与机会数

听牌是指只差一张牌就成和牌的牌型，准听牌则是只差一张就入听的牌型，也称"一入听"。

准听牌结构分析与机会数计算，是一个麻将高手必须熟知的内容，掌握初、中级技法的爱好者通过学习，掌握准听牌结构的特点与规律，以及快捷的机会数计算方法，并在实战中熟练运用，你将步入麻坛高手的行列。

一把散牌，要想入听，就要把这些散牌不断组合成朋组。当有2个朋组或第3个朋组的时候，就是进入准入听的牌型关键阶段。只有2朋组的情况下一定不能入听，而有3个朋组的情况下则有可能入听，也可能不能入听。这里把已有3个朋组剩余的4张牌仍未入听的牌型，称为"余四"无听牌型；把只有2朋组剩下7张牌时的牌型称为"余七"牌型。"余四"和"余七"牌型若都是一入听的牌型，则准听牌可以简化为这两种情况。

（一）"余四"牌型

余四牌型是指已经完成了3个朋组共9张牌，还剩下4张牌，这余下的4张牌就是"余四"牌型，如果"余四"牌型没有入听，则称为"四人抬轿"。

"四人抬轿"是很形象的称呼,是指余下的这4张牌没有入听,而是必须想办法往"1对+1搭"的目标迈进。麻将中的"四人抬轿"是一种最常见的情况,很多入听的牌都可以从"四人抬轿"演变而来。只要构成了"四人抬轿"这种牌型,入听的机会是很大的。"四人抬轿"牌型按组牌的难度分有以下两种情况。

1. 有对子型

如果你手中余四的4张牌,有一对对子的时候,是很容易入听的,即使这4张牌全是幺九,入听的机会比较大,如图5-1所示。

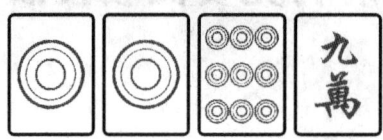

图5-1 "四人抬轿"有对子,J(机会数)=24张

这是有对子时候的最极端、最糟糕的牌型,即"对子+老头牌"的情形。然而即便是在这种很极端的情况下,入听的机会仍然是比较大的。

机会数(J)就是需要在108张数字牌进张形成入听牌型的可能张数,计算分析如下:

(1)碰出对子,构成一个新的朋组,则手牌剩下1张牌单钓将入听。目前手牌有两个1饼,外面还剩下2张,则1饼机会数就是2;

(2)另外两种单张需要组成搭子,则组成搭子所需要的所有牌张总和就是组成搭子的机会数。该例就是9饼组搭的牌张为7、8、9饼,共3×4=12张,同理,9万组搭的牌张是7、8、9万,也是3×4=12张。然后出去自己手牌已有的1张9饼和9万,那么组搭的机会数总和为12+12-2=22张。

总机会数是把上述两项相加,即碰出对子机会数+组搭机会数,为2+22=24张。这个就是理论上的机会数,实际机会数还要减去已经舍牌到牌堂子里面的相关牌张,以及留在别家手里的相关牌张,由于别家手里有没有相关牌张是不得而知的,因此,这里的机会数计算只是理论上的。如果再换算成概率,则将机会数与牌墙上所剩牌张数相除,所得百分比就是概率数。

如图5-1所示,这手牌机会数计算一目了然,就是只需摸7、8、9饼,或7、8、9万,或碰1饼,即进这7张牌均可入听,其机会数:J(机会数)

=7×4=28 张。

然后减去牌面上能看到的 4 张牌，则最后实际机会数为：J（机会数）＝7×4－4＝24 张。

如果 2 张单张牌是中张，则这个牌型入听的机会最大。如图 5－2 所示。

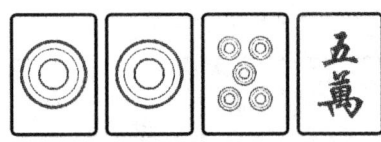

图 5－2 "四人抬轿"有对子，J（机会数）＝40

这是 2 个单张都是中张的情况，摸或碰 1 饼，以及摸 3、4、5、6、7 饼，或 3、4、5、6、7 万，均可入听，其机会数：J（机会数）＝11×4－4＝40 张。

40 这个机会数是很大的，在竞技麻将 136 张牌中，理论概率为 40/136＝29.4%，在成都麻将 108 张牌中理论概率为 37%。就是抓三张牌，就会摸到我们机会数里面的其中一张而完成入听。如果按牌墙所剩牌张计算，这个机会数或概率更高。当然这是纯理论的，如果牌面上和别家手牌里面已经有机会数里面的牌张，在计算的时候要扣除，由于别家手牌是不得而知的，因此这个机会数也只能理论数。

通常情况下，"四人抬轿"中有 1 对对子的牌型，是介于图 5－1 和图 5－2 这两种极端情况之间，入听的平均机会数应该在（24＋40）÷2＝32 张，入听的机会是很大的。实际操作时，如果手中的牌型出现了"四人抬轿"的局面，就尽可能的朝着图 5－2 留中张单张 3～7 的数字牌的方向去做，3～7 单张从概率来看，可以更容易靠成搭子。

2．无对子型

如果你手中的 4 张牌全都是单张时，入听的机会数大小取决于这 4 张单张是否是相互关联的牌，即是否是搭子。如果是搭子，入听的机会数就大，如果是毫无关联的 4 个单张，即没有搭子，则需要两手才能入听，也称二人听。

有搭子型又分为单搭和两面搭，单搭可以是边搭或嵌搭型。

图 5－3 是两面搭的情况，入听的机会数最大，J＝28 张；连续嵌搭，如图 5－5 所示，入听的机会次之，J＝24 张。图 5－4 介于前二者之间，是两面

搭+嵌搭情形，它与双嵌搭同等价值。

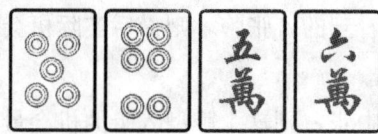

图5-3 "余四"牌型两面搭型，J（机会数）=28张

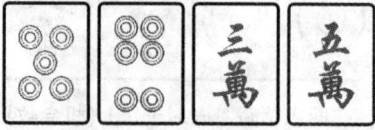

图5-4 "余四"牌型两面搭+嵌搭，J（机会数）=24张

图5-5 "余四"牌型连续嵌搭型，J（机会数）=24张

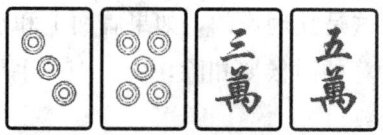

图5-6 "余四"牌型嵌搭，J=20张

图5-7 "余四"牌型双嵌搭+单张，J=16张

实际操作时，如果手中的牌型出现了"四人抬轿"没有对子的局面就尽可能的朝着图5-3两面搭的方向去做，如果没有两面搭，图5-5的双嵌搭也是不错的牌型，入听的机会是很大的。因此，若有两门花色时应该各留两张，朝中间做；若只有一门花色时，朝两面搭张或双嵌搭方向去做。原则是保留搭子，打掉孤张。

把上面的图5-2即"对子+中张"和图5-3无对子"两面搭"加以比较，图5-2"对子+中张"比图5-3无对子"两面搭"的机会数大12张；也就是说，图5-2对子型入听的机会比图5-3无对型入听的机会大42.85%。

同样是四张牌,有对子和无对子的情况差别是很大的,手中的牌视情况保留对子是正确的。

从机会数分析,就比较清楚知道图5-2和图5-3哪个好。看似很简单的机会数问题,一般麻将新手搞不清楚其中缘由。懂得机会数的计算,或对这几个特殊牌型加以比较,牌的好坏自然就一清二楚了,打牌过程中,只要出现了余四牌型"四人抬轿"的局面,就朝着图5-2和图5-3这两个标准模型去做,视情况作取舍,打牌有方向,心中方有必胜的底气。

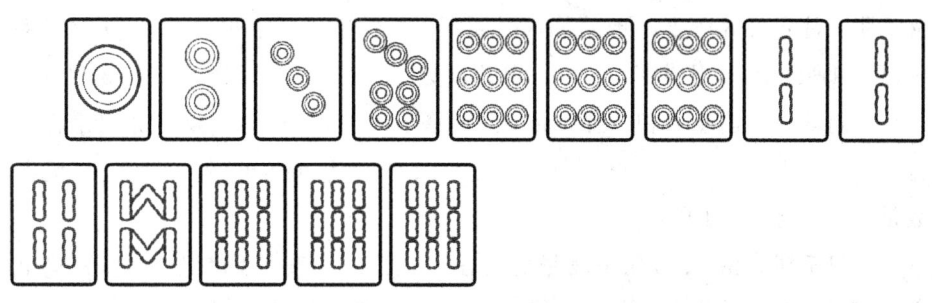

图5-8 实战图

图5-8是实战举例,这时刚刚摸了张7饼,这种牌型在实战中经常遇到,怎样来解读这手牌呢?相信绝大多数的牌手都会在5、6、7、8、9饼,2、3、4、5、6、7、8、9条这2个区域中来寻找答案。最终打出去的牌即使打正确了,也是凭感觉。如果你能运用上述计算机会数的方法,就会找到正确的方向,打出去的牌就会胸有成竹。

为了分析方便,第一步,牌型分解。任何牌型首先看能否分解成"四人抬轿",如果能分解成"四人抬轿"的基本组合,一切问题就迎刃而解。

把图5-8重新排列为图5-9,再分解成图5-10"四人抬轿"牌型:

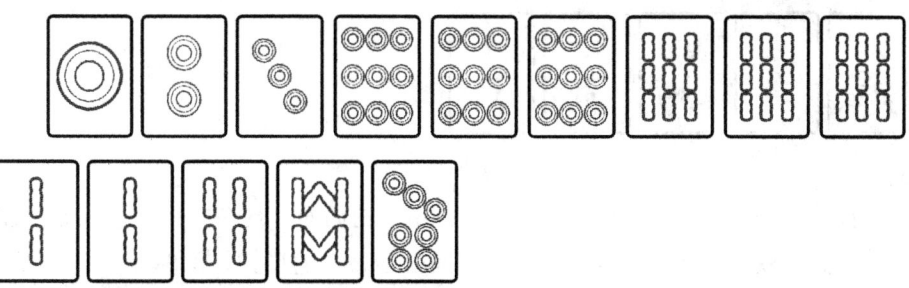

图5-9

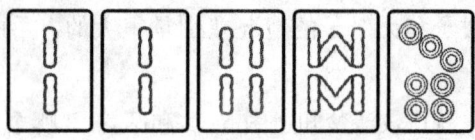

图5-10

当"四人抬轿"有对子时,应该保留3~7的孤张。那么正确的打法一目了然,就是打8条。从机会数大小可以得到验证:

①打4条。留8条和7饼来靠张组成搭子,摸2、6、7、8、9条(手牌已含6张,注:计算手上出现的牌张时要参考5-8)和5、6、7、8、9饼(手牌已含4张)均可组成搭子入听,其机会数:J(4条)=10×4-10=30张。

②打8条。留4条和7饼来靠着组成搭子,摸2、3、4、5、6条(手牌已含3张)和5、6、7、8、9饼(手牌已含4张)均可组成搭子入听,其机会数是:J(8条)=10×4-7=33张。

③打7饼。留4、8条来靠张组成搭子,摸2~9条(手牌已含7张)均可组成搭子入听,其机会数是:J(7饼)=8×4-7=25张。

由计算可知,在上面的三种舍牌方式中,正确的打法还是打8条,可获得最大机会数36,最糟糕的打法就是打7饼,机会数减少到25。这个结果可能是你没有想到的,怎么会保留孤张7饼呢?有时候凭直觉是靠不住的,只有科学的计算才是最可靠的。

通过对这个实例的计算,把下面几个牌型加以对比:

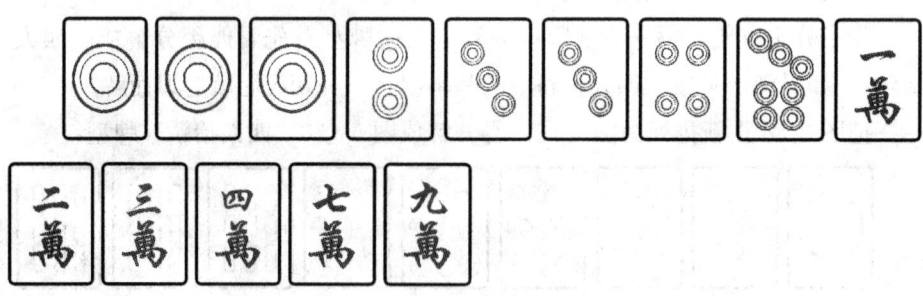

图5-11

如图5-11所示,实战中刚摸进3饼出现的局面,现在打哪一张好呢?最简单的办法就是将5-11分解为两个"四人抬轿"的形式,如图5-12和图5-13所示。

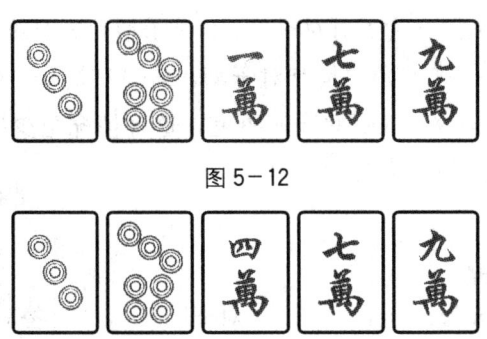

图 5-12

图 5-13

这 2 个分解图从形式上看，差别就在 1 万和 4 万，其计算结果是一样的。根据上述"余四"无对子型的结论知道：当"四人抬轿"无对子时，应该保留搭子，打掉多余的孤张。在这里 7 饼和 1、4 万都是孤张，作出取舍要根据上面这 2 个分解图，与图 5-11 做计算（注意：如果分解图是唯一的，那么机会数的计算可根据分解图直接进行；如果分解图不是唯一的，计算时应当结合两个分解图，或参考图 5-11 进行计算）。

①打 3 饼。摸 7 饼，1、4、8 万入听，J（3 饼）=4×4-3=13 张
②打 7 饼。摸 3 饼，1、4、8 万入听，J（7 饼）=4×4-4=12 张
③打 1 万。摸 3、7 饼，8 万入听，J（1 万）=3×4-3=9 张
④打 4 万。摸 3、7 饼，8 万入听，J（4 万）=3×4-3=9 张

计算结果是打 3 饼是最佳选择。

实战中，很少有人会运用这种计算方法来进行判断，凭的是直觉或感觉。有时侯感觉会与实际情况差距很大。要想使自己的牌技提高，必须要学会并熟练掌握机会数的计算和运用，熟能生巧，把图形或结论记住是提高牌技的一种捷径。

（二）"余七"牌型

在手牌已经组成 2 个朋组的情况，余下的 7 张牌称为"余七"牌型。对于只求进 1 张牌就可以听牌（一入听），就是"余七"牌型的准入听牌型。

"余七"牌型也是组牌中最常见的，绝大部分的牌局和牌，都要经过这个阶段。"余七"牌型虽然各式各样，但归纳起来可划分为有对子型和无对子型

2个类型。有对子型又分为 1 对对子型、2 对对子型和 3 对对子型，以及对子带搭型。准入听的余七牌型必须是有对子型，若只有搭子，或全是单张的"余七"牌型，是不能构成一入听的准入听型，这种情况至少还必须再上一手牌才能构成准入听型，即二入听。

1. **有对子型**

(1) 1 对对子型

1 对对子型又分为：1 对+2 搭、1 对+1 搭、1 对无搭三种情况。

从理论上得知，1 对对子和 2 个 2 连张的牌型才具有最大的机会入听，即"1 对+2 个两面搭"，按照这些图形的形状去做，就省心多了。有 2 个连张搭子当然最好，没有两面搭就按双嵌搭去做也行。只有组合成下面的形状时，入听的机会最大：

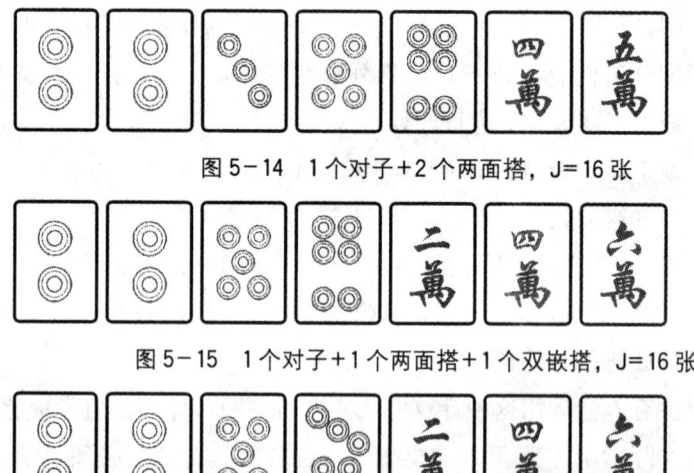

图 5-14 1 个对子+2 个两面搭，J=16 张

图 5-15 1 个对子+1 个两面搭+1 个双嵌搭，J=16 张

图 5-16 1 个对子+1 个嵌搭+1 个双嵌搭，J=12 张

上面的三个图是"余七"牌型有 1 对对子时的最佳组合，或者入听做标准图形。图 5-14 和图 5-15 是手上有两面搭的情况，J=16 张，图 5-16 是手上没有两面搭只有嵌搭的情况 J=12 张。图中的对子原则上可以是 1~9 的任意对子。当手上的牌还剩 7 张没有入听的时候，如果参考上面这几个标准图形的牌型去做，就可以省去机会数的计算，节约时间。

图 5-14 中紧靠对子的 3 饼，实际上是多余的；可以这样来理解它的存

在：如果牌池中出现了2饼，就碰掉，然后退3饼，剩下4张做"四人抬轿"；如果摸进1、4饼，组合成1、2、3，或2、3、4，就退2饼，剩下4张同样做"四人抬轿"。不难看出，这种打法最少要花两手才能够入听。那么，当牌池中出现2饼时，究竟是碰还是不碰？

碰2饼可组成"四人抬轿"相比"余七"牌型入听的机会数增加了，但是仍然没有入听。因此建议：如果2饼是下家或对家打的，应该碰；如果是上家打的，就有两种选择：①碰，留下四张做"四人抬轿"，但有可能错过摸4、7饼，或3、6万入听的机会。②不碰，民间有句话叫做"牌从门前过，不如摸一个"。既然碰了也下不了入听，最好局面也只是做成"四人抬轿"，只是增加了入听的机会而已。如果不碰，入听的机会数小一些，但仍然是一入听牌型。不碰机会数小一些，但多了一次摸牌机会，多摸的这一张牌，说不定就是自己想要的牌。综合考虑，上家打的2饼还是以不碰为宜。

结论：在"余七"牌型有一对对子的时候，做成1对对子加2个两面搭（嵌搭次之）的"余七"1对对子牌型才是最佳组合，入听的机会最大。

实战中，如果摸进的牌不在标准图形之中，就应当打掉；下面通过实例来说明这几个标准图形的运用。

图5-17是实战牌局进行到中局阶段，刚刚摸进8饼后形成的局面：

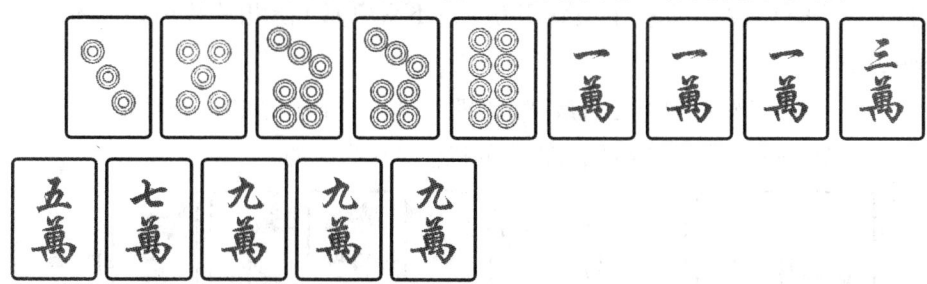

图5-17

应该选择舍哪一张呢？最简单的办法就是把没有成朋组的牌分离出来，如图5-18所示：

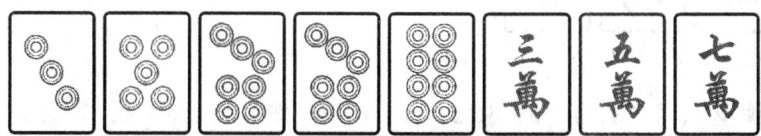

图5-18

这是"余七无听"牌型中有1个对子的情况，按照"余七"1对对子牌型结论："1对+2搭"入听的机会最大。在图5-18所示中没有两面搭，只有3、5饼嵌搭和3、5、7七万双嵌搭，那么多余张就是8饼。

实战中，打出8饼。两圈以后摸进4万，入听4饼；又过两圈，摸进2饼，退5饼，改听1、4饼；最后摸进1饼，赢三家。

计算验证：对这手牌来说，只有打8饼，或3、7万才有可能摸一手牌入听：

①打8饼。摸4饼，或4、6万，可入听，机会数J（打8饼）=3×4=12张；
②打3万。摸4饼，或6万，可入听，机会数J（打3万）=2×4=8张；
③打7万。摸4饼，或4、4万，可入听，机会数J（打6万）=2×4=8张；

正确的打法是打8饼！理论和实际相符。

这里有一个误区。有许多人认为应该打3万或7万，还有的认为该打3饼，其理由是：7、8饼相连，摸到6、9饼就做成了1朋组，余下的4张再来做"四人抬轿"。这个说法似乎有道理，但却忽视了一个前提，那就是"快速入听"是打麻将的指导思想，能够摸一手牌入听的，决不摸两手入听。如果打3万，真的下一手摸到了9饼，这手牌还是没有入听，还需做"四人抬轿"才行。如果打3万，下一手摸到四万，岂不后悔死了。相信数理计算才是正确的选择。

有一种特殊情况也可分解成"余四"牌型，即两门牌都是连续的顺子牌，如图5-20所示，从计算可知，入听的机会是相当大的：

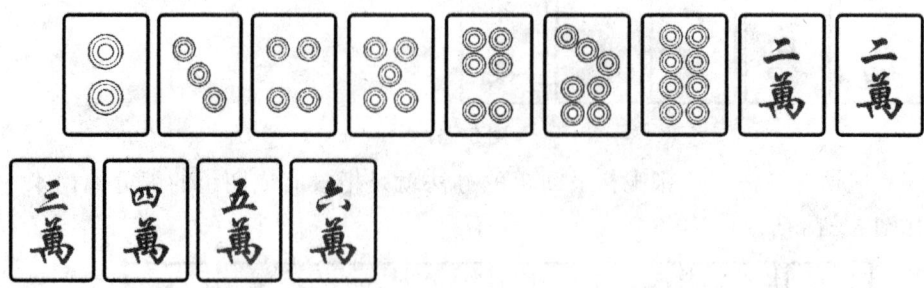

图5-19

这手牌摸1、2、3、4、5、6、7、8、9饼子及1、2、3、4、5、6、7、8万子均可入听，机会数J=17×4-13=55张，除9万不能入听，摸这两色牌中任何一张牌都可以入听,把这个图形称为"全张入听"。

(2) 2对对子型

2对对子型,又分为"2对+1搭","2对无搭"两种情况。"2对无搭"不构成准入听,不再分析。

当"余七"牌型有2对对子时,"1个对子+1个对子搭+1个两面搭"的牌型才具有入听的最大机会,如图5-20所示。

图5-20 1个对子+1个对子搭+1个两面搭,J=20张

图5-21 2个对子+1个双嵌搭,J=16张

图5-21所示是"2对子+双嵌搭"机会数较图5-20略小,也是不错的牌型,介于图5-20与图5-21,是"1对子+1对子搭+1嵌搭",机会数也是16。"余七"牌型有2对对子时的最佳组合,或入听做标准图形。图中的对子原则上可以是1~9的任意对子。图5-20中,只要进2饼,或1、2、4、5、8万均可入听,机会数J=6×4-4=20张;图5-21中,只要进2饼,或2、3、5、7万均可入听,机会数J=5×4-4=16张。

"余七"2对对子牌型结论:在"余七"牌型有2对对子的时候,做成"1个对子+1个对子搭+1个两面搭"的牌型才是最佳组合,入听机会最大。

图5-22所示是实战进入残局阶段,牌面的情况是四家不要条子。

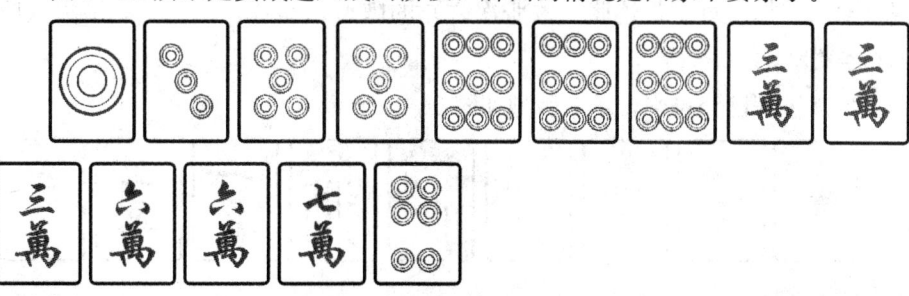

图5-22

这是刚刚摸进 6 饼时出现的牌型,现在退哪一张好呢?先把没有构成朋组的牌分离出来,如图 5-23 所示。

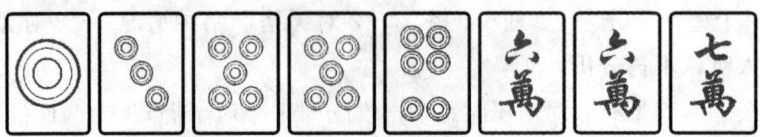

图 5-23

对照上述图 5-20 和图 5-21 标准图形,舍 6 饼和 7 万价值是等同的,实战中需要做综合形式判断,看留饼或万那个有利。实战中选择了退 6 饼。紧接着下家打出 6 万,当然选择碰牌,然后退 7 万,入听嵌张 2 饼。两圈以后,摸进 1 饼,退 3 饼,改听对子和 1、5 饼对杆。当牌墙还剩最后 2 张牌时,摸 6 万明杠,如果杠进 5 饼,对子和杠上花。

(3) 3 对对子型

当"余七"牌型有 3 对对子时,"2 个对子+1 个对子搭"的牌型具有入听的最大机会。

当 7 张牌 3 个对子时,组合成下面的形状,入听的机会最大:

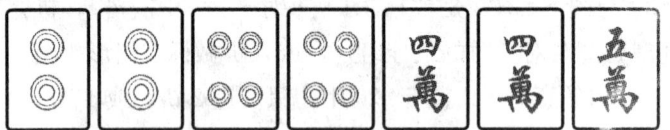

图 5-24 "余七"牌型有 3 个对子,J=18 张

图 5-24 是"余七"牌型有 3 个对子时的最佳组合,入听的机会最大,机会数:J=6×4-6=18 张。

"余七" 3 对对子牌型结论:在"余七无听"牌型有 3 对对子的时候,做成 2 对对子加一对子带连张(嵌张次之)的牌型才是最佳组合,有最大入听的机会数。

实战进程已经过半,手上牌型如图 5-25 所示。

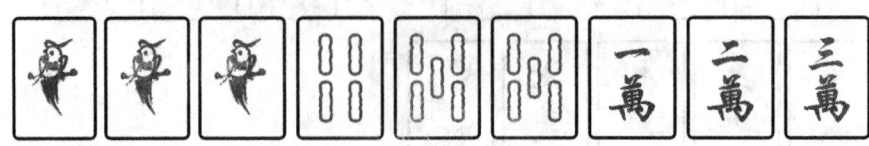

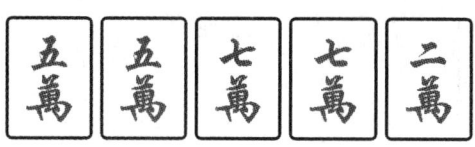

图 5-25

这是刚刚摸进 2 万时出现的牌型,按图 5-8 的标准模式,2 万属于孤张应该打掉。实战过程中,摸 2 万,退 2 万,两圈以后,摸进 5 万,于是退 4 条,入听 5 条和 7 万对杆,如图 5-26 所示。

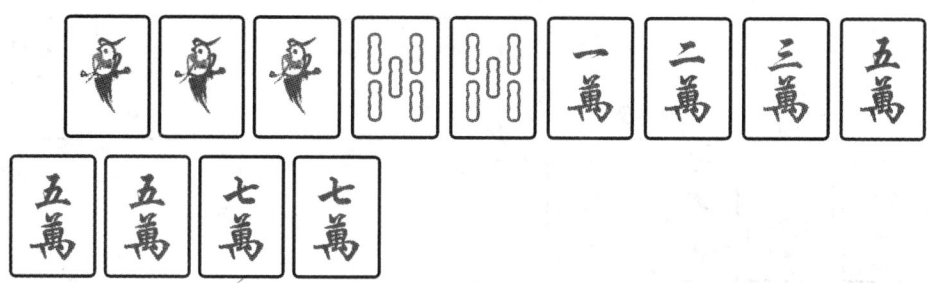

图 5-26

当牌局快要结束时,摸进 1 条暗杠,殊不知从牌墙上再杠来一张 5 万,又是暗杠赢三家,真没想到再次杠起来的是张 5 条,杠上花自摸。

这铺牌当初摸进 2 万的时候,手上的牌已是 5 对半,也可以往暗 7 对方向做,但是暗 7 对的概率太低,如果刻意去做,很容易走进死胡同,把牌打死。

上述"余四"和"余七"准听牌牌型在打麻将的过程中经常遇到,有很强的实用性。当手上有 2 个朋组的时候,剩下的牌就是"余七"牌型,这 7 张牌可以通过"四人抬轿"的途径入听,也可直接入听。借助机会数这个强大的武器,能够帮助你作出正确的选择,尽快入听。如果你对机会数的计算还不够熟悉,那就更应该把这些图型和结论牢牢记住。比赛是有时间规定的,记住图形和结论可以省去机会数的计算,把时间用在全局的思考和应对上。

图 5-27 是实战进程差不多过半,刚摸进 2 饼时出现的牌型;对局的情况是四家不要条子,四家做饼子和万子。

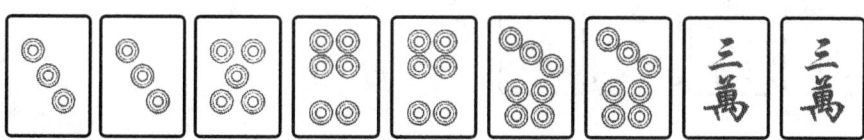

图5-27

全手牌已经有5对,有了做暗7对和对子和的条件。做暗7对的机遇性太强,能否成功主要取决于运气;做对子和虽然可以,但是手中的对子大都是中张,不一定好碰。因此,将图分解如图5-28、图5-29所示。

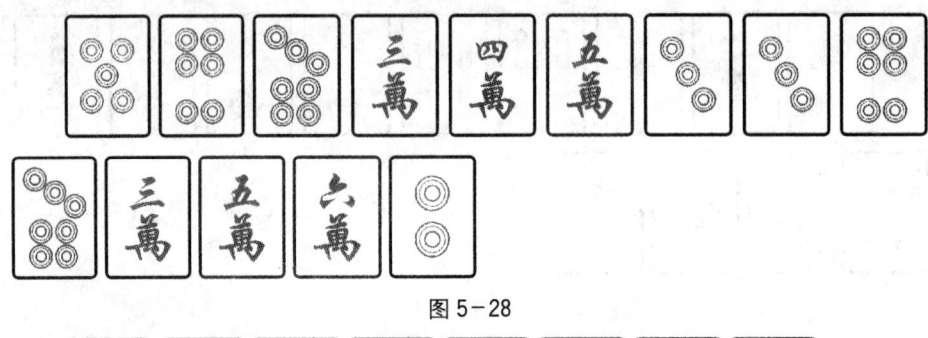

图5-28

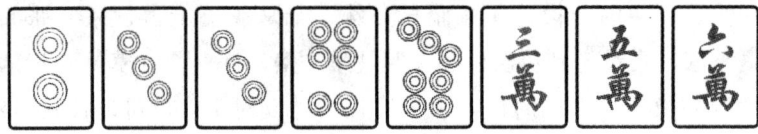

图5-29

图5-29就是"余七"牌型中有1对对子的标准情况,显然打掉3万。摸5、8饼,或4、7万均可入听,理论机会数$J=4×4=16$张,"余七"1对对子牌型做牌的空间远比做对子和、暗七对大很多。

具体打法是:打掉3万,两圈之后牌池中出现3饼,毫不犹豫碰掉,退2饼,牌型演变成图5-30所示,再分解为图5-31所示。

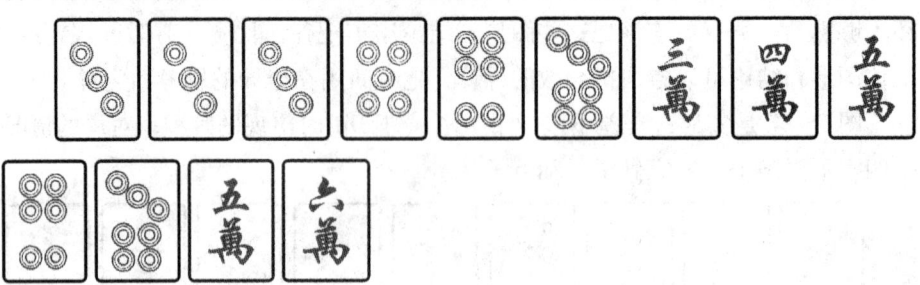

图5-30

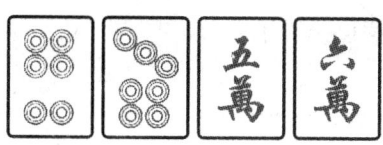

图 5-31

图 5-31 是典型的"四人抬轿"无对子的情形，入听理机会数 J=8×4-4=28 张。几圈后摸进 6 饼，退 7 饼，和 4、7 万。又过几圈，手上摸进 3 饼明杠，如果牌运好，牌墙上再杠起来一张 7 万，杠上花。

但是，有的人拿到这副牌说不定就会冲动，可做七对，要么做对子和，运气好的话，或许做成，但毕竟是小概率事件；运气不好的话，还没入听就放炮了。不论做对子和，还是暗七对，其机会数都是很小的。

2. 无对子型

无对子型从组牌的难易程度，分为 3 搭，2 搭，1 搭，无搭四种情况。无搭型完全是一把散牌，就必须首先组成搭子，然后再组成朋组，这个不讨论。余下的三种情况，共同规律是只要扣除朋组余 7 张手牌，这 7 张手牌与已有的 2 个朋组毫无关系，那么这手牌最快也需要进 2 张牌（二入听）才能入听，因此，"余七"牌型无对子型，不能算是准入听的牌型，理想的牌型也是二入听的牌型。当然，如果"余七"牌型无对子型中，已有 3 个或 2 个搭子的情况，再进一张就很容易变成"余七"搭子型或求进一张使得现有搭子组成了朋组，这就顺利进入了"四人抬轿"的牌型。但是无论哪种情况，只要是余七无对型，最快也需要两手牌才能入听。

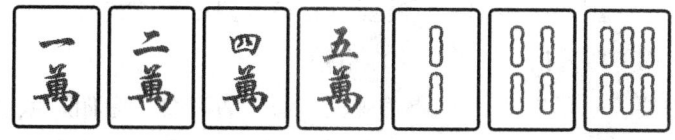

图 5-32

这是一副 3 个搭子的余七无对子型。其中条子是双嵌搭。那么万字如能摸进 3、6 就可以顺利组成朋组，就变成"四人抬轿"的牌型了。摸进 3、5 条也一样。

图 5-33

如图5-33所示，假设摸进了6万，4、5、6万顺利组成朋组，则手牌就分解为图5-34所示。

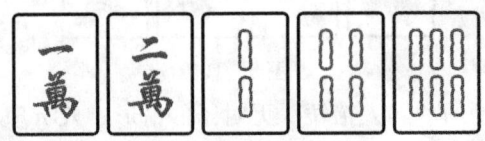

图5-34

舍去一张便是"四人抬轿"的牌型。

如果摸进的是1、2、4、5万或2、4、6条，则就变成了余七对子型。

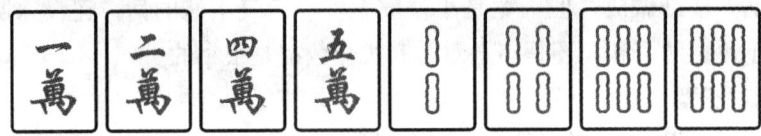

图5-35

图5-35中，如果摸进到6条成对子，则舍去一张后变成"余七"1对对子型。

上述两种情况，摸进一手牌都不能入听，必须再摸进一张方能入听。

"余七"牌型无对型最理想的也是二入听的牌型，要么先组成一个朋组变成"四人抬轿"，要么是摸进一张组成对子，变成余七牌型有对子型，从而构成一入听的准听牌牌型。

"余七"无听牌型是绝大多数组牌都必须经历的一个过程，"余七"无听一旦有3张牌组成了一副顺子或刻子，就要及时将牌型重新调整为"四人抬轿"的格局里，运用"四人抬轿"的理论作指导，快速入听。

在打牌过程中要注意随时观察和调整牌型，看是否符合"余四"或"余七"无听牌型的局面，一旦出现，就要运用上述理论，抓住机会，尽快入听。

二、多听口的牌型分析

听牌的牌型很多，有单钓将、嵌搭听、尖张听等一听口的牌型，也有对对和、顺搭两面听、四顺子两头甩将等两听口的牌型。这里重点介绍三听口及以上的牌型，了解多听口的特点与规律。

（一）顺子搭"钓将"牌型

顺子搭"钓将"型，可分为四连顺和七连顺的钓将型，也称筋线钓、赶场叫。复合钓主要是刻带系列，这个后面单独介绍。

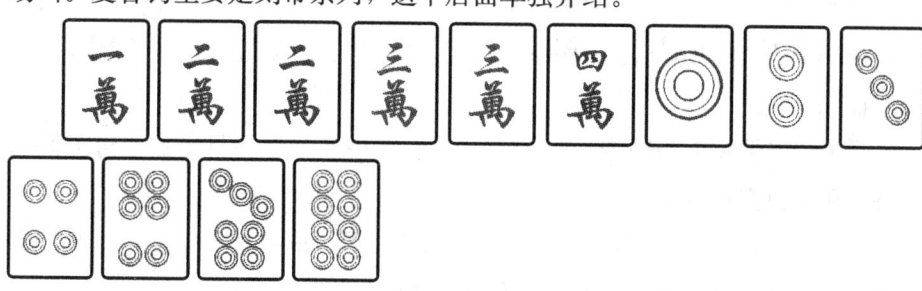

图 5-36

图 5-36 是 1、2、3、4 饼子四连顺，听 1、4 饼钓将，也称双头甩将。

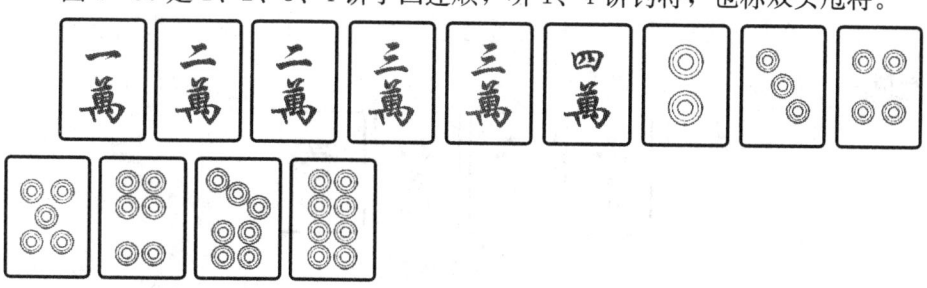

图 5-37

图 5-37 是 2、3、4、5、6、7、8 饼子七连顺，听 2、5、8 饼三钓将。

（二）顺子搭"三面听"牌型

如果是两连张顺子，听口为"两面听"。如果是五连张顺子，则构成"三面听"牌型。

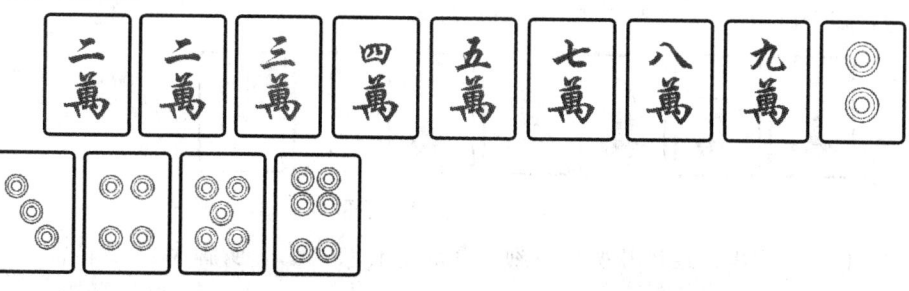

图 5-38

图 5-38 中万字已经构成"1 对+2 朋组",饼子则是五连顺子,构成了 1、4、7 顺子搭"三面听"牌型。

(三)"刻子带"牌型

"刻子带"牌型是复合听牌的一种,分单刻带、双刻带、三刻带型。

1. 单刻带

分单刻连带和单刻嵌带两种类型。单刻嵌搭的听牌一目了然,可分解为嵌搭听和单钓将两口入听。

图 5-39 是 3 个 2 万组成暗刻,4 万与 2 万形成嵌搭的刻子嵌搭牌型,那么这个入听就一目了然,入听 3 万嵌搭入听与 4 万单钓将。

单刻连带型情况就比较复杂,可以是单刻连带 1 张牌、2 张顺子牌,3 张顺子牌、4 张顺子牌、5 张顺子牌、6 张顺子牌、7 张顺子牌、8 张顺子牌的八种情况。

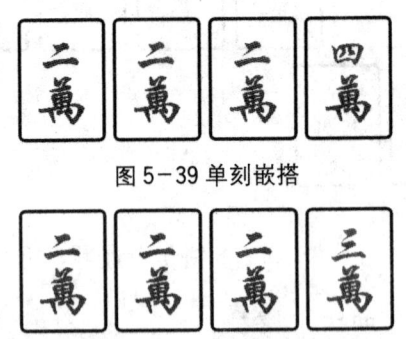

图 5-39 单刻嵌搭

图 5-40 单刻连带 I 型

图 5-40 单刻连带 I 型是单刻 2 万带一连张 3 万,构成"单刻连带"牌型,则听口为 1、4 万两面听与 3 万单钓将,共 3 个听口。

图 5-41 单刻连带 II 型

图 5-41 单刻连带 II 型是单刻 2 万带连张 3、4 万,听牌为 2、5 两面听与对杵 2 条。

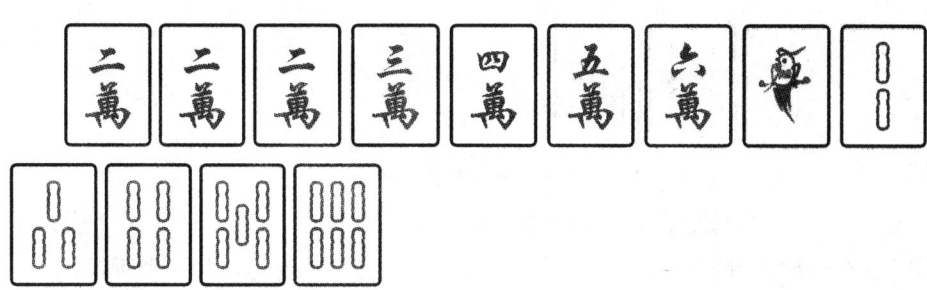

图 5-42 单刻连带Ⅲ型

图 5-42 单刻连带Ⅲ型是单刻 2 万带 3、4、5、6 万 4 张连张万子顺子，听 1、4、7 万三面听与 3、6 万两面听，共 5 个听口。

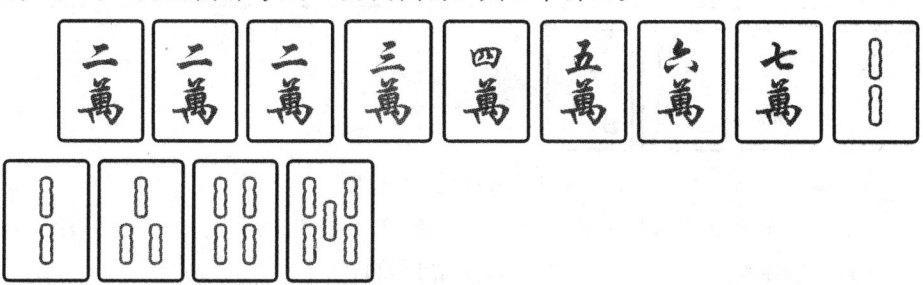

图 5-43 单刻连带Ⅳ型

图 5-43 单刻连带Ⅳ型是单刻 2 万带连张顺子 3、4、5、6、7 万 5 张连张顺子万子牌型，听 2、5、8 万字三面听与对杵 2 条，共 4 个听口。

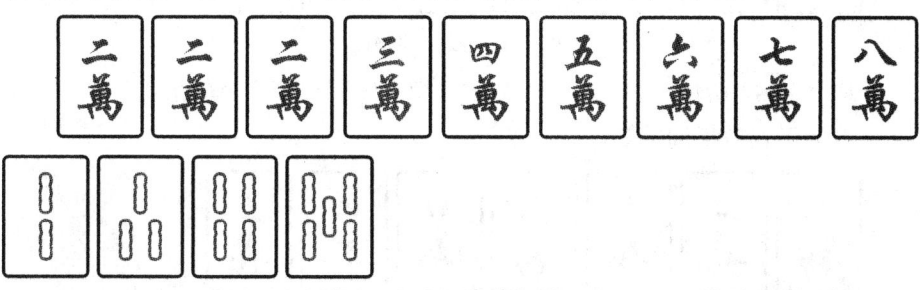

图 5-44 单刻连带Ⅴ型

图 5-44 单刻连带Ⅴ型是单刻 2 万连带 3、4、5、6、7、8 万 6 张顺子万字的牌型，这个牌型是万字刚好组成了 3 个朋组，因此万字是不能入听的。

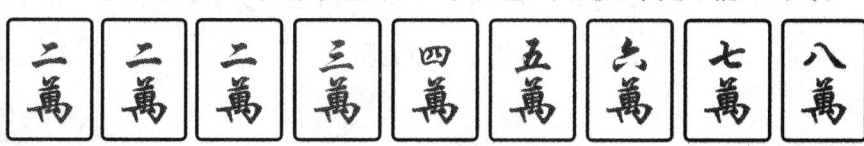

图 5-45 单刻连带Ⅵ型

图 5-45 单刻连带Ⅵ型是单刻 2 万连带 3、4、5、6、7、8、9 万 7 张万字连张顺子牌型,听 1、4、7 万三面听与 3、6、9 万三钓将,共 6 个听口。

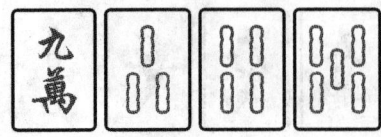

图 5-46 单刻连带Ⅶ型

图 5-46 单刻连带Ⅶ型是单刻 1 万连带 2、3、4、5、6、7、8、9 万 8 张连张万字顺子牌型,听 1、4、7 万三面听与对杵 5 条,共 4 听口。

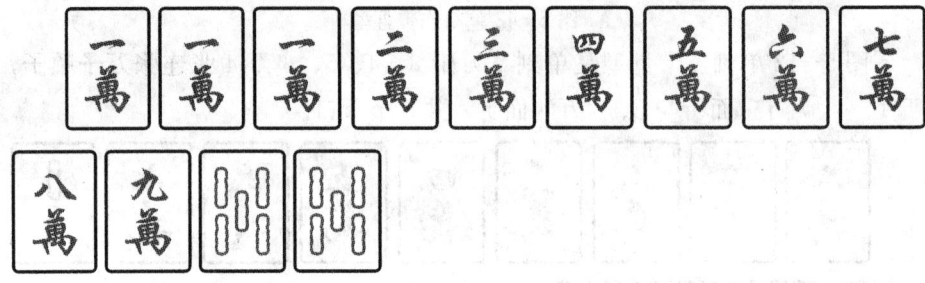

图 5-47 单刻连带Ⅷ型

如图 5-47 所示,这个牌型可分解为单刻 2 万连带 1 个单张 3 万加 1 个 3、4、5 万顺子,效果同单刻连带单张。

图 5-48

如图 5-48 所示,这个牌型可分解为单刻 2 万连带 1 个 3、4、5 万顺子,其中 3、4、5 万顺子多出 1 张 4 万。这个牌型可分解为 2 万做将,可听 3、6 万两面听;若保留 2 万一刻,则是 4 万钓将。

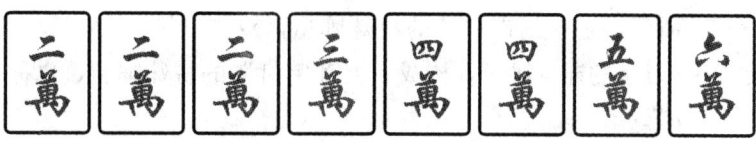

图 5-49

图 5-49 所示，这是连带的顺子牌中多出一张，即连带的牌里出现了对子的情况。类似的牌型有很多，可以自己总结。

2．双刻带

双刻带又分为双刻连带与双刻嵌带，是 2 组同花色的刻子再带一张单张牌的牌型。

图 5-50 双刻双嵌搭基本型

如图 5-50 所示，是双刻 2 万与 6 万，嵌带 1 张 4 万，可听嵌 3、5 万与单钓 4 万。

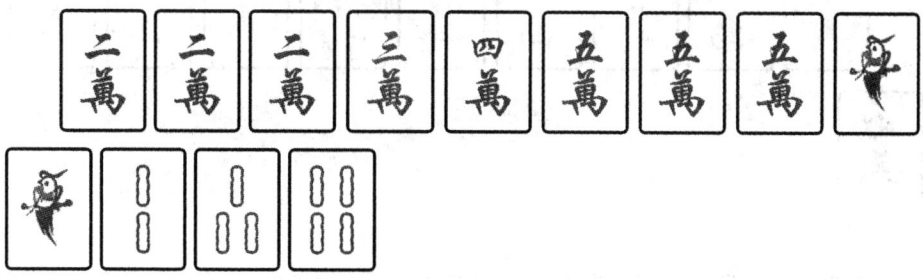

图 5-51 双刻连带Ⅰ型

如图 5-51 所示，是双刻 2 万与 5 万，连带 3、4 万顺子搭。可听 2、5 万两面听与 1 条对杵。

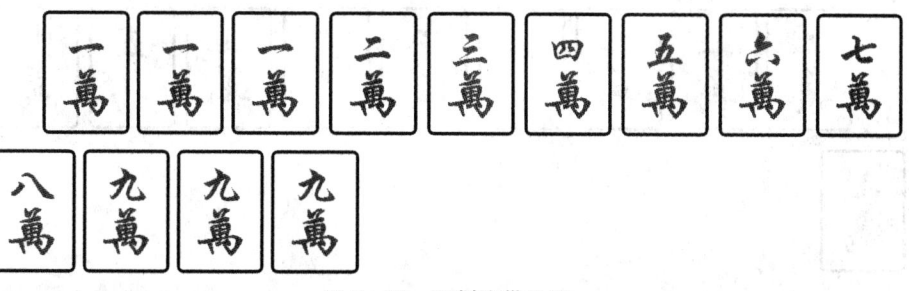

图 5-52 双刻连带Ⅱ型

如图 5-52 所示，是双刻带顺子的特殊牌型，双刻分别是 1 万和 9 万暗刻，中间是 2~9 万字的连张顺子，构成"九莲宝灯"的特殊牌型，也称"全入听""张张入听"。

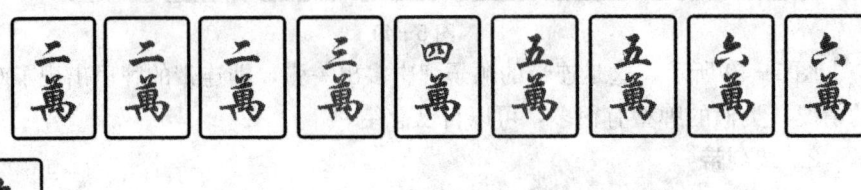

图 5-53 双刻带Ⅲ型

如图 5-53 所示，在双刻连张带中，中间的顺子牌多出一张，则牌型结构可以有不同分解。上图多出 1 张 5 万，可入听 2、5 万和 4、7 万，共 4 个听口。

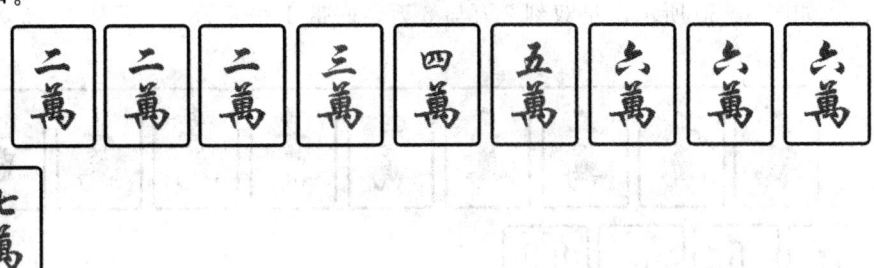

图 5-54 双刻带Ⅳ型

如图 5-54 所示，是双刻连张带的变形，双刻中间夹一个顺子，另外一个刻子再连带一张或几张顺子牌，构成 2、6 万对杵，2、5、8 万字的三面听，共 5 个听口。

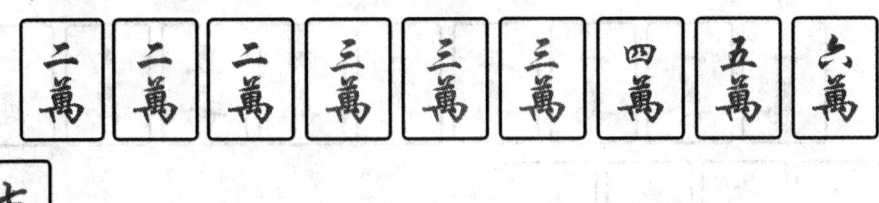

图 5-55 双刻带Ⅴ型

上图双刻带V型，是双连刻连带顺子的牌型，实战中经常遇到，入听的牌张比较宽，可听4、7万双面钓将，2、5、8万三面听，对杵2、3万，即2、3、4、5、7、8万，共6个听口。

3. 三刻带与四刻带

三刻带牌型是典型的复合入听牌型，听口分解较复杂，在实战中可多做拆分。

图5-56 三刻带

如图5-56所示，这是连三刻带连张，可听2、3、4、5、6万共5个听口。三刻带还有很多牌型组合，其他的一些刻带型可自己总结。

图5-57 四刻带

四刻带的牌型很少遇到，如图5-57所示，这是4个暗刻带一张，也可以做多种分解。

上面所举例子是刻带系列单色牌即同一种花色的刻带情况，还有一种情况是双色刻带型，即两种花色的刻带型。

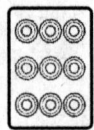

图 5-58 双色双刻带

图 5-58 是双色双刻带的典型牌型，实战中经常遇到。该例听口为 4、7 万，6、9 饼，共 4 个听口。

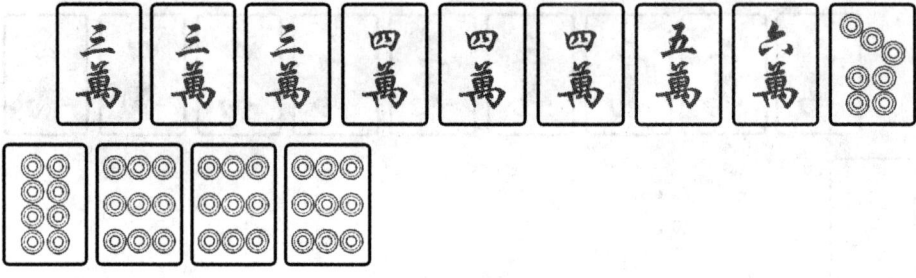

图 5-59 双色三刻带

图 5-59 双色三刻带牌型，是万字牌有双刻带牌型，饼子为单刻带牌型，听口为 4、7 万、6、9 饼，共 4 个听口。

（四）"杠子带"型

杠子带基本牌型是由手牌中一个杠子，再带一个单张组成搭子的牌型。更复杂的牌型是杠子带加刻子带的复和牌型。

(1) 杠子带基本型

图 5-60 杠子带基本牌型

如图 5-60 所示，是一个单个杠子带单张 3 万和 5、6 万顺子的牌型，可听 2、3、5、6 万，共 4 个听口。

(2) "杠子带" + "刻带" 复合型

图 5-61 "杠子带"+"刻带"型

这是同花色的一个杠子带和一个刻子带的牌型,与 2、5、6 万构成的复合面子。可入听 1、7 万与单钓 2 万,共 3 个听口。

(五)"飞机对"牌型

飞机对是连张对子构成,可是二飞机对、三飞机对、四飞机对、五飞机对、六飞机对。飞机对多听口基本牌型是"三飞对杵+小七对",复杂一点的是"四飞对杵+小七对"和"五飞对杵型+小七对"牌型,"六飞机对"就很少见到了。

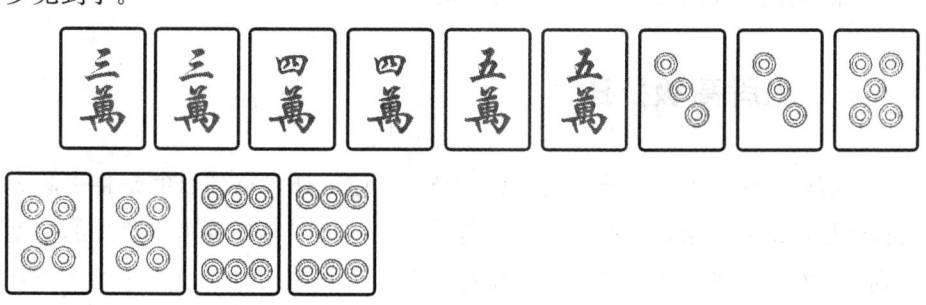

图 5-62 三飞对杵+小七对

如图 5-62 所示,是三飞对,外加 2 对对子,再加 1 个刻子的牌型,这个牌型可听 3 饼与 9 饼对杵,同时可听 5 饼的龙七对的牌,共 3 个听口。

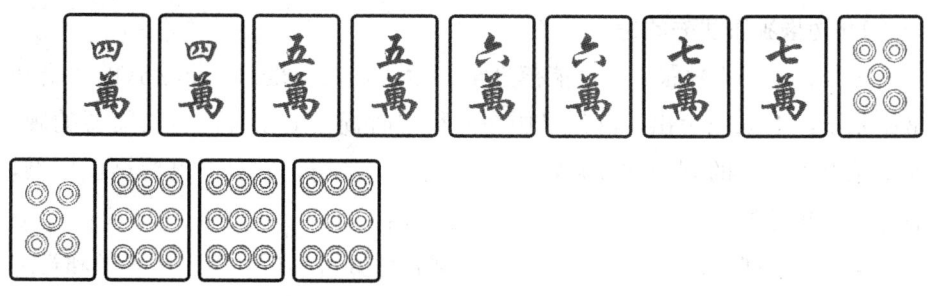

图 5-63 四飞对杵+小七对

如图 5-63 所示,是万字有四飞机对,外加 1 对子与刻子,可以 4、7 万、

5饼对杆,同时可听9饼的龙七对,共4个听口。

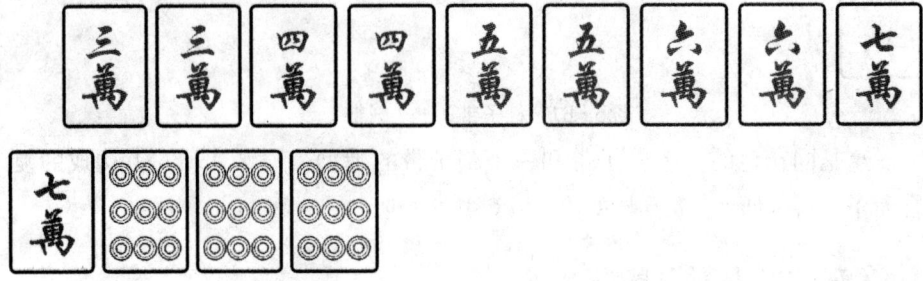

图5-64 五飞对杆型+小七对

如图5-64所示,是五飞机对加1个刻子的牌型,可听3、4、6、7万对杆,以及听9饼的龙七对,共5个听口。

从以上分析可以看出,要想听口多,必须是刻子带型或杠子带型等复和牌型,除飞机对外的普通牌型,入听牌张是不会超过3个听口的。

三、组牌高级技法

组牌的技法主要是指吃、碰、杠的技法。吃、碰、杠的目的是将手牌中的搭子尽快组成朋组,从而尽快入听与和牌。这个过程还要考虑组牌的番型类别,以及结和牌面各家的组牌情况综合分析,快速思维决断,才能达到麻将高级技法进阶。

(一)吃牌进阶

1. 边嵌独张优先吃进

边张、嵌张、独张,自己能摸进全靠运气,尤其是只剩下独张的边搭和嵌搭张子,上家能舍出,已经是施舍。很多时候,上家舍出自己需要的牌,是上家面子组合的剩余牌,判定无再出现的可能时,并且自己牌型已定型,就应毫不犹豫吃,否则过了这个村没有这个店了!

例如,手牌中是1、2、4、6万,需要进张3万和嵌5万。从牌堂和行牌观察可知,3万已被对家碰出,5万牌堂里现一张,而且对家欲碰不碰,明显看出来是用来做将头了。这时可判明3万和5万均是独张,也恰好是自己牌搭里急需的进张。幸运的是上家相继舍出了3万和5万，于是毫不犹豫吃进，迅速完成2个朋组，向入听的目标又迈进了一步。

2. 熟知番型计算得失

牌手要熟知各类牌型的番数，才知道哪些牌可以吃，哪些牌坚决吃，哪些牌不吃为宜。一般原则是，如果吃张正好符合自己的牌势，有利于自己番数增加，尤其是有利于做大番，则可以早些吃。刚开局时，牌型组合以及做牌方向还未确定时要少吃，过早吃牌反而丧失牌的灵活变化，还容易暴露战机，反而会被上家加强压制使再吃牌困难。

吃牌如果不恰当会失掉做大牌的许多番数，如图5-65所示，这副牌如果上家打出3条，这时若吃成1、2、3条子顺子，则将使"清龙"失去成功的希望，何况这一吃张又使"门前清"番分丢掉了。

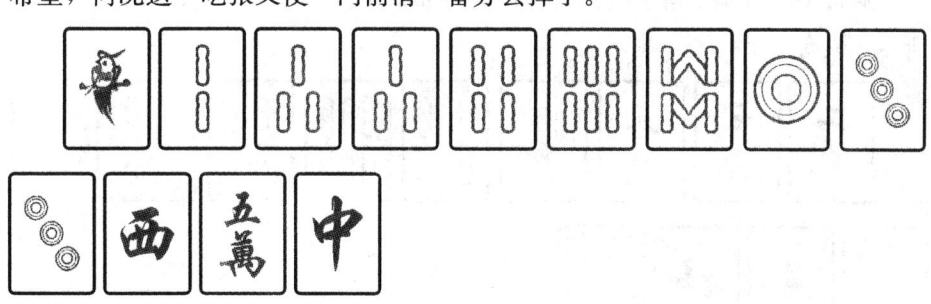

图5-65

如图5-66所示，按照牌势应该做"清龙"，如上家正好打出3万或8万，则应吃进。

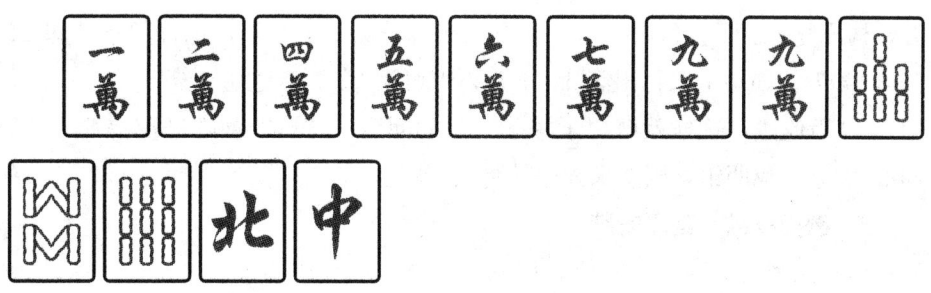

图5-66

如图5-67所示，这时上家打出6万，如果拿7、8万吃进，变成1123 678 999万牌型，若仔细观察，这手牌可以做全带幺，若过早吃进6万，牌就失去变化了，只能屈做小番。若是上家此时打出 9 万，则可坚决吃进，手牌变成 1123 789 999 万牌型；若上家再打出 1 万，则再吃进，变成 11 123 789 999 23 牌型，这就顺利入听全带幺。

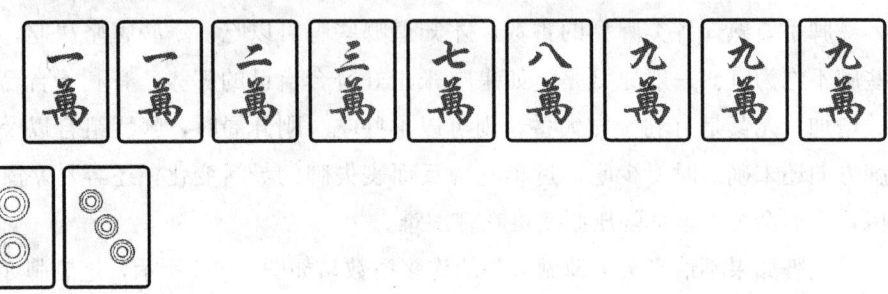

图 5-67

通常手牌有 4 个搭子是比较理想的，如果手牌搭子并不充足，如图 5-68 所示，只有 3 个搭子。

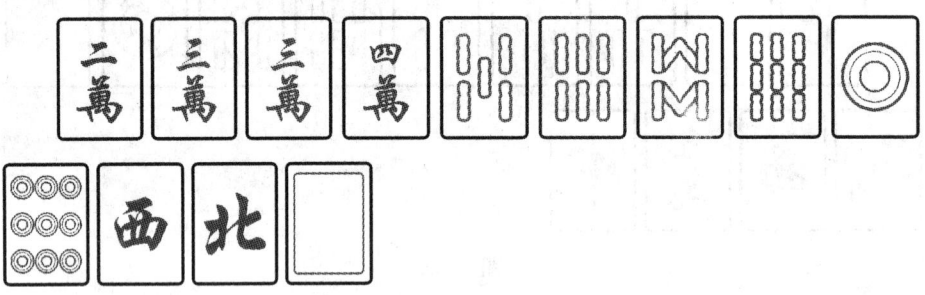

图 5-68

这手牌是 1 个朋组，2 个搭子，但是 2、3、4 万字的朋组里面多了一个 3 万，构成复合面子，可以把这个复合面子拆分为 2 个搭子，也称偷搭，即 2、3+3、4 万。如果上家打出了 1、4 万，则可用 2、3 万吃进，遇到 2、5 万再用 3、4 万吃进，这样就解决了搭子不足的问题。若再顺利吃进使得 5、6 条和 8、9 条组成朋组，则全求人单钓将头入听。

3. 欲擒故纵　延缓吃牌

当上家舍出的牌是可吃牌，而此时不吃，反倒迷惑了上家，使上家认为克制了你的弱点，难免会上当，很大可能这路牌会再次舍出，达到欲擒故纵，迷惑上家的效果。

如不吃牌不影响手牌朋组的形成，仍有较大入听机会时，可以延缓吃牌。

如手中有2、3万，堂子里已见到1张1万，而你的上家此时舍出1万时，不见得要急于吃进，战术上允许的话，不妨等4万出来再吃成顺。手中没有其它幺九牌，你不吃1万而是吃4万则可做成断幺九。

4．改变摸调，安全舍牌

当摸牌比较顺手的时候，尽量不去吃牌，保持摸牌顺序的不变，在不吃牌成和时，还可形成门前清和。因为吃一次牌，在牌墙里面摸牌的牌序就会前移或后错，有时反而使摸调不顺。在摸调顺利时，尽量不要吃牌和碰牌，以防改变好的摸调；一旦自己摸牌不顺，就应设法吃碰，来变换一下摸牌顺序，使牌势变得对自己有利。

吃牌后，手中没有安全牌可舍的时候，可不吃牌。如手牌有5、5、6的复合面子，上家舍出4或7，你吃后必舍5无疑，你的下家吃起5时，有可能听牌或和牌，这样你舍出5是危险的。如果不吃，自己能摸上4、5、6、7中的一张或几张最好，可以与原来的5、5、6复合面子相配，不能摸上，起码不会像舍出5那样不安全。牌局已进入了急迫状态，而自己的手牌离听牌差距甚远者，不吃为好。自己不放炮，别家放炮或促成牌局流局就是胜利。

（二）碰牌进阶

碰牌是实现朋组的有效手段。一铺牌最终需组成4个朋组，为了提高入听的速度，通常手里有对子的话，尤其是2对以上，应该碰出。麻将有"锯一截短一截"一说，碰一次牌，就等于向目标迈进了一步。碰牌既能加快自己听牌的进程，又经常能阻挠别人摸牌，还给自己增添了一个明杠坯子，这都是碰牌的好处。

碰牌过多却又使牌的变化失去了灵活性，碰牌必须得当，不能见对就碰。碰牌应该从整个局势着眼，结合手牌牌型，通盘考虑，碰得恰到好处。快听快和而碰牌是通常做法，早听牌自然使得自己处于有利地位。

许多麻将高手常常将碰牌作为牵制他家的一种战术手段，意在打乱摸牌顺序，为连庄者或牌旺家设置障碍，以及迷惑其他牌家，后者比前者更为重要。

1．机会增加，积极碰牌

不是任何对子都可以碰，对于边张对和嵌张对，碰断后，与之相连的搭子反而失去了联络，增加了组牌的难度，搭子成废搭。因此，应计算碰牌后的牌型变化和机会数。

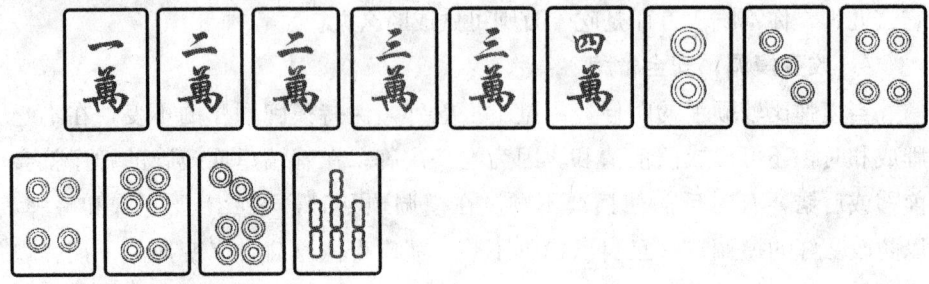

图 5-69

如图 5-69 所示，万字已经形成 2 个朋组，饼子已有 6 张的余七无听的牌型。从这个牌看，上 1、4、5、8 饼和 7 条入听，机会数 J=5×4-2=18。如果此时别家打出 4 饼，碰还是不碰？

如果碰出，舍掉 7 条，就形成了如图 5-70 所示的"四人抬轿"的牌型。

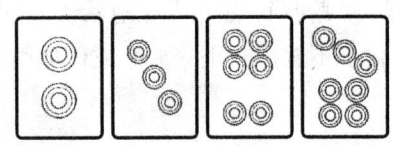

图 5-70

四人抬轿机会数 J=8×4-6=26 张，可看出，碰出后机会数从 18 张增加到 26 张。因此，这个牌型可以积极碰出，尤其是碰下家或对家的牌。

2. 更改听口，可以碰牌

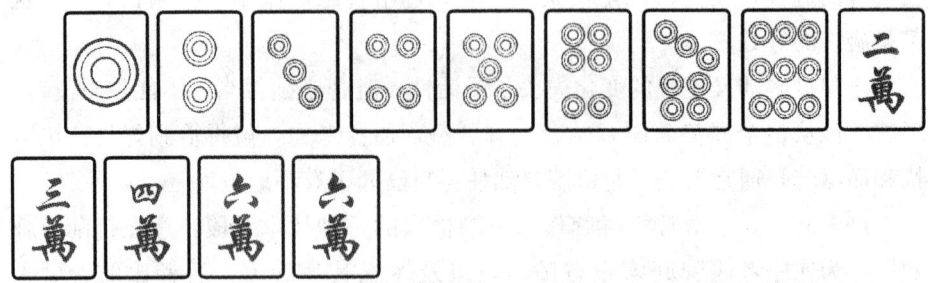

图 5-71

如图 5-71 所示，已经入听嵌张 8 饼，如果这时候别家舍出 6 万，应毫不犹豫碰出，然后舍出 9 饼，改成 1、4、7 饼三钓将的筋线入听。尤其是 8 饼已经被别家碰出，余下的 8 饼就只剩独张，和牌的机会数就很小，而改为筋线入听，和牌几率就大大增加了，哪怕是 9 饼放炮也值得一搏。

3. 洗澡放飞，贪图自摸

为了调整听口，做成宽入听或下更大番数的入听，或做成"必杀入听"，往往在自己已经"对杵"时，别家点炮和牌时也不和牌，而是选择碰牌。碰牌后再舍出一张以达到上述目的。"洗澡"战术是成都麻将的"血战到底"打法中常采用的打法，也称打飞张、放飞鸽。成都麻将打法规定，自摸要加一底番甚至是番一番，对杵不和而选择洗澡，能把听口改得更宽，为自摸三家增大了可能性。

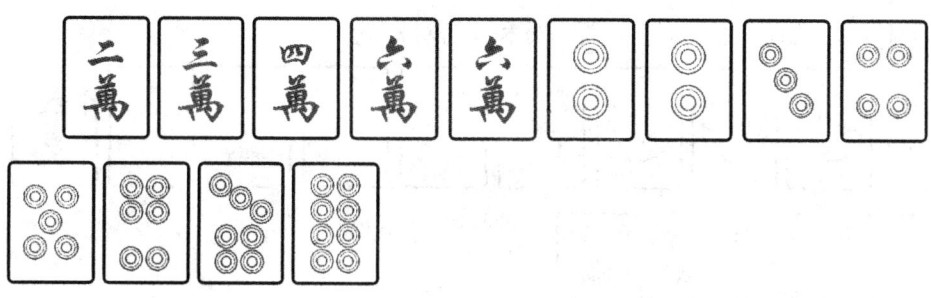

图 5-72

如图 5-72 所示，已经下 6 万和 2 饼对杵入听，这时下家打出 2 饼，如果和牌就只是一个小牌，得分有限。如果此时把 2 饼碰出，再舍去 8 饼，就变成了 2、5、8 筋线入听三个听口，并且 2 饼再出来还可以和在根上，也可以舍出 3 饼，再和 3、6、9 饼。

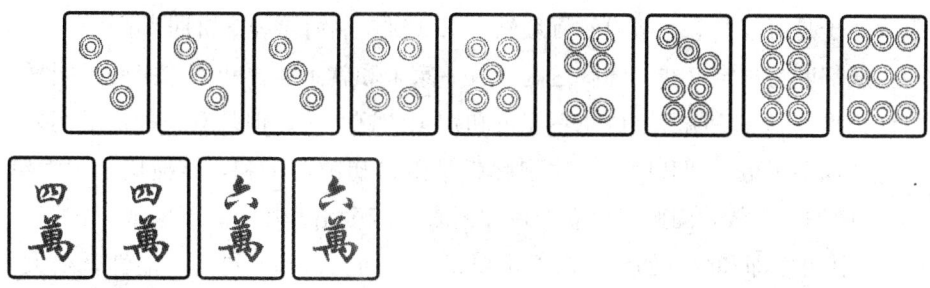

图 5-73

图 5-73 是 4、6 万对杵入听，别家打出四万或六万，对杵小和。如果是碰出，再舍出一张 9 饼，就变成了听 3、6、9 饼带六万，窄听口一下变成 4

个宽口听口，如图5-74所示。

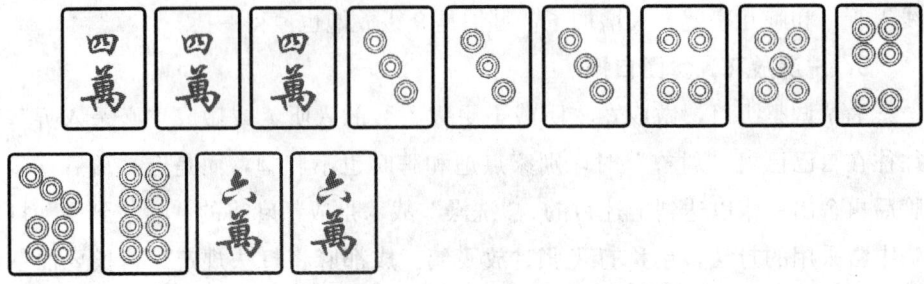

图 5-74

"洗澡"洗成"大单钓"也是成都麻将常见的打法。如图5-75所示做对子和，已经碰出了3刻牌，听六万和9饼对杵。

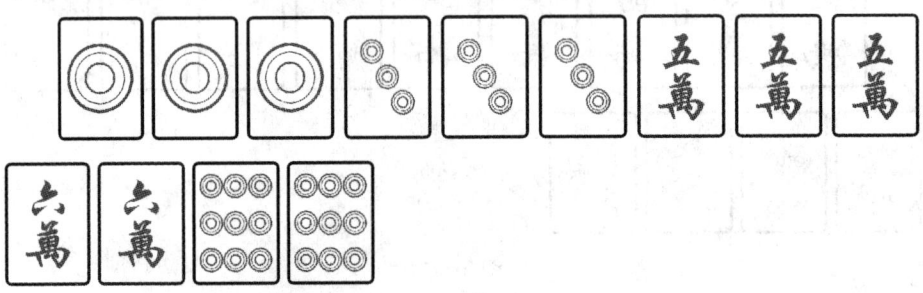

图 5-75

如图5-75所示，别家打出六万，本来可以和牌的，但是成都麻将中计番规定，"大单钓"即手牌碰出四刻子，单钓一个将头，还要在对子和的基础上再增加一番，同时，从各家牌势判断饼子是三家都不要的牌，回和的可能性很大。于是可起贪念，碰出6万毅然舍去9饼，然后再和9饼回来。

成都麻将规定，在一圈牌之内，放一家未和就不能再和第二家的。同样，自己舍出的牌在一圈牌之内也不能再和别家的这张牌，但是有一种情况例外，就是增加番了可立即和回来。这副牌就是由最初的对子和，转换成了"大单钓"，增加了番数，因此可以立即再和回来，若舍出9饼后，下家或对家跟打9饼，就可立即和牌。如果三家都不要饼子，回头再和9饼的可能性就很大，如果真是大单钓自摸回来就赢多了。

"洗澡"时要注意，一般是用在别家未做成大番，或判断别家都没有入听的情况下采用，或是洗出的这门花色牌，各家都不要。若三家都已入听，或判断有人在做大番就要谨慎使用，谨防"飞鸽"放出去收不会来，反而被别家先和甚至自己点大炮，戏称"洗澡洗感冒"。

4. 阻断联络，逼挤碰牌

逼挤碰牌是故意碰断某一些牌，使与之相关联的牌失去联络。如图5-76所示，当你手牌有一刻1饼时，如果这时刚好有一对3饼，而且堂子内也现了一张3饼，这时手中的3饼已经是后对，如果这时别家舍出最后一张3饼，就应毫不犹豫碰出，碰出后3饼就阻断了与1、2饼之间的联络，若1饼和2饼摸不成对就成废张了，很容易被别家舍出。这手牌已有一刻1饼，别家自然不成对，开杠是可期待的。

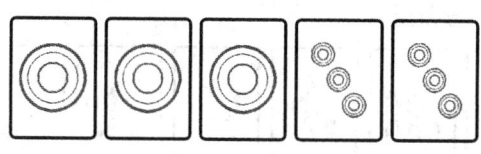

图5-76

逼高张8、9或逼低张1、2，阻断3、7是最好的办法。有的时候，中张也可以逼出来。如图5-77所示，已有4、5、5、5、6饼，若此时在手的4、6饼已是独张，还有一张5饼尚未现张。这手牌摸进2万成2、3万搭子，舍万字中任何一张都不妥。若是5饼出来，碰的话仍然下不了入听，因此拆4、6饼开打就是最佳选择，4、6饼独张打断，5饼就失去联络，从而别家手牌中的5饼或以后摸到5饼就成了废张，就坐等开杠吧。

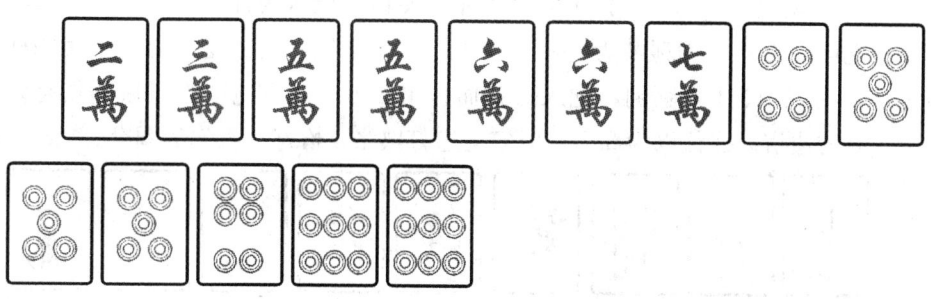

图5-77

5. 摸调不顺，错位碰牌

手风不顺的时候，经常会出现舍啥牌摸啥牌的恼人情况，麻将高手想控制牌局，或调顺手风，往往会采用错牌的策略。

错牌也就是常说的"人不动桌子动",相当于调换了方位。当你摸调不顺,就调换去摸别家顺序的牌。具体方法就是打一张牌让该家碰出,这时你的摸调就调换了。"人不动桌子动",就是碰那家的牌下一轮就会摸那家的牌!这是麻将牌奇妙之处。当你碰上家的牌,那么本来该你摸的这手牌就轮为下家摸了,对家就摸下家的牌,上家就摸对家的牌,我自然就摸上家的牌。同理,可以推断碰另外几家牌后的摸调顺序。

实战中,碰牌不仅可以锉调方位,还可以作为牵制旺家的手段。旺家往往也是手风顺的一家,打乱旺家摸调不失是一种好的方法,因此选择时机主动碰牌,或喂牌给别家碰,就可起到牵制旺家的作用。

6. 狡诈碰听,巧布疑阵

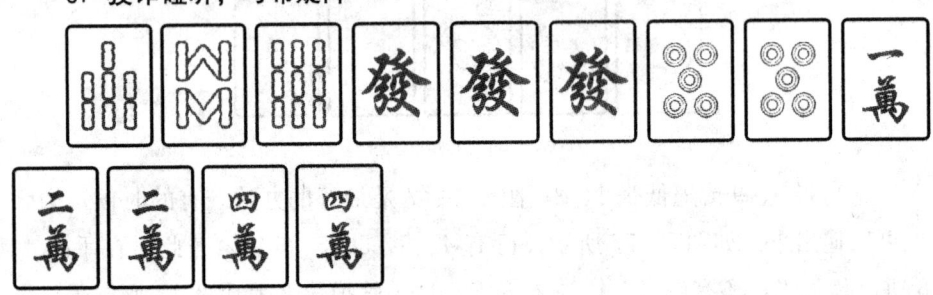

图 5-78

如图 5-78 所示,门前已吃进一副 789 条,手牌剩余 10 张,是发财一刻,5 饼一对,1、2、2、4、4 万。如果对方打出 1 张 4 万,碰牌时同时翻出 2、4、4 万,碰成 4 万刻子,打出 2 万牌张,使他人误认为你是对子搭,是迫不及待吃嵌 3 万不成而碰 4 万。相反情况,如果上家打出的是 3 万,也用同样疑阵,将 2、4、4 万翻倒,吃入嵌张而打出 4 万。对方岂知吃碰后仍然是入听 3 万的边搭。往往以为 3 万此时安全追打熟张,恰好落入你的圈套。

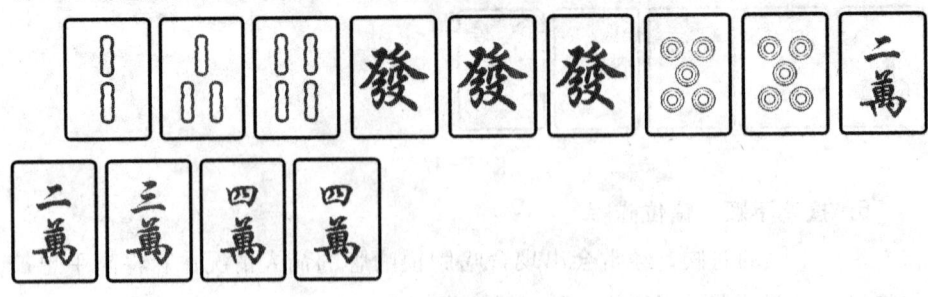

图 5-79

假如手牌已进入听张阶段,如图 5-79 所示,2、3、4 条子顺子,发财 1 刻,5 饼 1 对做将,2、2、3、4、4 万字。显然,入听听牌为嵌 3 万。然而,世事难以预料,牌经几巡,丝毫没有食和机会。恰好此时对方打出 1 张 4 万,根据牌势,索性改换门庭,于是当机立断,碰 4 万,将 3、4、4 万同时推倒,碰进副露 4 万刻子,舍出 3 万,给三家一种明显的错觉,认为你既碰 4 万刻子且舍 3 万,决不会入听牌 2 万了。在 4 万碰出及 3 万又人要的情况下,各家会把 2 万视为安全牌,相继追打舍出,岂料正中你入听 2 万与 5 饼对杵的圈套,轻易获得食和机会。

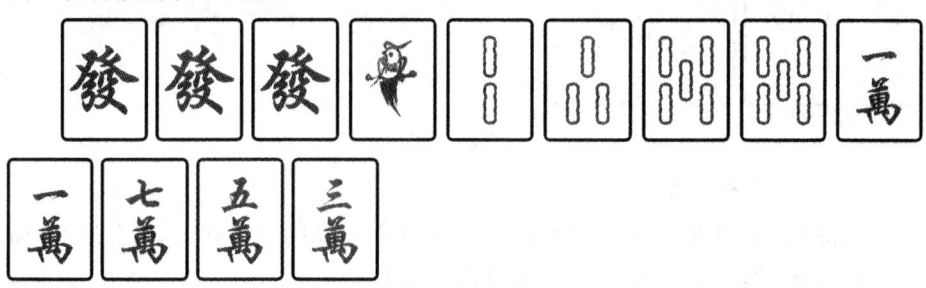

图 5-80

如图 5-80 所示,发财 1 刻,1、2、3 条子顺子,5 条 1 对,另有 1 万 1 对,外加 1 个 3、5、7 万字双嵌搭。不难看出,这是一个典型的"余七牌型"的"2 个对子带搭"准入听牌型。采用声东击西战术,故意将牌面排成 1、1、7、5、3 万的倒序式。对于老头牌 1 万来说,容易出现,所以在碰 1 万牌张时,故意将 1、1、7 七万同时翻出,碰成 1 万的刻子,打掉 7 万,引起各家注意。作为一种熟的筋牌 4 万来说,便认为是安全牌,别人便不设防打出,正好被手牌中的 3、5 万嵌搭食和。

(三)杠牌进阶

杠牌加分,这是大家希望的,尤其是四川麻将,开杠直接翻番,同时各家还得支付杠分。那什么时候杠牌?什么时候不该杠牌呢?打麻将需步步为营,应随当时牌局的发展,打好每张牌。有些新手缺乏经验,见杠即杠,认为开杠后一定是有利于自己的,其实杠牌也是要看情况的。

1. 等待时机,杠上开花

自己摸进 1 个杠子可以开杠而不杠,等入听了才开杠,赌杠上花。如图 5

—81所示,这是一入听的牌型,进牌很宽,进4、7饼或进1、4、7万皆可入听,当摸进2饼时不急于开杠。下一手如果进4、7饼,则下万字1、4、7万三面听的筋线宽入听,若进1、4、7万则下4、7饼两面听也不错。等入听后再开杠2饼,杠上开花是可期待的。

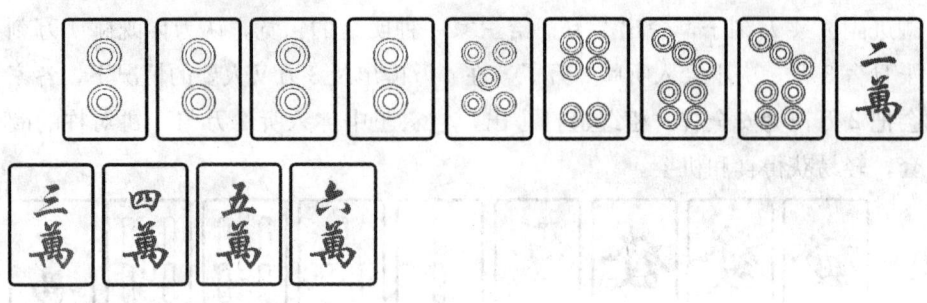

图 5-81

2. 迷惑对手,暗渡陈仓

在特定的牌势里,弃杠舍牌可以迷惑对方,对自己有利。如图 5-82 所示,自己碰出绿发的刻子,手牌还有白板暗刻,红中一对,已是红中与8饼对杵,和红中是大三元。

图 5-82

这时,当别人打出一张白板,要不动声色,更不要开杠,其他三家就会以为你手中没有大牌,如若开杠,绿发和白板就暴露了,其他三家就会严防死守红中,阻止你做成三元大牌。同理,如果这张白板是你自己摸进的,也不开杠,而是忍痛割爱,把摸进的第4张白板毅然舍出,对各家是一种迷惑,没人会怀疑你有三元牌在手,会失去警惕打出红中,正中下怀,让你食和一铺大三元,顺利地做出一副难度很大的高番牌来。

3. 伺机行事,无险可杠

当后来摸进一张与自己碰出的刻子相同的牌时,是否亮出开杠,要视局势而定。如果判断别家听张很可能就是听这第4张牌时,只要你一开杠,别人便可抢杠和。只有在判断相对安全的情况下,才可以开杠,否则只有留在手里，伺机行事了。

开杠被抢杠的局面，不只限于数字牌，字牌开杠也应倍加小心，因为一旦有人做成全不靠或七星不靠，而已经听牌时，你所开杠的第四张牌，就被他抢和了。

4. 计算得失，有利可杠

当别人打出一张与自己手中暗刻相同的牌时，都会想开杠，要是自己门前已吃或碰了牌时，开杠是可以的。但如果是门前清的话，开杠与否就要认真考虑了。开杠只得1分，而门前清番分则是2分，开杠得不偿失。倘若下家打牌，开杠对己有利，等于多摸一张牌，开杠为上策。打成都麻将一般要积极开杠，不杠也要碰出做成四归一，这样在和牌后会增加番数。

5. 杠断中张，逼挤他家

与手牌无牵连的尖张，开杠后则可抑制各家；例如，开杠3或7，则使得相应花色的1、2和8、9被阻断联络了，从而抑制各家组牌的进程。中张牌杠出，也是对其他各家面子组合的一个打击，凡此种种，当然要开杠。

6. 听口变窄可不开杠

从听牌角度上看，有时开杠不如不开杠，例如手牌是"刻子带"的入听牌型，既可分解为两面听，也可分解为单钓将，当别家打出一张与自己刻子相同的牌，从和牌速度上来说，不杠为佳。如果杠出，听口变窄，增加了和牌的难度，在别家都有入听甚至是大入听的情况下，风险变得很大，不仅增大了杠上炮的风险，还降低了和牌的机会数。

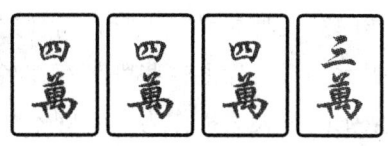

图 5-83

如图 5-83 所示，4万刻子带3万，形成了"刻子带"的入听牌型。如果此时4万被别家舍出，若杠断4万，就变成单钓3万，在分析牌势时可以估计，一家做暗七对，一家做全带么，这个3万很可能就在别家手牌中，要想再和牌，机会很渺茫，而且还承担杠上炮的风险。而如果不杠则入听2、5万带3万，就很可能先和牌。

但是,入听的牌张与刻子毫无关系的话,不应放过开杠的机会。开杠等于多一次摸牌机会,万一杠头牌是自己的入听牌,来个杠上开花,大大增加了番分,获得意想不到的"飞来福"。

四、麻将进阶战术思想

麻将蕴含中国古代哲学思想:鱼与熊掌不可兼得。做牌速度与番、机会数与番以及行牌的动态变化相关联。速度与番的大小往往是矛盾的,快速入听与做大番往往是不可兼得的。一手牌没有好的基础而硬做大番,势必延长入听时间。等你千辛万苦快做成大番的时候,别家早就和牌了。

在竞技麻将中,一家和牌该局结束,做再大的番而不能和牌又有何用。另外,机会数与番往往也是矛盾的,大番的组牌难度大,和牌不易。例如暗七对、成都麻将的大单钓,以及全带幺、将对等牌型,虽然这些牌的番数都较大,但在组牌过程中,组牌难度大,例如全带幺必须求进特定的牌张才能入听,这往往就减少了机会数,能顺利入听全靠运气,能和牌就更不容易了。

计算机会数都是理论上的,基于本家的牌面来计算的。我们知道,麻将不是一个人在玩,而是四方开战,牌局始终处于动态的变化过程中。在堂子里没有出现的牌,看似机会数很大,但客观来看可能是两种情况,即确实未现的牌在牌墙上,也有可能未现的牌已经在另外3家的手牌里。如果是第一种情况,自己摸进的机会就大。但是对于第二种情况,看似机会数大,实则机会数小。有时入听这样的宽入听如筋线入听,而且这几张听牌堂子里并没有现几张,看似机会数很大,但实际上这些牌都存在各家手牌里了,尤其是到了中局或残局阶段,生张的牌大家都作为危险牌不敢冒险打,理论上的宽入听的生张其实并不好和牌。恰恰相反,堂子里已现多张的熟张,看似机会数小,反而更容易和牌,因为大家都认为熟张风险不大了,容易舍出来。

(一)形式判断,用心观察

打麻将要做到眼观六路、耳听八方,注意力不能仅停留在自己的牌面上,要多用心去观察对手的表情、行牌情况,对各家舍入堂子内的牌以及舍牌顺序要有记忆,并判断对手牌进张的各种可能,要及早做好思想准备,碰什么牌、吃什么牌、杠什么牌事先想清楚,不要等到上家舍出该牌以后,再琢磨是否吃碰,稍一犹豫,就暴露了信息,使对手对你牌面的掌握更进一步。听牌以后要做好是否收炮食和的思想准备,避免到对手放炮时还犹豫不决。

时刻看清局势以及自己所处的境况。如果一家听牌,若我牌面好,属于一入听牌型,则不用太顾忌做大牌,即使放炮也可一试;若我牌面不好,则要有所顾忌。如果两家听牌,若我牌面好,则适当拆牌,但努力保持一入听的牌姿抓住机会报听;若我牌面不好,则宁可放弃做牌,确保不放炮。如果三家听牌,自己的牌面仍不好,则坚决放弃做牌,紧跟熟张行牌,千万不要火中取栗、刀尖上舔血。中盘时尽管各家尚未听牌,也要判断出哪位对手将最先听牌,将可能最先报听的人列为主要防范对象。

用心观察牌局变化,舍牌要舍到对方的痛点上。常采用的办法是消根断念、打断缺联。消根断念,是麻将中局阶段常采用的战术。如果有别家碰出的牌,此时我又摸进了这张牌,如果对自己无用处就要及时舍出,决不过手,所谓"消根不过夜"。一来避免对方入听了再听这张牌,造成"四归一"和牌加倍赔付的局面;二来及时舍出打断碰出牌张,使得该张牌两头的牌失去联络,增加了对方的废张,从而增加其组牌难度,延迟其入听。打断缺联与消根断念有异曲同工之妙。当某一张或几张牌已经打成熟张,此时我手牌上还有这几张牌搭子,倒不如选择留别的搭子,而主动拆打该牌搭,起到主动打断这牌张的作用。一旦打断该张牌,其周边的牌张的联络就成问题了,若对方摸不起对子,这些牌就成了死牌。有时喂牌也能起到打断连缺的效果。

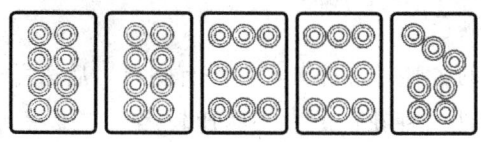

图 5-84

如图 5-84 所示,中局或残局阶段牌型,已经下 8、9 饼对杵入听,这时摸进 7 饼。牌面分析,他家极有可能也抓了 1 对 8 饼,而 9 饼已经现一张是熟张。此时若舍出 8 饼让别家碰出,那么剩余的一张独 8 饼在我这里,实际上另外一张 9 饼就失去联络了,由于 9 饼已经是熟张不可能成对,无论如何别

家也留不住,于是我舍8饼后6、9饼入听,9饼就成了"看得到的听口",也称"必杀听口"。这个拆8饼故意让别家碰的方法就称为"喂牌",从而起到打断连缺的作用。

(二)控制战术,紧盯三家

在竞技麻将中,一局中只会有一人获胜,你成为胜家的先决条件是对手不和,让对手不和的有效手段就是让对手迟听或不听,一旦对手上听局势就较难控制了。为了达到这个目的,各家会不谋而合地相互制约。在竞技麻将中,受你控制最直接的就是下家,下家听牌的快慢与上家的行牌方式息息相关。每人手中一共13张牌,只需1副将、1副搭子、3副朋组就构成听牌。吃一口牌就完成1组朋组,你让下家吃,相当于帮下家组牌,因此,牌局的中盘阶段上家必须以下家曾经舍出的牌为依据,尽己所能地压制下家。

1. 压制下家战术

(1)熟记下家曾舍过的牌

随着自己上手牌的变化尽量跟随下家舍牌,这是确保下家吃不了牌的最可靠方法。比如,下家舍出7饼,通常跟着舍出7、8、9饼中的任意一张都是比较稳妥的。

(2)学会猜牌

一局牌你不可能每张都跟着下家打,因此就要猜牌,确定哪些牌下家可能不会要,以此来决定牌的取舍。猜牌不可能是十拿九稳,但只要有根据的猜牌,就可以增加胜算。

(3)善于察言观色

某家对其上家的舍牌考虑许久,却没有吃碰,后来并未见他拆与此舍牌相近的搭子,说明他这种花色的牌必然比较多。字牌报碰,随后又说错了,必有另1对字牌。其他如2万喊碰而说"错了"的情况,推断其很可能是求碰1万或3万。如果某家摸入牌,表现懊恼和惋惜而换张舍出,说明很可能是需要回头张。听牌后接连舍出两张8条而遗憾万分的,很可能是听其他的单钓张。有些人按奈不住连说"打啥来啥",很可能还要吃自己曾经舍出的牌。比如下家拆舍边7饼的搭子,上一巡刚把8饼舍出,结果这一巡又摸进7

饼,气得直喊"倒霉,打啥来啥"。这时我猜出下家8饼打错了,下家留的是夹8饼的口子,那么在以后的出牌时我尽量不要舍出5、8饼。某家第7巡舍出8饼,第8巡摸进7饼后生气地舍出,说明他缺搭子,第9巡他摸进8饼后报听,可以推测他是靠张组搭听牌,求和6、9饼或嵌7饼。

(三)逻辑舍牌,灵活换口

根据手牌中一路牌中占有的数量来确定放炮概率的大小。若我手中某一类牌(比如2、5、8条)占的多,对手则占的少,对手很可能需要它,放炮的可能性会大一些。反之,我占的少,对手则占的多,对手很可能不缺它,放炮的可能性反而会小些。假设对手求和的是我手中占的较多的一类牌A,那么他自摸和牌的可能性较小,所以坚持不要舍出A,他也很难自摸和牌。假设对手求和的是我手中占的较少的一类牌B,那么他自摸和牌的可能性较大,所以即使我坚持不放炮,他也可能自摸和牌,倒不如我大胆舍出B,要么放他和牌,要么促使自己及早听牌。万一想贪自摸而弃和我的牌,则为我入听或和牌创造了机会。

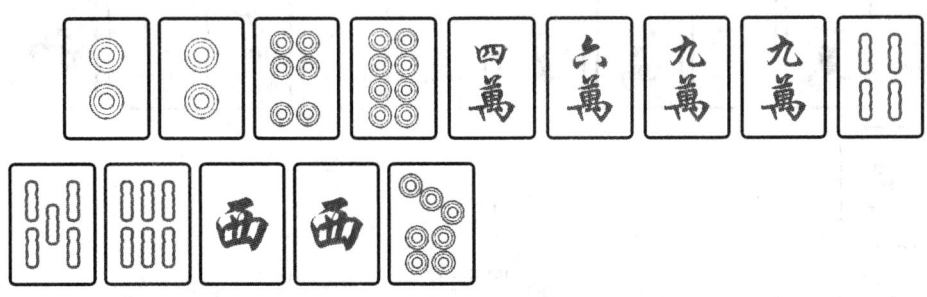

图 5-85

如图5-85所示,牌局至中局,若判定各家都未入听,但各家随时都有可能上听。由于堂子里有2张5万,因此决定舍出4万和6万,但是舍出的顺序很关键,因为一旦舍出这张牌让对手吃进后正好在这一巡听牌,另一张就很可能成为炮牌。由于自己占有6、9万3张,对手很可能缺少的就是6、9万,因此六万更加危险,先舍6万为宜。

若是判断有人听牌,一路熟的生孤张应该先舍。许多选手认为单钓、对杵的口子不好提防,即使偶然放炮也没有过多的遗憾,也不去反思放炮的原因。实际上及时总结经验教训，通过实战摸索规律，行牌过程中充分考虑对杵、单钓的可能性，一定程度上加以提防。如图5-86所示。

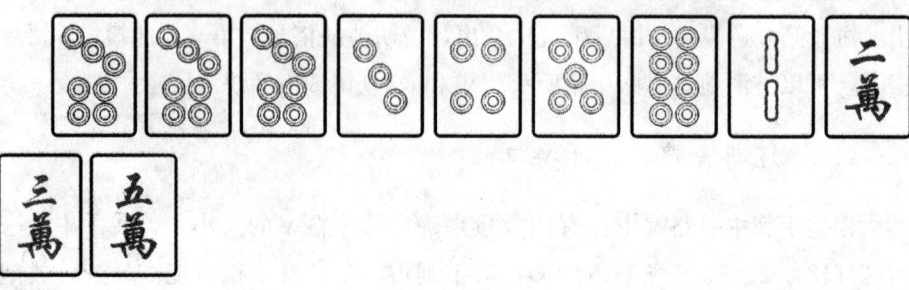

图 5-86

这一巡摸进5万。现在已经有两家报听，考虑从8饼和2条中挑选一张牌舍出。堂子内饼万和2条都是生张，但是5饼和5条均是熟张，鉴于7饼很早就已经碰出，8饼无依无靠，却堂子内不见，通过这种反常的迹象推测，很可能有人单钓或对杵，因此舍出2条。

当手牌较好时，要注意听口的转换。听口往往需要多次转换才能成为一个理想听口，这就需要牌手及早重视，精心设计和布局。

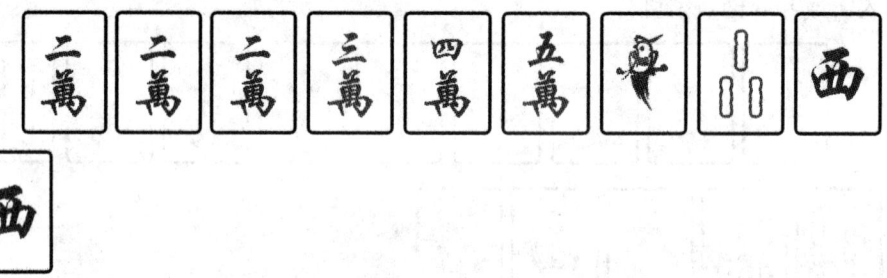

图 5-87

如图5-87所示，手牌已经听牌，求和嵌2条。此时对家舍出西风可以碰西风，改成单钓1条，此时很多选手会认为钓1条与嵌2条差不多，但是钓1条的高明之处是从长远考虑，此后若能摸进万字，尤其是低张万字，就形成了2万刻子的刻带入听。例如，一巡后摸进3万，舍出1条后手牌转换成刻子带多听口牌型，如图5-88所示。

图 5-88

此时求和 1、4、3、6 万,由原来的 1 个听口转换成 4 个听口,赢面增加不少。

听牌后不是一劳永逸的,要时刻注意局势的发展,推断对手的和牌范围。为了避免放炮,可以根据摸进的新张不时地变换听口。例如,牌局后期,手牌已上听和 2、5、8 条,如图 5-89 所示。

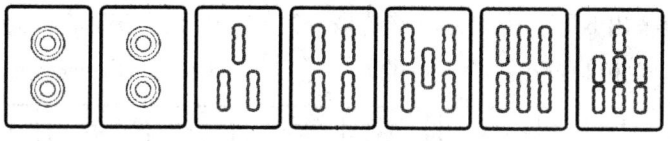

图 5-89

此时摸进生张 7 条,估计很可能是对手的和牌,自然不应该顺手舍出。安全起见,舍出熟张 3 条,求和 2 饼、7 条两对杙,如图 5-90 所示。

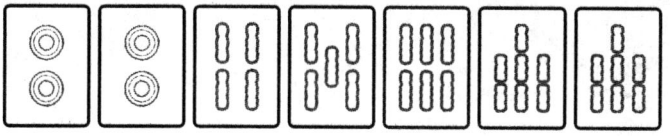

图 5-90

若后面再摸进 3 饼,在确保 2 饼安全的情况下,还可以舍掉一个 2 饼改换成听 1、4 饼,如图 5-91 所示。

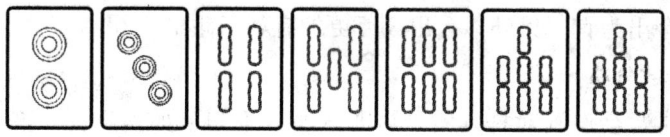

图 5-91

(四)机会分析,得失比较

一味地自顾自己做牌,往往等到对手听大牌时才惊慌失措。好牌才容易放炮,烂牌却很难放炮。一门心思琢磨着怎么和牌却时常招来放炮的厄运。

因此，只要接近中局，就努力保持手牌留有 1~2 张安全牌。但是如果手中的每张牌都或多或少地有用，可以将用处较小的牌舍出，留下风张作为安全牌。虽然一定程度上降低了听牌的可能性，却更大程度地减小了放炮的可能性，这就是正确地处理好得到与失去的关系。如图 5-92 所示：

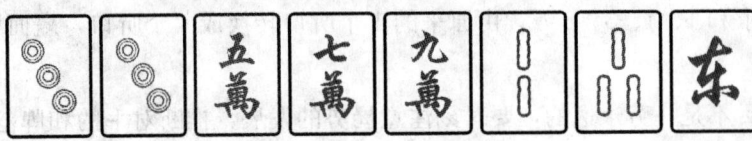

图 5-92

此时牌局已至中局，各家都未上听。观察牌堂子内的情况，有 2 张 6 万、1 张 5 万，此时应舍出 5 万。舍 5 万的弊端是丧失了摸进 6 万报听的机会，但是摸进 6 万的可能性相对较小；舍 5 万的好处是自己手中增加了一张安全牌。

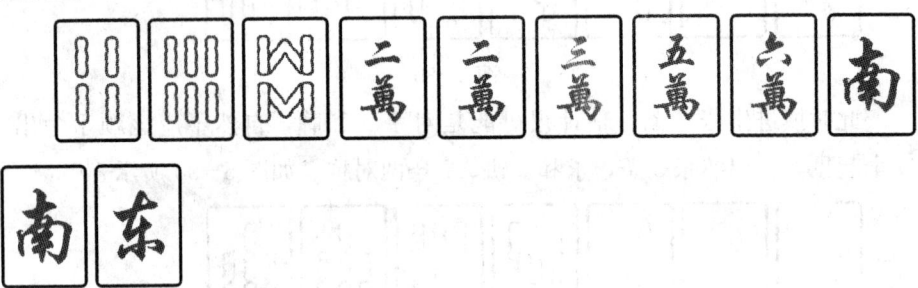

图 5-92

此时牌局已至中局，如图 5-92 所示，各家都未上听。观察牌堂子内的情况，有 3 张 1 万，可以留下东风舍出 3 万。理由是 1 万已经不多，而 4 万的口子与 5、6 万的两面搭重合，因此 3 万在做牌中的作用很小，却很可能是对手需要的牌，及早舍出为宜。另外，舍出 3 万更加有利于碰出 2 万。

1. 和牌机会数分析

在实战中，常常会遇到对杵入听与嵌张入听，不知道如何选择。嵌张听的待牌机会张数是 4 张，两对杵的待牌机会张数也是 4 张，因此自摸和牌的机会是均等的，但是在收炮的机会上则不相同。以对杵 3 万为例，如果摸进 1 万，是继续听 3 万对杵还是舍 3 万听嵌 2 万呢？

（1）假设听 3 万对杵时，此时牌已过几巡，各家手中占有其中 2~3 张万子是很正常的。而自己就占了 2 张 3 万，另外三家缺 3 万也是正常的，所以指望对手舍出3万未免有些太一厢情愿了。

（2）假设摸1万后舍出一张3万，听嵌2万，若另外2张3万分别在对手手中，并且别家这2张3万旁边均贴着2万，那么仍然有2张2万无依无靠而成为闲牌（不考虑2万做对子或刻子的情况），那么对手舍出2张多余2万的可能性是很大的。

由此推断，嵌张听要好于两对杵，看来"对杵不如一嵌"是有一定道理的。对杵的牌型自己将某张牌占有了2张，使得这张牌的稀缺性（组牌的价值以及能否有其他牌张替代的程度）愈大，对手舍出的可能性则愈小，牌的稀缺性决定了牌舍出的可能性。

以此推理，面对一些对别家没有任何利用价值的牌，听对杵则容易有人放炮。比如4条、6条都成明杠，那么5条失去依靠，对杵5条则容易和出。再比如东风、西风两对杵，东风、西风在对手手中没有任何利用价值，舍出的可能性很大。

（五）未雨绸缪，声东击西

俗话说人无远虑必有近忧。牌至中局还无人听牌，但此时已经需要适当地为后盘战期做准备工作，防止将来放炮。

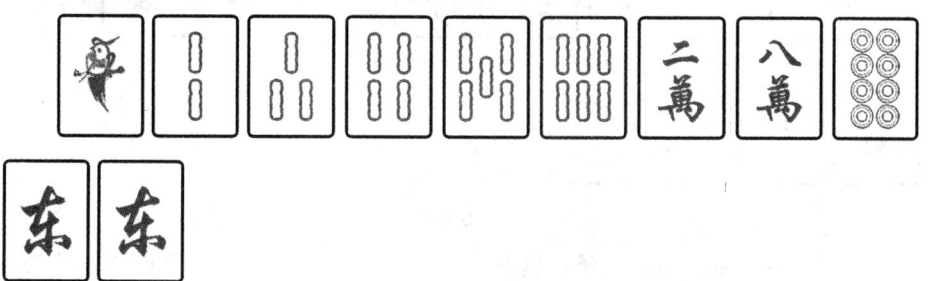

图 5-94

如图5-94所示，此时堂子内有1张8万和1张8饼，8万为上家舍出，8饼为对家舍出，而对家手牌估计较好，吃牌也顺利，预计对家很快入听，对家是短期提防的对象。因此舍出8万，留下8饼。后期对家首先听牌，可以再舍8饼，给自己留有余地。

麻将高手在行牌时会努力盯住下家、使出浑身解数不让下家吃牌。因此，想吃上家的舍牌通常很困难，而且对手水平越高，吃牌变得越困难。这就要求我们运用一定的技巧，以达到吃入上家舍牌的目的。麻将高手通常善于从对手的舍牌中来判断听牌的范围。因此，在舍牌时布置陷阱，将两张同类数字牌依次舍出，给人以拆舍面子的错觉。

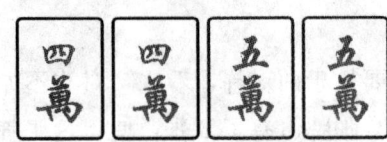

图 5-95

相反，手牌中正好需要一张能够吻合这对舍弃面子的牌。如图 5-95 所示，手牌 4 万与 5 万是对子，碰出困难，这时可以依次舍出 4 万和 5 万，听口为 3、6 万。由于连续拆出了 4、5 万，别家判断你不需要 3、6 万。这种待牌战术在他人看来，产生了安全感，并据此舍出，企图借此控制下家，结果轻而易举地被引诱舍出，成功给自己供牌或放炮。

1. 迷惑上家的技法

在舍牌次序上，应先舍与搭子接近的中张闲牌。如图 5-96 所示：

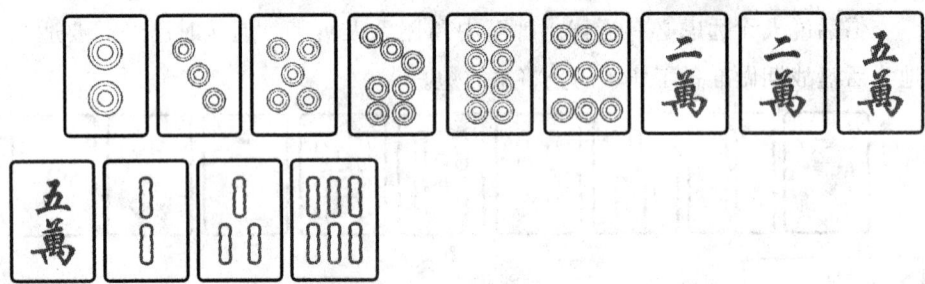

图 5-96

如手中有闲张 5 饼、6 条，这时应当先舍出 5 饼，给上家以错觉，认为 5 饼无用，那么 4 饼他应该不会吃。

在做牌的过程中，对于牌的取舍，不要追求面面俱到。适当地放弃部分上牌的机会，反而会增加吃牌的机会。如图 5-97 所示。

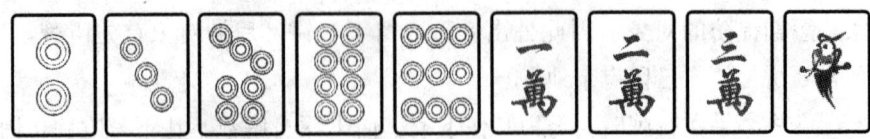

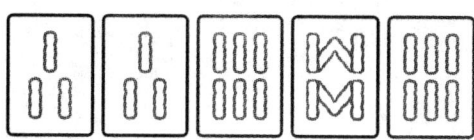

图 5-97

手中有 6、8 条，此时摸进 9 条，观察堂子内 4 条已经有三张，那么即使以后能够上手 5 条，4 条最多还剩 1 张，就这局来说，5、6 条两面搭与 8、9 条边搭在实际功效上是近似相等的。这种情况下，为了迷惑上家，可以舍出 6 条，上家看我不要 6 条，推测 7 条是无用的牌，舍出 7 条正好供我 8、9 条吃听。当然假若上家手牌并无 7 条，而我后来又陆续摸进 5 条、4 条，应该以平常心看待，麻将就是这样有得有失，关键要看战术是否正确。

如果你要吃饼子、条子，当上家舍出 4 万时，你佯装出欲吃 4 万的样子，上家会疑心你要吃 2、3 或 5、6 万，于是留住万子不敢舍出，挑选饼子、条子舍出，通过这种声东击西的计策可达到吃牌的目的。

倘若准备拆搭或拆对，应在舍牌之前事先将两张牌东西分开，避免舍去头张，别人便知你下巡将舍什么牌。如图 5-98 所示。

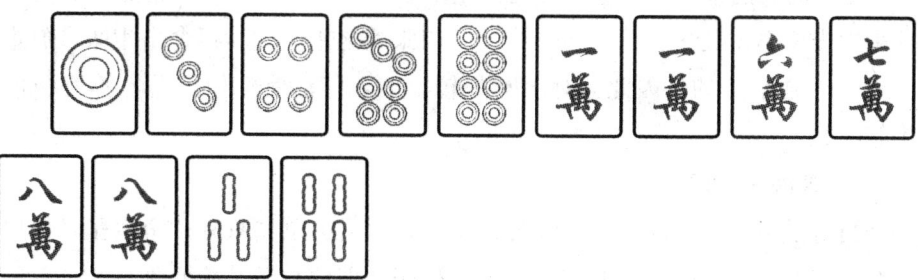

图 5-98

对手一看便知，你手中还有饼子 1 搭，且在 3～6 之间。正是这个原因，乱牌技术应运而生。但我认为大可不必因噎废食，其实只要事先略微调整即可，如图 5-99 所示：

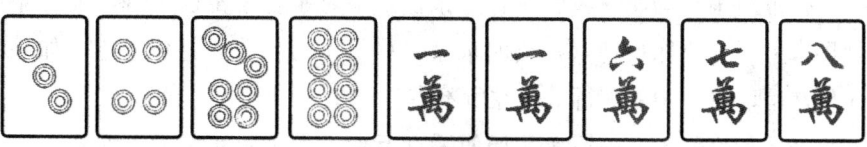

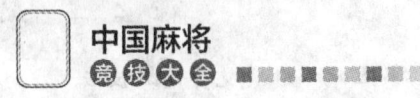

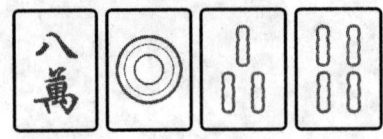

图 5-99

（六）先单可闯，隔巡忌生

闯就是冒险突围，也称"冲"。闯有赌的意味在里面，一般来说，闯的原则是"先闯后不闯"、"单闯三不闯"。

1. 先闯后不闯

假设牌局中有一名对手率先听牌，在其听牌之初，我们对其和牌的猜测是一个很大的范围，既可能是这张牌也可能是那张牌，几乎是每一张牌都有可能放炮。此时的生张看似危险，舍出去放炮的可能性却很小，毕竟对手求和的只是众多牌张中的一两张牌。因此，若自己欲和牌，在对手听牌之初，闯生张可以大胆一些。

随着时间的推移，牌堂内牌的数量增多，生张越来越少，猜测其和牌的范围逐步缩小，最终能锁定在具体的三四张牌之中，此时再舍出生张，放炮的可能性是很大的。因此，对手听牌较早时，打法宜谨慎一些，不宜再闯生张。

2. 单闯三不闯

当对手听牌后，常有闯生张之必要。假设手中总共只有一个生张，可以勇敢一闯；假设手中总共有三个以上的生张，即使自己猜牌水平很高，料定这三张牌的风险都不大，也不能闯，因为三个风险小的牌合到一起，就是高风险了。不能总是期待偶然成功，偶然多了就是必然，连闯几次自然被听家拿下。因此，单张可以闯，三张以上就不要闯了。

行牌至中后局，一般要忌打生张。如果对手各家都已听牌，而你手中的牌还未上听，要保持冷静，委曲求全，尽量不打生张，避免放炮。如果和牌无望，可以将手中的牌拆散也在所不惜。

隔巡如生张。在中后盘，局面瞬息万变，一个熟张牌 A，在这一巡中不是炮牌，此时若增加了一家报听，牌 A 也许就成为炮牌，那么在下一巡中牌

A 只能作为一个生张看待。比如上家打张 5 条，并无人和出，轮到对面一家打牌的时候，虽然也是 5 条，下家和出了。原因是本来听嵌 2 条，一巡中摸进 4 条，就改入听 2、5 条了。特别是在推倒和的打法中，没有番数限制凑拢即和，当牌局进入后期，各家手牌不停变化，行牌经过一巡，以前的安全牌就未必安全了。

第六章

麻将竞技中的心理战术运用

人的心理是客观现实在人脑中的反映。人的一切活动都产生着心理活动。麻将竞技中也不例外。比赛不仅是参赛者体力,道德水平,智力、技术、战术的较量,而且是参赛者心理状态的全面较量。运动员顽强的斗志,必胜信心,稳定的心理状态是其胜利的重要保证。正确运用心理战术,在规则允许的范围内,将人的感觉,记忆,思维运用到实战中去,以取得最后的胜利,是麻将竞技者应该具备的一项基本技能。

麻将竞技中,除开技术和运气因素,还有心理因素和心理战术。首先应做到知人,知牌,知牌势。

1. 知人

孙子兵法讲"知己知彼,百战不殆"。通过打麻将可以了解对手的能力和特点,如会不会扣牌,事先了解对方的牌风后,可以根据他的习惯出牌。

2. 知牌

"打牌若没底,神仙也得输。"打麻将时,光记牌还没用,还得根据对手所打出的牌而判断他需要什么牌来碰,和哪张牌。你才不会轻易打出牌让对方碰,也不会轻易放炮。

3. 知牌势

如果手气好,几盘下来都是自摸或和牌;手气不好,每盘都是不顺的牌,还不容易听和。因此，如果你手气好，千万要低调并保持平和心态，这样好运才能一直相伴。手气不好，想办法先不打，让朋友代打几盘。因为每个人打法不一样，所以是有可能改变牌势的。

一、麻将选手的心理素质

麻将竞技场上没有盟友，四人角逐，其他三个人都是对手。打麻将是在半明半暗、或明或暗的情况下进行的，只能看到自己的牌和桌上已经打出的牌，各人都只能掌握一部分牌况。打牌时就需要不断地进行推理分析、猜测判断，这就包含着复杂的心理因素。

（一）研究麻将竞技心理活动是全新的课题

1. 探讨心理因素如何影响麻将选手的表现

通过研究与学习麻将竞技心理理论和方法，可以调节情绪，提高自信，创造一种良好的心理状态。选手临场发挥出最佳的技术水平，以达到最好的实战成绩。研究发现，只是强调技巧和运气这是不够的。要想取得最好的成绩，必须重视麻将选手心理问题。高水平选手的行为本质上是一种心理行为，高级运动行为的控制，在很大程度上依赖于心理素质。

2. 研究如何影响麻将选手的心理发展变化

从麻将竞赛的角度讲，研究和学习麻将竞技心理理论和方法有助于提高竞赛的成绩。麻将竞赛不仅是体力、精力、技术方面的竞争，更是心理方面的较量。当麻将竞技选手在技术、体力等方面相差无几时，比赛中心理因素则起着相当大甚至是决定性的作用。注意力集中，情绪稳定，思维敏捷，良好的心理状态是取得好成绩的基本保证。

3. 麻将选手的心理现象

（1）心理过程：是指人每时每刻都在发现、发展和变化的心理活动过程。传统上把心理过程分为认识、情感和意志三种过程。

（2）心理状态：是指人在特定时间内，特定情境中心理活动的特点。人的任何活动都离不开特定的时间和场合，心理活动也是如此。

(3) 个性：指个体具有一定倾向性的比较稳定的心理特征的总和，个性体现了人与人在心理上的差异。

心理过程、心理状态和个性三者各不相同，但又相互关联、相互依存、相互渗透、相互影响。

当代人具有追求、尝试、挑战、冒险、成功，依靠努力和拼搏赢得胜利、超越现状的心理倾向。麻将竞技的特点迎合了人们这种心理倾向，使得许多人对麻将运动抱有浓厚的兴趣，积极参与其中。

在当今社会中，人们追求生活质量和新的生活方式，追求健康，愉快，闲暇时间的充实丰富。人们一方面竭尽全力去工作、去奋斗、去获得；另一方面随心所欲的去享受、去娱乐、去消费，麻将竞技满足了人们的这种愿望，根据个人爱好参与麻将竞技是现代社会中人提高生活质量的一种选择。

4. 麻将高手的心理素质

稳定的注意力、深刻的理解力、持久的记忆力、维持动机、控制情绪、能够抑制需要、敏锐的感觉、良好的心理状态、丰富的技巧和强健的体魄等等。

（二）麻将玩的是心态和文化

麻将是中国独创的游戏和文化。在国内，麻将的地区性也极强，不同的地区有不同的玩法和规则。

现代社会，随着高科技电动麻将机和电子竞技麻将、QQ麻将、手机麻将等项目的创新，让麻将的民族性、地区性与简化性更具特色，并带来了商机。麻将作为娱乐经济的一个重要产业，发展迅猛。无论是机麻，还是手麻，都具有一个重要的特点，即玩的是一个心态，玩的是一种文化。

1. 以我为本的心态

麻将高手打麻将的原则是盯着上家，堵着下家，防着对家，一看自己和不了就干脆压牌，让别人也和不了。打法就是取我所用，为我所用，有用则留，无用则去之，一切以我为中心，以我为本。而这种以我为本的心态，只要细心观察，从麻将选手的表情、神态就可以一目了然。麻将魅力所在，是每当取牌时就是想摸理想中的牌，此次摸不到，还有下一次，总是以一种期望的心态，而打出去的牌总是以不点炮为原则，或偶而点个小炮，那么他的心态，仍然是和大牌的心理期望，一次又一次，各人都有自己小算盘。上半场败了，寄希望于下半场夺回来。麻将选手都有自己的小算计，每个人的心态都极为复杂，旁人是难以预测的。但有好友在自己身边观战者，当然希望他的好友取胜。这种心态，同样是以我和我的好友取胜作为原则，绝不希望对手取胜的心理活动。这种玩麻将的心理，深层次讲是麻将特有的文化背景上打造的以我为本的心理特征。

2. 和为贵的文化境界

人的心理活动是动态的，有情感性的，有理性型的，有开放性的，有封闭性的，有发散性的。有的人和了大牌，就高兴激动地跳起来，有的人则不言不语，只是心情高兴，而不喜形于色。所以麻将桌上可以用"严肃、紧张"四个字概括选手的心理活动，和大牌高兴的紧张，放大炮心痛的紧张，都想和大牌，少放炮尤其少放大炮。在做牌的过程中，各自考虑上牌或成牌的组合，将中国人的喜怒哀乐文化可以说体现得淋漓尽致。"心想事成"是每一个麻将选手的心理期待，感觉手气好时，确实心想事成。手气不好时，心想则事不成；不少人都有喜欢做大牌的心理需求，但也有不少人是以小胜、和小牌跑的快，小富即安的小农心理。

麻将桌上的四个人，每个人的心理活动是不同的，在表面上都显得严肃有余，活泼不足，心态都不平静，如果打麻将的人心态好，可以得到快乐、开心，反之如果心态不好或过于紧张，身体玩出事儿的也不少。更有的麻友不顾运动极限，连续几天昼夜作战，必会劳其筋骨，伤其身体；更有甚者摸到一张好牌，高兴地大叫一声和了后心脏骤停或脑溢血就魂归西天。更有不法商人为得到高额暴利，打业务麻将也屡见不鲜。我们倡导的是健康麻将，打麻将作为一种工作之余的休闲方式，麻将玩的是一种心态，是一种乐趣，家人或朋友之间为了调整心态，比如看到谁总是和不了牌时，有意点炮使和牌的人高兴、开心。可以提议相互换换位置再打，即使这种方法也不一定奏效，但被让的人心里也会释然，这就是一种和为贵的文化境界。

(三) 打麻将时的心理表现

1. 性格

在麻将竞技中，性格有很大的作用。有些人一味逞强，该守不守，该退不退，一味进攻。必遭失败。有的人胆怯畏缩，坐失良机，最好是不急不躁，不恼不火，冷静沉着的性格。

2. 感觉

指第六感。指一个人是否有敏锐的判断力或冷峻的直觉力。可以判断麻友们是否已听牌，从而决定自己应该听哪一类牌才容易"和牌"。

3. 天赋

指有的人打麻将具天赋，容易掌握麻将技艺。

4. 毅力

与性格有关，指即使遇到再大的噩运，具有不焦急，不悲观，不乱方寸的忍耐力。相反，有的人稍遇挫折便心灰意冷、丧失信心。

5. 斗志

顽强的斗志让一场竞赛光彩夺目，否则便死气沉沉了，但是斗志不可与杀气混淆。

6. 体力

指健康状态。打麻将时身体疲劳或睡眠不足，体力不济将影响情绪与精力，直接导致倒运。

7. 埋怨

打错牌后有的人会发出"哎呀"的埋怨声音，或把牌重重地打入牌池里。

8. 不合理引诱

牌品不高的人，有时会采取语言来获取自己需要的牌，或向某牌友传递信息。对这种做法要注意观察，一经发现要坚决禁止，否则有失公允。

9. 神色紧张

大多是手中有大牌，还差一两张进牌就可以听张，所以他特别留心旁家打出的牌。当对家或下家打出他急需要的牌时，会显得焦虑，有的甚至声色俱露。

第六章 麻将竞技中的心理战术运用

10. 犹豫

在吃牌、碰牌时，要思考很久才能决定取舍。由此可以推测一是他手中有与这张牌相关、相邻的牌，二是手中同色牌比较多，有做清一色或混一色的可能。

11. 悠然自得

多数情况是因为进牌顺手，而且已经听牌，但和牌后得分不多，表现出事不关己的样子。

12. 烦躁

当组牌不顺手，刚打出去的牌又摸进来。或拆了嵌搭，又进嵌张。想要的牌就是进不来，而且失分比较多。想做大牌手气不顺时，此种表情更甚。

13. 冷峻

多是打牌高手，喜怒哀乐不明，叫人捉摸不定，对这种人只要细心观察也会让其露馅。

二、打麻将如何运用心理战术技巧

（一）何谓麻将的心理战术

麻将的心理战术，就是在牌战中运用大脑机能进行斗智斗勇的一种方法。即在麻将规则允许的范围内，通过人的感觉、记忆、思维、判断、预估等行为，融会贯通到技巧中去，并采用虚虚实实、以假乱真、欲擒故纵、遮人耳目等手法制造假象，设置疑阵，诱使别家对牌况产生错觉，打错牌张，钻入牌圈，无法听牌或不能和牌，从而使自己能够获胜。

心理战术在麻将牌战中的运用是相当广泛普遍的，可以说无时不有、无处不在，小到开局理牌、排牌，大到听张时的"临门一脚"。心理战术总是呈现出旺盛的生命力和强大的战斗力。打麻将牌的胜负取决于参赛人的心理状态。因为，每轮到自己打牌的时候，打什么牌，总是会受到心理支配的。为此，在打牌的进程中，除了把自己的牌理顺做好，还需要斗智，使其他三家对你判断失误来达到克敌制胜的效果。当你出了几轮牌后，就应根据自己持有的牌的情况进行判断，如果确无希望和牌，便可利用听了牌有三多三少表现的特点，给人一种已经听牌的感觉。由于这样，不仅可使另外三家急于求成，降低标准。有时甚至可使他们持生张在手也不敢打，直至完全丧失和牌的能力。

中国有个成语叫"兵不厌诈"，充分说明了心理战术在战争、军事上的重要作用。在麻将竞技中，善于运用心理战术，也会取得优势。

打麻将时也需要不断地根据自己摸上手的每一张牌和另外三家杠、碰、吃及打出的牌而随时进行推理分析、判断，评估局面，这就包含着非常复杂的心理因素，为心理战术的运用提供了战场。

为了迷惑上家，打第一手牌时，首先打出一张你要做的花色的牌，然后接着打字牌。这样做，上家会错误地认为你没有那种花色的牌。待他明白过来却为时已晚，也没有再留这种花色牌的可能了。为了达到这个目的，开始他打出的一张，你本来可以吃却不吃，到了他留不住这种花色的牌时，你就不愁吃不到他的牌了。

根据心理战术的要求，做对子和时，一般不留靠张，但靠张极易摸来成对时例外。假如你有一对6条与一张5条，便可先将5条打出，其他三家看你打过5条，会认为你是不需要6条的，这便增加了你碰6条的可能性。相反，等到你听牌时才打出5条，则给人以信息，使其他三家能判断你听5条的靠张6条。

要争取吃上家的牌，仍需运用心理战术。手中持有2万跟3万，5万跟6万（饼、条也同理），意味着需要1、4、7万。反过来说，你打出一张4万，就会给人以不需要1万跟7万的错觉。当你手中持有4、6、8万时，你就先打出一张4万，会起到诱使上家毫无顾忌地打出7万的作用。你若持有1、3、5条，你就打出5条，另外三家就容易打出2条来。你若持有3、5、7饼，你可以先打一张7饼或一张3饼，这样，你吃4饼或6饼，和4饼或6饼的可能性便增加了。请注意一个"先"字，不要等到你听牌时才这么打，那样就会传给另外三家你听什么牌的信息了。

由于持有四风、三元对子的牌家，往往会趋向于做混一色，故打出的牌，通常是饼、条、万某一种花色或两种花色的牌，这种规律，通常叫做"要风不打风"。但你却可反其道而行之，一开始你就打风，给人以手上无四风、三元对子的错觉，从而有利于你碰到持有的风的对子。

（二）如何察言观色

是防骗的一种观察法。打麻将要注意观察牌友的言行和表情，从中去分析虚实。打牌者对于自己手中牌的好坏，或多或少要反映在自己的言语、行动或神态上，其他三家可以从中推侧其组牌的进展等。通过察言观色，具体从以下几方面去捕捉信息。

1. 对赢家称赞

一定要拼命称赞，让对方在飘飘然的状态下形成失误，为自己赢得机会。而自己一方呢，尽量记住出牌和自己砌牌的内容，这实际上扩展了自己对牌况的了解。

2. 平和的心态

手顺时，需要戒骄戒躁；手不顺了，要能沉得住气，克服"手气"不顺带来的影响。打麻将的过程中，"手气"至关重要，却很难控制，良好的心态可以将手气的影响降至最低。有经验的麻坛高手无一不是心态极佳者，无论牌局输赢，无论手气好不好，他们都能保持一种平和的心态。

3. 制造假象

难度最大，但也最重要，打牌的所有技巧都和伪装的能力有关。如果在打牌过程中需要某张牌的时候，一定要制造出你不需要的假象。

（三）如何转运

1. 换位置

打麻将输的人，往往会有些神经质的"迷信"，想尽各种办法来扭转"时运"。经常赢的人和经常输的人，都会认为与自己的位置有关，输家就会要求重新更换位置。

2. 换人

牌局中常说换人如换刀。输家常先由自己同伴先打，然后再换自己，如果同伴不能赢，就换回自己打，赢的话就让他继续打。有的人担心抽不开身，

就想出了各种各样的办法。

3. 赊账

有的人明明有筹码，偏偏要向麻友赊账或借贷，这种方式也是"心理战术"，给自己一个安慰，想让对手心有顾虑，从而扭转局面。

以上三种情况都必须与牌友协商，在征得大家同意的前提下进行，否则会影响大家的感情。

三、打麻将时该如何调整心态

（一）读牌环节

为什么麻将高手几乎每次总是赢多输少呢？难道有什么特殊手段么？其实不然。而是他们能够把握打麻将中的一个非常重要的读牌环节。

1. 何谓读牌

就是读懂已经出在牌堂子里的牌。其实，每个玩家在牌局开始起牌时，除非运气特别好的情况，大部分人起手的牌都差不多。而麻将高手能够通过读牌堂子里的牌不断调整自己的和牌策略，做到能攻善守。

打麻将要尽快吃或碰到别人打的牌，使自己的牌凑整成和。同时又要防止自己打出的牌让别人吃碰使之成和。麻将高手往往都是在打麻将的细节上拿捏得比别人精确，只需要看看上下家打出的牌，就基本能判断出上下家的牌路。比如说麻将高手如果通过读牌堂子里的牌判断出有人在做清一色（如"万"字），这个时候自己手里万字牌自然成组的概率就不大了，这时候拆万搭的话，他们就会控制自己的出牌，多打熟张，少打生张，预防点炮。

2. 读牌的目的

判断自己将要打出的牌已经在牌堂子里出现过没有，或者说读出别人出的哪些牌。判断出他们要什么牌，不要什么牌。然后自己权衡利弊斟酌出牌，千万不可太过追求输赢失掉心境。

（二）如何调整心态

牌局后期，参赛者的自我心理状态调整很重要。具体注意掌握以下几点：

1. 放松情绪

打牌时不要惊慌失措，怕这又怕那的。打牌往往是越急越差，很容易失去和牌机会。

2. 不要每局都想和

3. 关键时刻沉着

终盘阶段"防大不防小"，这也是技巧。

打麻将总是在希望与失望中展开，起起伏伏的牌势变化，必然要刺激参赛者的感观，心理的各种变化，往往会通过言行、表情等显现出来。应察言观色，可以帮助洞察实情。

（三）如何提高麻将素养

打麻将最重要的就是心态，心态最好的表现就是心平气和，所以想打好麻将就要好好修炼自己的心态。麻将选手应修炼的心态：

1. 时间观念强、守时守信
2. 自觉性强，积极主动
3. 不挑工作环境，不计较条件
4. 不讲待遇、排场
5. 勤奋敬业
6. 不浪费时间
7. 不推托责任
8. 反省自己的原因，不为失败找理由
9. 打麻将应有三专

（1）专心：一旦上了牌桌就全神贯注，最烦别人问事、打岔。这时无论谁和他说什么只要是与打麻将无关的事，他都像没听见似的，且都会说："急什么，等打完这把再说"。

（2）专业：码牌不用数俩六一个五，骰子打出的点二、六、十过，下家先抓牌；三、七、十一穿，对家先抓；四、八抗，上家先抓；五在手，打骰人先抓；十二也是上家先抓。真是做到了复杂的事情简单化、程序化，一学就会便于掌握和操作。

(3) 专研：打麻将的人大都会用手摸牌，不用看用手一摸就知道这张牌是什么。怎么能摸出8万？用大姆指推往两边撇中间空档就是8万。那9万呢？撇过去往上这么一勾就是9万……

10. 创新

有击鼓骂曹、王八戴眼镜、横滚八的"混"，现在又有摸宝、宝中宝、明杠、暗杠、带喜、上听吃三家……

11. 肯投入

想要个击鼓骂曹，要扔"河"里几个码，要不然其他三家不认同。要赢就要先投资。敢于投入时间和金钱、敢于投入勇气。

12. 不忘民族恨

创新麻将中有"枪毙东条"为顺子，没它不能和。这是一些老牌手在"二战"后创造的，是对日本战犯东条英机的憎恨。"击鼓骂曹"是指三国时期倪衡裸身击鼓对汉贼曹操的讽刺和辱骂。

13. 动脑筋讲战术

盯上家，看下家，防对家。那张牌还有几张，都在谁的手里，自己怎么留，打什么都记得。

14. 善于观察

自己这把牌没指望和、没把握往外打时，要看谁的和最小，找出最佳方案，争取尽量少输点。

15. 换位思考

自己多圈不和时，不能强迫要求与别人换位置。

16. 永不言败

17. 铁面无私

父子或哥们儿同在一个牌桌上，谁也不相让，打出牌不许悔，输赢要兑现，"父子哥们儿明算账"。

18. 互相帮助

谁的牌谁码，绝不推诿偷懒；如一个人去厕所，主动帮助别人码牌。

四、麻将心理战术应用

把学术理论研究的成果和方法应用于麻将竞技中，是麻将高手能够保持"常胜不败"的奥秘。

（一）概率推算

根据牌友打出的牌推算对方牌型：对方要哪张牌，哪张牌打出去会放炮和点杠，都要心中有数。

如有人打出一张 2 条，对家出现了明显的迟疑神态。说明他手中至少有一对 2 条，他在犹豫要不要碰，碰了会改变他的牌型。

根据牌友打出的牌和不要的牌，判断自己哪张牌容易"放炮"。实践表明打麻将一定要善于换听，通过换听的方式来提升自己和牌的几率，也可以让对方猜不透自己的牌型。

（二）博彩学

根据输赢调整打牌的策略，很多打麻将的人都会有一种惯性，如果赢了，就总觉得自己手气好，赢了之后越做越大，最后一把输光。有的人输了就会产生'破罐子破摔'的心理。培养正确的打麻将输赢心态，与博彩学有关。

如果手气好，赢了不少局，之后的牌局就要稳扎稳打，不要一味做大牌，和小牌也可，保持胜局。若是前面输得多，不要自暴自弃，输牌带来的不良情绪会影响发挥，输得更多。

（三）心理学

要学会用"诱骗战术"，打麻将讲究自信的气场，给予对手压力，可以增加赢牌的机会。

不能让牌友们看透自己的牌型。当起手牌很好而打算做一个大番时，在这样的情况下，就不能贪一小番而暴露了自己的牌型。

五、猜牌技术

（一）根据眼神猜牌

单凭对方的舍牌来推测手牌决非易事。而用目光的瞥动来加以弥补，不难推测出他手牌的动态。如别人打出的牌有你要的，或与你的手牌相关，有人会不自觉地看手牌，而出现一瞬间的暂停动作。如果与你的手牌完全无关，则会不屑一顾地去摸牌。

（二）推理猜牌法

推理就是把已知的知识用于判断，以已知的判断为前提，求出作为结论的新的判断的思维过程，这种思维的方法就是推理方法。推理是探索感官所不能直接认识的事物（如别人手中的牌无法看到）的真实情况的方法。

猜牌必须从这些初步概念起步，否则，猜牌就无法做到准确，更谈不上将猜牌上升到更高的层次。

例1. 在牌堂子中，白板见了三张，那么你手上还有一张白板，肯定没有人要。这虽是一个极为浅显的例子，然而却蕴含着猜牌的基本思维方法。还可从下面这个例子来推论：如8饼见三，9饼见一，而你手里的7、8饼所待6、9饼的搭子，必然极容易吃进或和出。也就是说，可能出8饼，而9饼就成了失去连络的孤张牌，所以搭子除对子外，一般人自然会舍掉的。

例2. 牌堂子内没有出现5、6万中张，则4、7万必然成为人家容易吃进或和出的危险牌，这种现象是极为普通的。但是，有人常常因为忽略了这种现象而导致失误。以为8饼见三就切出饼饼，等于把上好之机会丢掉了。倘若留下8饼配7饼搭子，毫无疑问，别人的饼饼一定会打给你。又如5、6万很少见，但1万出现了多张，你把4万当同一线筋牌打出的话，当然就要上当了。

例3. 已知四张7万亮出两张，自己手中有两张，5万亮出三张，因为组成顺子必须用三张数字连续的牌，所以别人再要组成7、8、9万顺子已不可能，除非自己打出7万；另外，组成4、5、6万顺子的可能性也很小。

例4. 数字牌中的条子和饼子、万子各有36张，有人做条子一色，已亮出21张（其中包括欲做"清一色"者所亮出的牌张），自己手中有6张，共计27张，还有9张未露面。按照牌的分布概率推测，尾部的20张王牌中至少有3张以上，其余二家有可能有条子、顺子或暗坎，那么剩下的条子就只有3—6张了，做条子"清一色"那一家成牌的可能性就很小，经过分析后就很可能会改做其他和了。

（三）演绎猜牌法

根据已知的一般原理，推知某个从属于该类事物的特殊情况的推理方法，演绎方法着重从普遍性真理推出特殊规律。

例1. 任何碰坎都须由3张同样的牌组成，7条已亮出2张，所以，打出这张7条决不会有人碰。

例2. 4连张是两面听的牌型，对家手中有4连张，所以对家是在双吊将。

例3. 做"清一色"必须是同一色牌的组合，下家打出了文字牌、条子与饼子，但一张万子也不打出，且吃了一顺万子，下家只要万子，可以推测他是在做万子"清一色"。

（四）归纳猜牌法

从对个别事物的考察中，抽象出其中的一般性规律，然后概括到同类事物上，并从而断定，这是由个别事物中抽象出来的规律，也是该类事物的共同规律，这种从个性中寻找共性的推理方法，称为归纳方法。

例1. 如某家听牌时打出了8条，按组牌成顺子的常规推理，他拆的是搭，即6、8嵌搭或是8、9边搭，7、8两面搭子的可能性极小，所以这一家极可能是吊6条或9条的将牌。这种推理运用到饼子和万子也是合理的，于是得出听牌时打出8，谨防6、9吊将。

推测牌的常用方法是运用归纳方法推理出来的，如：先打9，后打8，谨防4、7（可能有5、6搭子）。归纳方法有以下几种：

1. 求同方法

是因果关系归纳方法的一种，在考察某一现象 A 的若干特殊情况 A1、A2、A3……时，如果发现其中有一个因素 P 普遍存在，那么 P 就是导致 A 的原因，这种归纳方法称之为求同方法。

2. 存异方法

在考察 A、B、C 等现象时，发现这些现象中都有 Q、R 等情况，而现象 A 中还有另一种情况 P 存在，即 P 为 A 所独有，B、C 均无，则 P 为导致 A 的原因。这种归纳方法，称之为存异方法。

例1：多家听牌后冒险打出生张，手中必有大牌。在有 2 家或 3 家听牌时，有人突然打出一张容易被人吃进或和牌的牌，根据一般常规猜测有几种可能：

（1）有意放"炮"，让某家和牌，不属于这种情况。

（2）初学者毫无打牌经验。不属于这种情况。

（3）刚听牌，且听的是小番牌，对于有一定经验的打牌者也不会这样做，也可以否定。

（4）还有一种情况，就是这家听了大牌，所以孤注一掷，铤而走险，冒放"炮"之险打出了生张，这就得出了前面提到的结论。

3. 求同存异并用法

在 A 现象每次出现（A1、A2、A3……）时，皆有 P，存异方法说在非 A 的诸现象出现时皆无 P，这是一种求同方法与存异方法的结合体，二者结合起来互相补充。或者说现象 E 在 ax 和 bx 之下出现，在 a 和 b 之下不出现，便可以得出结论，X 是这种现象的原因。

例：如果打出 4 饼下家未吃，那么打出 1 饼下家也是不会吃的。这是因为：如果下家有 2、3 饼搭子，那么就可吃进 4 饼，也可以吃进 1 饼，否则 1 饼也是不会要的。由此还可推出下家无 5、6 饼搭子，是否是 8、9 饼边搭则难以断定。如果下家打出过 9 饼，则下家也无 8、9 饼边搭，即 1、4、7 饼暂时是不会吃的，但要注意到，他手中已有一个饼 5，然后又摸进了一个 6 饼，组成了 5、6 饼搭子。

4. 共变方法

当有 P 时，就有 A，无 P 时就无 A，当 P 变化时 A 亦随之就化，则 P 为

A 的原因，这种归纳方法称之为共变方法。

例1. 当你打出 7 饼时，你的上家随后亦打出 7 饼；也就是你不要饼子时，你的上家亦不要饼子，显然，上家是在控制你，你应赶快采取对策摆脱上家的控制。

例2. 当你碰出了 4 万之后，你的下家打出了 3 万，又打出了 5 万，显然他拆的是"嵌搭" 3、5 万，因为 4 万只有一张了，吃进或摸到的可能性已经极小。

5. 类比方法

通过对两个（或两类）不同的对象进行比较，找出它们相似点或相同点，然后以此为依据，把其中某一对象的有关结论移到另一对象中去，这样的思维方法称之为类比方法。类比方法有以下两种：

(1) 简单共存类比方法

在 A 对象中，A、B、C 与 D 有简单的共存关系，B 对象在这种共存关系中有 A、B、C；所以 B 对象中可能共存有 D，也就是对象各个属性之间的关系，仅仅在于它们都是对象的属性，人们并不知道它们之间是否还有其他的联系，这种关系称为简单共存关系，以简单共存关系作为推理中介，这种方法称为简单共存类比方法。

例如：前一次对家听牌时打出了 8 饼，在你打出 7 饼时他正好和牌，原来他手中有一个 5、6 饼搭子。这次下家听牌时打出了一个 2 万。那么他是否有 4、5 万搭子呢？很有可能。手中的这张 3 万打不得，尽管已无用，也只得扣下。最后倒牌时一看下家的牌，果然有听 3、6 万的 4、5 万搭子。

(2) 因果类比法

已知 A 对象中，A、B、C 同 D 有因果关系。B 对象在这种因果关系中有 A、B、C，所以 B 对象中可能有 D。这是根据类比的两个对象各自的属性之间可能具有的同一种因果关系而进行的一种推理方法，称之为因果类比方法。

例1：上一次做牌到了听牌时，要做"幺将"而单吊 9 万，当时 9 万还未露面，满以为可以成功，结果别人和了牌，而通常是容易进牌的 9 万却没有和到。和牌后观察了一下别人手中的牌才发现一家有一个 7、8、9 万顺子，还有一家做"小七对"，手中摸了一对 9 万。这也就是说"幺九少见，必有对子"。这一次到了听牌时做"幺将",但手中有两张幺九牌,即一张1饼和一张9饼,留哪一张呢?观察一下已露面的牌,发现1饼一张未露面,而9饼已露面一张,且从各种迹象看有人做"小七对"与饼子"清一色",因此就必须打掉1饼,留9饼。

(五) 根据舍牌的顺序猜牌

打麻将别人舍牌时,就可以猜想,他为什么先舍那一张,而又后舍这一张呢?其中必有道理。

例1. 上家先打一张2饼,后舍一张4饼,不难想象,他可能是拆嵌搭,也有可能是面子过多,对子不少,故拆复合面子2、4、4饼,先打2饼时,因抓进一张5饼,不料,又摸进一张6饼,接打4饼。当然,这并非是唯一的答案,倘若他先抓进一张6饼,原手牌仅是2、4饼嵌搭,因考虑到尖张3饼不易进张,所以舍出2饼,留4、6饼嵌搭。随后,他又摸进一张7饼,自然又打出4饼而留6、7饼搭子了。

对方无论舍出何种牌,都有研究的必要,任何一张牌的动向都会给予你一个信息,因为他决不会无缘无故地切牌,除非战局初期闲张太多,否则,出牌都会按照一定计划有步骤进行的。

研究发现,上家先打2饼而后打4饼是常例,反之,先打4饼而后舍2饼就反常了。这种反常的打法,必然有奥妙之处。即说明他手牌内有1、1、2、4饼时,势必先打4饼,留1、1、2饼,待他后打2饼之后,肯定手内尚有一对1饼在握。

例2. 上家开头与各家接连打出几张大幺牌(如南、西、北风等牌),而且上家很早就打出中、发,碰东风;后来又打过1饼、9饼,吃进一张8万亮出6、7万,然后打出一张5饼。接着他摸进一张有效牌,在手牌里调换一张8万打出。由于我们注意观察该家打出的牌,就能识破他的计谋。

既然打8万,说明手里有8万,那么为什么还用6、7万吃上家的8万呢?"吃啥打啥"原指吃上家牌后,自己又摸来一张,成为多余没用的牌而被打出(吃8万又打8万)。然而这里的情况有所不同,该家手中原来就有8万,吃8万后,自摸一张别的牌,然后将8万舍掉。这种情况表明该家的打法值得推敲。

由以上推测可知，该家原为一听和状态，手牌是6、7、8、9万，白、白，5饼，牌姿确差一张入听。

本来留单个5饼是因为它是中心牌张，容易摸入联络凑搭，然后舍出6万或9万。不料上家打出一张8万，用6、7万吃进后，余8、9边搭，打出5饼强听7万。但是在下一巡中，自摸获得一张9万，这正是他求之不得的好牌。因为用9万与白板对倒的"对对和"是容易和出的，比独听尖张7万要高明得多，何况白板在堂内尚未露面。故上演了一场"吃啥打啥"的戏法。

通过分析得知该家吃8万又摸打8万，恰恰说明他手里有9万，而且只有在摸进一张9万成对之后，才这样打的。再进一步分析，作为原有手牌6、7、8、9万来说，本来就是一副顺子加一张余牌，而吃6、7、8万后，仍留8、9万边搭，除非听张，否则毫无意义。比如，原来手牌为6、7、8、9万，2、3条，5饼。牌姿只差一对将，吃8万没有必要。

麻将高手宁可听张叫嵌档或单吊，也不听"对对和"，因为听"对对和"的机会并不很多，而且容易与别人对死。该家原听7万，为什么又改成9万对而打8万呢？进一步推测，发现他手中原来的将头，有一对是容易获得的门风番子，否则他决不会做碰碰听。在这铺牌的开头，我们已经说过牌堂子内接连见到南、西、北风及中、发番子，而东风已被该家碰出，所差的只有白板尚未露面。不言而喻，该家改碰碰听一定是9万与白板对倒。如果你手中有这两种待舍牌，千万不能打出。

（六）推测牌的路数

（1）依次打出番牌中的中、发、白等，说明是在作平和。

（2）打尖张，就是如在复合张子的689或889里，将多余的尖张9舍出。

（3）如果拆出两面顺张，极有可能做清一色。

（4）如对家先打1后打2，需防他要36牌。

（5）先打9后打8，须防4、7。

（6）拆风对子必有好顺句子牌等着进。

（7）欲吃不吃，必有同样的多张牌。如2344456，两和句多一张4，吃了也没有使牌好打，因此欲吃不吃。

（8）想碰不碰，不必防其碰风。

（9）嵌张子 28 是上好的听牌口。

（10）牌将完，需防半生张子。

（11）1、9 少见，必有对子。

（12）临危出生张，必有大牌。

（13）坐庄者不怕清一色，必有图谋。

（七）猜牌的现象

1. 牌堂子里打出的牌

即四家所打的牌。如白板见了 2 张，倘若你手里还有一张白板，肯定没有人要，也没有人再打给你。如 8 饼已见 3 张，9 饼见一张，而你手里有 7、8 饼的 6、9 饼的搭子，必然极容易吃进或和出（倘若已经听张的话）。堂子里绝少 5、6 万，则 4、7 万便是牌友容易吃进或和出的牌。

2. 别家打牌的次序

牢记别家所打出牌的先后顺序，譬如上家先打 2 饼，后打 4 饼。他也许是拆搭子；也许是打 2 饼时抓进一张 5 饼，而打 4 饼时已抓进 6 饼（因为有 4 饼一对），或者仍旧留有 3、6 饼搭子；也许是打 2 饼时抓进一张 6 饼，而打 4 饼时抓进一张 7 饼。

若上家先打 4 饼，后打 2 饼。他可能也是在拆搭子；也许是本来有 1 饼一对，所以先打 4 饼，并不蚀搭，而打 2 饼时则希望 1 饼来碰，或把 1 饼一对做麻将。

任何一张牌都可以研究，任何一张牌都会提供一种信息，因为谁都不会无缘无故打牌的。

先打 2 饼，后打 4 饼是常例；先打 4 饼，后打 2 饼是反常。因为 2 饼较近 1、9。凡是反常的打法，常常含有明显的道理。

若上家先打 4 饼，后打 2 饼，而堂子里并未见过 1 饼，他手里必有 1 饼一对。

（八）猜牌的高低等级

孙子兵法曰："知己知彼，方能克敌。"打麻将亦应用这个原则。根据经验可把麻将技巧分为上中下三级。而这三级是根据下列现象来区分的：

1. 低级水平

抓进6饼不会换出9饼。如有7、8、9饼一顺，抓进一张6饼仍打6饼——这类人的麻将技巧仅能管理现成的牌，而换一张打的念头还不能产生。当然，听三叫而不听，生熟张不甚明了之类的毛病也包括在内。不知听1、4、7而听4、7，比如有2、3、3、4、5，抓进一张6，不知打3而打6。

2. 中级水平

抓进6饼会打9饼。能换打9饼，说明已看清9饼是大幺，不会给人家便宜。他已经了解生熟张之别，不至于蚀搭。知道听1、4、7。

3. 高级水平

抓进9饼而换打6饼。能这样打，说明水准更高，因为抓进一张9饼，而知9饼是生张，6饼的危险性小，已能解除幺、9熟于中心张子的死限制，这显然是更高级的技巧了。不仅能看透生张的区别、而且还会因时制宜，随机应变，已达到出神入化的地步了。情愿不听1、4、7，而听嵌7。

在猜牌中，这是最难的。因为你若对每个对手的水平没有正确的估计，便会时常怀疑自己的猜测是错误的。

如一家有8、9万两张，抓进一张6万时，在低、中级水平者必打9万，而高水平者则打6万，明白此理，猜牌技术便属上乘了。

（九）猜牌的依据

猜牌是依据各种现象做出判断的。

"他是怎样打牌的？"这是一个最关键的因素，他打牌的路数是怎样的？他的麻将技巧水平如何？他有无特殊的牌气？

1. 猜牌的内容

（1）进攻时：自己所想要上的牌，上家有没有？肯不肯打？已经听张了，人家会不会打？是否就打？

(2) 守势时：人家要什么牌？人家听什么牌？

取攻势是求自己快速上张，尽早和出，以免人家和出，虽攻亦寓守。

取守势时则力求猜测准确，以缩小扣牌的范围，而给自己出路，虽守亦含攻。

2. 猜牌的情况

(1) 初步的：下家大概有哪一路牌。这张牌打出去，是否有人要碰，要吃，或要和。

(2) 铁定的：这一张牌打出去，一定有人和出，而且一定是某一家和出。

六、舍牌的技术

摸、吃、碰、杠属于进张，舍牌则是出张，故麻将技巧之高低、竞技之胜负，舍牌尤为关键。麻将高手打得"精明"，主要是精在"舍牌"上。

（一）舍牌的作用

(1) 舍牌的安危可以打乱摸牌的顺序；
(2) 舍牌可决定各家战术的运用；
(3) 舍牌可促进他人入听的升级；
(4) 舍牌可破坏他人的战略部署；
(5) 舍牌又能牵制他人的牌势；
(6) 舍牌可放炮成全他人食用；
(7) 舍牌可迷惑他人，使自己食和。

打竞技麻将，如舍牌精明，不点炮，既使别人和了 88 分值的大四喜、大三元，而你也只丢了 8 分。所以只要牌舍得精，不点炮或少点炮，再和上几把高番牌，就能稳操胜券。

（二）如何舍牌

1. 初期舍牌

初期舍牌为一至四五巡。起手 13 张牌，各家都不同程度地起几个长单张

第六章 麻将竞技中的心理战术运用

的风箭牌、幺九牌和中张的荡张。这个阶段的舍牌顺序,一般是风箭牌、幺九牌和中张的荡张牌。

(1) 打字牌的技巧

先打风,后打箭。打风的次序是:先打客风,后打圈风和本门风,最后打中、发、白,也可以把本门风放在箭牌的后面打。

如果起手配牌时,风箭牌就有八九张之多,且又有三对,就要留下,争取向"字一色"或"大小三元"、"大小四喜"或"全不靠"、"七星不靠"或"混一色"高、中番种去努力。

(2) 幺九牌的舍与留

行张时,如已把风箭闲张打完情况下,万子、条子和饼子的中张(2~8色点)容易抓入靠张,不能先打(但设计牌局时,考虑到"清缺"、"混缺"及"缺一门"者除外),一般先把手中的幺与9闲张打掉,因为幺、9闲张各据首尾,抓靠张的机会比中张少一倍,所以在实战中,打完风、箭牌后,各家都多打幺、9闲张。

如起牌后,出牌不是风箭,也没有幺、9闲张,出手就见中张或边张,说明这家牌好或想做十三不靠,其余三家行张时,应多加提防。

(3) 幺、九闲张的打法

a. 对做"清缺"、"混缺"及"缺一门"的牌家来说,应先打不需要的门类中的幺、9闲张;

b. 在牌局中,现有的牌副、搭子或对子都以中张组成的,那么必须考虑"断幺"的可能性,无论哪门的幺、9闲张,均可打掉;如果牌局中搭子和对子较多,准备依靠吃、碰、抓来组副,应考虑留下一张尚未见面的幺、9闲张的荡张作单钓叫牌,成和希望较大。所以,此种情况的幺、9闲张取舍,就要视牌局发展而定。

c. 如果牌副里已有1、2、3或者7、8、9的顺子副,那么,再打幺、9闲张时,应与做的"一般高"、"姐妹花"作一权衡,是打是留?先后次序都要统筹考虑。

d. 牌局的后期,在原有边张搭子8、9的基础上,抓进同类牌6时,即应打9留6,成6、8嵌搭。小头也一样,如在原有边张搭子1、2基础上,抓

进同类牌4时，也应打"幺"留成2、4嵌搭。

e. 做"十三不靠"牌局，除留箭风外，对于万子、条子和饼子，诚然保留幺、9闲张最佳，中间不靠牌张可扩展到4、5或6，进张幅度拓宽，利于上张成和，所以这时的幺、9闲张，非但不能打掉，还应视为好牌。中张，一旦上张成对，即是上乘的麻将头。类似这样的中张，闲而有用，在行张中是不会轻易舍出的。

2. 中盘舍牌

中盘阶段是最激烈和紧张的阶段，每一取一舍都关系到胜败，所以每舍一张牌都必须认真把握安全关，尽量做到所舍的牌让下家不能吃、别家不能碰的，更不能让别家有成和的可能。

麻将实战进入中盘阶段，各家的手牌无时不在起变化，摸打一至二巡牌后，以前的熟张在这个时候可能变为生张了，以前认为是安全牌，现在很有可能成为危险牌，此时若舍出不是被下家吃起，就是被别家成和。

麻将的舍牌要根据牌面和牌桌上的变化来制定对策及战略战术，做到看上家、防下家、盯对家。

（1）看上家

应看清楚上家打出什么样的花色牌，吃、碰什么花色的牌。因为他所吃、所碰之牌，即是他手中需要的花色；舍出的牌，也是你可以吃、碰的花色。这样，你可判断出应保留什么花色，才有迅速吃、碰牌的机会。如果手中的花色，也是上家想要的，自然你就不能吃、碰牌来迅速组合手中牌阵了。

（2）防下家

与看上家相反，下家靠你手中打出的牌来判断自己手牌中的去留。若你舍出的牌，是下家正想吃起的，那他当然就会很快地吃牌叫听。因此打牌时，应尽量不让下家吃上自己舍的牌。

（3）盯对家

看上家、防下家的同时必须盯住对家，预估三家人需要什么牌，舍什么牌。知己知彼，方能百战百胜。

3. 终盘舍牌

终盘是各家短兵相接、交锋决斗定胜负的阶段，丝毫不能疏忽大意。进入终盘阶段，有两种情况：

（1）四人中的两人或一人，依然保持着听牌，伺机食和。但因牌势的发展趋平，只好强行打牌，应酬战局。其他的各家均以防御为主，最后以少失分而收场。

（2）四人继续互相牵制，打出安全牌。事实上，其中一人或两人，早已放弃听牌，采取少失分的方案。

高手的对阵，这种局势并不是少见的，与初学者聚桌娱乐，推倒食和大不相同。设想，牌桌上有一或两名低手，欲使战局发展到终盘阶段，似乎是不可能的。

（三）舍牌高招

1. 放炮危险牌舍法

危险牌，指将其舍出后使他家成和的危险牌。当牌局进入中盘后期，对于任何舍牌，都充满着危险。

除了绝对安全牌以外（如字牌东碰出，又摸入第四张），其他牌都带有危险性。现在就以放炮的危险牌为焦点，观察该点的变化。

（1）放炮危险牌是指对方已经听张后所要的牌，一旦出现，即可成和。假如现在手中有某张牌，并非直接放炮的危险牌，但由于这张牌被对方碰而导致他完成大番的听张状态，那么这张牌应视为放炮危险牌。

（2）如中盘后期的与其他三家番台无关的牌，都可作安全牌。

（3）有时可从各家舍牌的途径来推测，舍的牌是生张牌，放炮危险性更大。

（4）自己手牌中的暗坎和同一线上的牌，是放炮的危险牌。例如手牌中有暗坎3条3张和6条1张，当桌面上一直没有出现这样的牌时，就可能有人听张的叫牌是3、6条，这样就能极大程度地阻止他和牌。

2. 高度危险牌的舍法

知道是放炮牌，谁也不会往外打。但是，如遇怀疑是高度危险牌，就要看舍牌者的胆量和到底对该局牌的胜负抱什么样的期望而定了。自中盘阶段后期到终盘阶段，如自己的手牌没有可能构成多番牌姿，而对方的手牌颇有

多番形态的预兆时,最好死了心不和,不打危险牌,甚至拆掉面子安全牌,以渡过最后一两巡的摸牌难关,直到黄牌。

3. 放炮牌的舍法

(1) 编入组合张子

牌局到了终盘期,既然炮牌不能打,也不能孤单单地留在手牌里,妨碍自己和牌。这样,最好将放炮危险牌编到手牌中去,这是最安全而且最有利的。这样,该张放炮危险牌的左右联络牌也都打上了保险系数,均不会轻易舍出,使危险性大大减少。

(2) 立即退出胜负圈

这是极为明智的。尤其是多门听牌的牌姿,明知摸入危险牌,但惟恐扰乱了成形的牌势,却执意舍出,奢望侥幸过关。这样将会胜败立见,决无放炮与过关的五五开之说。

(3) 没有安全牌的打法

在形形色色的牌型中,有人觉得没有安全牌可打的,这是人为造成的:其一,手牌中显露的朋组过多,饥不择食地见吃就吃、见碰便碰,既无算计,又不顾及战术,结果手牌相对减少,周旋余地缩小了,调整面也窄了。手头仅有几张牌,即出现没有安全牌可打的情况,以致给自己带来很大的困惑,甚至有放炮的危险。其二,虽然呈现未吃未碰的门前清状况,但13张牌仍觉得没有安全牌可打,这是恐惧心理。

照常规打法,手牌中没有安全牌的说法是不切实际的。以三家对手均已听牌而言,每家通常是两门听,也就是说三家叫听六种牌而已。这对门前清的13张手牌来说,至少手上还有一半以上的牌是安全牌。即使手牌少,也不见得张张与他人叫的牌分毫不差。问题在于是否愿意舍听而后退一步,是否懂得计算舍牌。所以,打出一张牌是不是安全,需凭技术去审定牌张。

4. 打牌的姿势

如手里是一副大牌,表现出一种特殊紧张或过分仔细的精神状态,像把13张牌数一数,每打一张牌都要考虑;在听张之前一张,故意把牌打得重一些,向桌上一拍;正想吃进某一张牌,突被对家碰去,把拿出一半的牌重新缩回;想碰而不碰……

这些动作都无形中告诉你：他手里有几张什么牌，并且一般都是不会错的。一个麻将技巧不熟练的人，几乎每一副牌都有这一类的表现；而熟练者有时也难免，你可从中知道他手里的几张牌，再从旁证来加以证明，便能进一步知道他手中有什么牌要打，要吃，要和了。

5. 语音

口中的惊叹语"啊呀！"或是类似的感叹词。

通常是表现出某一张牌给人家碰去了，或抓去了；牌的变化时常会使人无意中说出许多话来，而从这些话中可以找到某些线索。言语及姿态有时是故意制造出来的，然而只要能分析他所说的话和动作，与和牌后他所摊出的牌来加以对照，便可知道他的脾气——是真情的流露还是装模作样。

打麻将必须要应用心理学原理，分析牌的路数，再加上心理推测，猜牌的水平便会不断提高了。

6. 最后几张牌的舍法

当一家的牌手中只有四张的时候（或者剩 7 张牌时），他在抓进一张之后，换出一张来，你便可猜到他手中所有的牌。不过这种猜测，应随时把他以往打牌的次序，和他的上家所打的牌加以分析，方可得到正确的答案。否则未必是准确的。

在各种各样的牌都打过之后，所剩余的牌便可一目了然，别人听张的可能配合，便有了限制，此时，你就能寻到一种"有去无来"的答案。

七、麻将心理战术的实例

（一）没有听张希望的牌型

例1. 中、发、白、东、南，1、2、6、9 饼，6、8 条，8、9 万。

显然，这铺牌里有 5 个单张字牌和 3 张老头牌（幺、9），无法形成九种幺、9 牌的倒牌。这是相当差的手牌了。尽管其中尚有 3 组可构成面子牌张，但毕竟是不佳的边搭 1、2 饼和 8、9 万与嵌搭 6、8 条。根据牌谱"起首三张单风箭，兵牌必难求听和"之训，这种牌即使每巡进张，也是距听张食和相当遥远的，不必认真组牌，应做好不和的思想准备。

舍牌时，应视牌堂子而定，客风轻易不能抛出，三元牌也需慎重，否则将会加大别家的番和。待到别家打出之后，再追打熟张，先舍出的当然是老头牌了。同时应注意对手中的某一家，估计和牌平平，即可尽量供牌，促其早听早和，少失番分。

例2. 中、发、东、北，2、5、9、9条，4、5、9饼，2、4万。

这种牌势虽好些，风箭少了一张，对子、搭子加嵌搭，单张中张牌5条两头尚有牌张，联络价值更大，但是距离听张仍然差得远。如强行奢望和牌，必失大误。

例3. 发发、西、白，1、5、9饼，1、2、4、8条，4、5万。

四张字牌之内，只有绿发对子为一要素。虽然1、2、4条为复合面子，但待牌只有3条一种有利形势。4、5万与中张牌5饼给整个牌铺带来一线希望，惟独缺少麻将头。若靠摸入一张将头牌的话，至少也要摸5-6次，如不及来张时，早已败北。故而战术上与例2相同，照例1打法，有益无损。

(二) 接近听牌的"未知数"牌型

例1. 中中、白，1、4、5、8饼，3、6条，1、2、7、9万。

红中对子为一要素，加上4、5饼子，1、2万边搭以及7、9万嵌搭，合为面子牌的4个要素。若3与6条中的一张牌与摸进的任何一张中张条子再组成一个面子的话，即有了5个要素，从而可以听牌。

牌谱："副副求和，败可立见"，说明求和心切者，往往极易为他人放炮。因此每当叫听之后，必须居安思危，不要抱太大希望。待你手牌理顺之际，别人已早准备食和了。

例2. 东、南南、西，1、2、3、6饼，2、3条，1、7、9万。

已有现成的4个要素，即门风对子一组，123饼一副，2、3条搭子与7、9万嵌搭，当然如能摸进一张与中张6饼相联络的牌，牌面重现生机。

一旦吃碰形成面子牌朋组时，应在理牌时小心斟酌。虽然单张的东、南风属客风牌可舍弃。但是，以实战情况出发，有时留下一张风牌（自然是牌堂子内未见或只见一张的），作单钓叫牌，对和牌极为有利。

例 3. 白白、南，1、2 条，2、4 万，1、222、6、8 饼。

这副牌有白板一对，1、2 条边搭，二、四万嵌搭，6、8 饼嵌搭，以及 1、222 饼的复合面子共 5 个要素。但是，这种牌的潜在危险极大，无论边搭、嵌搭与复合面子，可待牌全部是 3 与 7 的尖张牌，对高手而言，极难舍出，单纯依靠吃进组成朋组的机会极少，只能靠摸进了。假如平均每摸 3 手可得一张的话，起码也需 12 巡摸牌才行。

例 4. 东、西，1、2、3、77 万，2、5、8 条，3、7、9 饼。

这副牌比例 3 牌有利。尽管单张牌较多，但极易上张。字牌有两张且为客风牌，打出无大碍。这里，7 万对子为将头，123 万一副，7、9 饼为嵌搭，虽说只有 3 个要素，但上张较快。其中万子与饼子任意进牌，都能组成复合面子，决不成荡张。从战术上看，首先应打掉中张 5 条（这是许多人所不愿的），留 2 与 8 条，除摸进倒运的 5 条外，无论进什么张了，都能组成一对要素。

倘若手气顺的话，最快只需摸 5 次牌便可听牌了。

（三）有成和把握的牌型

例 1. 东东，2、7、8 饼，3、5、7、8 条，1、3、4、6 万。

这副牌已经有 5 组要素，除单张牌为 2 饼外，可将复合面子中的 1、6 万视为单张牌。

首先舍 2 饼。如上张牌出现嵌 2 万或嵌 5 万时，就可拆掉 3、5 条嵌搭。反之，出现嵌 4 条的话，先应打出 6 万。因为 6 万中张的危险性大于老头牌一万，在旁家尚未上手之前舍掉，可避免放炮。一旦听牌时，再打 1 万，也不致失误。

例 2. 南、发发，3、5、6、8 饼，5、6 条，1、1、3、4 万。

这是 5 个要素齐备的牌。除单张南风牌外，复合面子的 3、8 饼，也可视为可舍的单张牌。

如摸进一张南风或任意一张饼子时，舍牌就应仔细。如首先上饼子牌，即将南风打出，若再进饼子，应考虑舍掉 4 万较为合适，从而保留 1、1、3 万的复合面子。

通常，不少人宁可拆饼子，不愿打4万。这种舍近求远的打法属下策。这副牌的绿发对容易碰出，决不会留在手头作麻将用，那么唯一的将头只有1万了。只要进张饼子，拆舍3、4万搭子就比较合理。对于5、6条搭子而言，因为属中心张子，一旦舍出去，极易被旁家吃进，所以不舍为妙。

例3. 西，5、6饼，2、3、666条，2、3、4、6、7万。

这是极佳的张子牌。无论是起手配牌或是两三手后的面子牌，只要吃牌或上张，都不应留两个搭子去寻求将头。从实战出发，应毫不犹豫地将刻子6条舍去一张，既能保留将头，又构成了平和。此为上策保和无疑。相反，如果舍不得6条刻子，很可能会坐失良机，这就是牌谱的胜诀所在。

例4. 南南，西西，88条，3、4饼，1、2、3、4、5万。

有3组对子，有6组要素，多了一组要素。因此要拆舍一组。两对风牌较易碰出，所以当有人打出其中一张字牌时，不必急于去碰，反而以该门风对作为拆打对象，以便牵制下家。

对于8条来说，最好是进张7条，打出8条，形成搭子牌面，使之构成较好的和平局面。如果牌桌正好遇上南风圈，自己又坐于第三家，那么两对风子全应碰出，而拆舍3、4饼。如两个搭子均先吃牌，就应拆舍8条对子，两对风子应作为双风子双碰听和。

(四) 麻将心理战术技巧

1. 巧布疑阵，间接碰听

"地"牌已吃进7、8、9条，手牌剩余9张，是发、发、发，5、5饼和1、2、2、4、4万。

如果对方打出一张4万，碰牌时同时翻出2、4、4万，碰入4万刻子，打出2万牌张，使他人误认为迫不及待吃夹3万不成而叫碰4万。相反，如果上家打出的是3万，也用同样疑阵，将2、4、4万翻倒，吃入夹张而打出4万。对方吃碰后仍然叫听3万尖张的边搭？往往以3万熟张追打，恰好让你顺利的食和。

2. 预设圈套，身欠碰听

如手牌已进入听张阶段，2、3、4条，中、中、中，5、5饼，2、2、3、

4、4万。

叫听牌为夹3万，然而，牌过几巡，丝毫没有食和机会。恰好此时对方打出一张4万，根据牌势，不得不改变叫听牌的路数，当机立断叫碰4万，将3、4、4万同时推倒，碰进副露4万刻子，舍出3万，给三家一种明显的错觉认为你既碰4万刻子及切舍3万，决不会叫牌2万了。在4万碰出及3万又人要的情况下，各家会把2万视为安全牌，相继追切舍出。岂料正中了你叫听2万对与5饼对对和的圈套，轻易获得食和机会。

3. 倒序排列，狡诈碰听

若一人牌姿是：发、发、发，1、2、3、5、5饼，1、1、3、5、7万。

不难看出，复合面子原本是1、1、3、5、7万。为了狡诈战略需要，当面子进入一人听牌势后，故意将牌面排成1、1、7、5、3万的倒序式。对于老头牌1万来说，容易出现，所以在碰1万牌张时，有意将1、1、7翻出，碰成1万的刻子，打掉7万，引起各家注意。作为一种熟的筋牌4万来说，便成了安全牌，别人便趁势打出，正好被手牌中的3、5万嵌搭食和。

4. 瞒天过海、陷阱碰听

如手中牌已听，3、4、5、5、6、7万、发发、2、3、4饼、5、7条。

此时，以发牌为将头而夹6条。但对家打出发财，自己碰一明刻，实为理想，索性舍7条以5条单骑听牌，不料下巡正好摸入6条，这时不必后悔。因发财明刻有番，可打出5条，单骑6条听张。5、7条的折舍，会给别家造成不愿单夹6条听张的假象，如若不然，手中有6条，何必舍5、7条，于是他人轻轻松松舍去6条。这样，可以打5、7摸6钓6，单骑吃和，马到成功。

5. 暗渡陈仓、引诱碰听

白、白、1饼、4、5、6、7、8、9万。上述牌形，牌堂子内已见白板2张，白板成为"死"将。此时，别家打出9万，果断碰9万，将1饼打掉。此时，听牌为3、6、9万。但9万已"老"，牌堂子内已见一张，实际听牌为3、6万。此时别家认为碰9万，而打出3万，放炮！这是一种外挂筋袖牌舍牌的诱引型打法，万一对手没有安全牌打，就会依据牌堂子内的外挂筋袖牌一路追熟把同一线上的筋牌打出，使你的战术获得成功。

6. 逆用牵制、设网以待

当自己碰出对家6条刻子之后，凡有5、7条拟嵌张6条的上下家，很可

能立刻拆掉5、7条夹搭,切舍出来。因为他们知道,打掉6条的对家再不会要5条或7条,而自己碰6条后,也不会再要5条或7条了。这就是上家与下家拆舍夹搭作为牵制的一种方法。

因此,可以采取逆用牵制法加以对付,在理牌过程中,如手牌已有6条对子,那么对于3条与9条的筋牌(单张),轻易不要打出,经过摸调整理,一旦进张4条或8条后,形成3、4、6、6条或6、6、8、9条牌型。这样,一旦碰出6条刻子,而上、下家企图借拆舍5、7条夹搭来牵制牌局时,正好中了逆用牵制的圈套,为你调整好的3、4条或8、9条带来了生机。碰6条,就是设网,3、4条或8、9条则是所待之"鱼",一副露吃牌迷惑了他方。

麻将是一种智力运动项目,参与麻将竞赛或娱乐活动,参与者相互之间都必须要进行斗智斗勇的博弈,麻将也是脑力和体力相结合的活动,可充分调动人的认知、记忆、判断、决策与心理承受能力。而人的心理活动和意识必然会贯穿其中,因此,通过竞赛充分调动和发展、提高麻将竞赛选手的心理素质是非常重要的。

(五) 麻将要诀 50 招

1. 头不吃

是指刚理好牌后,对旁家打出的第一张牌不碰,打出的第一张花色牌不吃,以免因小失大。因为刚理好的牌是最杂乱的,越早吃牌就固定了打牌方向,增加后面的出牌难度。相反,让其第一张牌通过,不仅后面仍有机会,还可利用摸牌进行换牌,调整战术策略。

2. 杠不杠,看情况

如果自家的立牌前已有明刻,这时手中尚有相同的第四张牌,可以在明刻上继续加杠。因为加杠和牌后分值要翻一番,事半功倍。但应注意,可以加杠并非就一定要加杠。必须先注意牌面局势,确保加杠安全。因为用来加杠的那张牌,若恰被已经听牌的旁家抢杠和牌,那就得不偿失了。

3. 先打熟张

在估计旁家已经有人听牌时,出牌要坚持先打牌池里已出现过的熟张,决不先打生张牌。有时宁可放弃自家的和牌,也要拆开来打熟张。

4. 险牌不出门

险牌是指这时旁家已经听牌、打出去十有八九要放炮的牌张。碰到这种情况，宁可把险牌留在手牌中，既不和牌也不打出。

5. 抑强扶弱

麻将行牌讲究"气"。顺境之下的庄家往往会吉星高照，一和再和连连坐庄，有时不想和牌也不可能。逆境之中的旁家怎么打怎么不顺，要么很久不和牌，要么只和小牌。这时，在行牌中要求有意抑强扶弱，千方百计牵制牌气旺的某家或连庄者，调节气场。

6. 要么做大牌，要么打风牌

理牌后，先要审看手牌，决定是否要做大牌，或者是否有条件做大牌。如果要做大牌，那么一开始就不要打风牌、箭牌，希望通过摸牌机会凑成对子。相反，如果不想做大牌，那么一开始就可以打风牌。因为箭牌没有花色牌那样容易组成顺子、刻子。

7. 诛煞下家，输煞自家

对下家克扣牌应有阶段性，不可扣得太死。因为你未必有那么多的熟张去诛下家。即使有，也要考虑自家能否和牌。一味扣下家，结果必然耽误了自家和牌。其次，下家即使不吃你的牌，同样有和牌的可能，只是难度要大一些。因此，诛牌不诛牌、怎么诛、什么时候诛，都要讲究策略。诛牌并非目的。

8. 兵不厌诈

已经听牌了佯装未听牌，实际上未听牌却摆出一副已经听牌的架势，虚虚实实叫人摸不清头脑，常能收到意想不到的效果。听张牌通过吃牌、碰牌来换张，诱人上当或做大牌，是高水平的麻将技巧。

9. 精打细算

对于自己已经听张或将要听张的牌局，要仔细斟酌听什么牌，是一面听、两面听，还是多面听。有时一念之差就会与和牌失之交臂，甚至出现已经和牌却茫然不知而失和的遗憾。这就要求出牌时要慎重考虑，对手牌要做到胸中有数。

10. 有意放炮不是输

当自家没有和牌希望而只有放炮时，就应该尽量避免放炮给大和家。可

有意放炮。指有的放矢地放炮给小和家,以减少放大和家炮牺牲来避重就轻,这是一种常用战术。

11. 胜不骄,败不馁

麻将行牌过程讲究几圈几局,或有个时间长度,行牌时要有良好的心态。这是麻将玩家应有的基本素质,而且是胜者保持胜利果实、败者伺机反败为胜的必要条件。

12. 清水不抛

和牌后春、夏、秋、冬、梅、兰、竹、菊等花牌都是算分的,"清水"是指在没有花牌情况下的和牌,虽然牌番小,但也要和。特别是在手气不好的时候。虽是小和,可以积小和为大和,积小胜为大胜。

13. 抓牌随手放

指抓进牌后随手置放于立牌的两端,而不是立即插入立牌内,目的是为了防止旁家看出抓进的是什么牌张。等到出牌之后,尽量在别人不注意的情况下再将立牌中的两端牌调整插入,这样,旁家正在忙于抓牌、出牌、吃牌,一般无暇考虑你的手牌插放位置。

14. 贪大嚼不烂

喜做大牌是麻将玩家的通病。如果是手牌条件好,牌面形势非常有利于做清一色、做连七对等,当然是"天助我也"。但是,如果是本来条件不具备硬要勉强去做,很容易被人察觉,反而逼使旁家对你联合提防,这样,和牌的机会就很渺茫。

15. 牌脚长,好听张

牌脚是指花色牌中的搭子,即花色牌中有次序的对子、刻子、顺子等。牌脚长了,手牌中牌与牌之间的相互联系就更多、更广,可以吃边张、坎张,可以和对倒、搭子。听张会很容易,和牌的希望会很大,特别容易自摸。

16. 牌运好,手气顺

在玩牌中,谁都承认牌运或手气的重要性,但这又无法事先预测。有时候牌风旺顺时,抓牌、出牌得心应手,要哪张抓哪张,出哪张都不放炮,简直是心想事成、左右逢源。

17. 尽量不吃第三搭

无论是吃牌、碰牌,吃了或碰了 2 搭之后,这时手牌还剩 7 张,仍有较

第六章 麻将竞技中的心理战术运用

大的回旋余地。这时，如果又有第三次吃牌或碰牌的机会就应当考虑要不要吃、碰。因为这样一来，手牌还剩 4 张，回旋余地较小且难以变化，容易被人察觉牌局。所以，以不吃为好。

18．**不贪碰**

碰牌与吃牌是同一个道理。每碰一次，往往就使得尚未完成的顺子、刻子链被拦腰截断，从而增加了做顺子的难度。所以说，遇有碰牌机会应当谨慎从事。除非是自家手牌中的孤对，或是有意去碰断顺子叫旁家为难吃不着牌，或是自家想做大牌，否则，不要贪碰。

19．**对倒不如一嵌**

如果说是做碰碰和的牌面，最后听牌的只能是听对碰，或叫双碰听。但如果不是对对和牌面，除非是听幺九牌或字牌对碰，一般说，听嵌张比听对碰更容易和牌，机会要大一些。

20．**有吃不吃**

行牌到中盘时已是关键时刻，无论是吃牌、碰牌都要慎重。因为吃牌、碰牌之后，接下来就是要出牌，而打出的牌旁家是否需要并不一定。有时，为了吃这一张牌，就使得摸牌顺序发生位移，不但自家失去一次摸牌机会，反倒容易使旁家更快自摸。这种情况下，明知可吃牌也不吃。

21．**做大牌先打空**

如果想做大牌，如清一色或混一色的牌，在理牌之后先选择手牌持有的花色牌中最少的一种花色打出。经过很少几轮的出牌，就有可将这一种花色打光。虽然自家无法预知后来抓牌的花色，但从牌理上应该这么打。

22．**知牌必扣**

扣住旁家需要的牌不打出来，这是玩麻将的原则之一。问题在于，当你无法揣测旁家需要什么牌时就无法扣牌，更确切地是不知道扣哪张牌。但是，当你心知肚明旁家需要哪张牌时，就要扣住不放。

23．**乱牌不吃不碰**

如果手牌零乱不堪，俗称"十三不搭"，实在难以相连，要尽量少吃、少碰，靠摸牌来进行调牌，耐心地改善牌型。因为这时候即使吃牌、碰牌也解决不了问题，不如自然而然地靠进张来求和。

24. 好牌要先出

好牌一般是指花色牌中排序从 3~7 的中张牌，也叫好张。这种牌，如果自家不要就尽量先行打出，一旦不及时打出去扣在手里将成为后患。因为在旁家看来也是好牌，趁他们手牌不顺时趁早打出，就可以避免让他们吃、碰。

25. 拆刻求和

要根据当时牌面的局势，灵活拆开手牌中出铳机会较少的暗刻，同时又尽可能形成多面听牌的牌面，这样和牌的机会就大。相反，如果舍不得拆刻，或者拆错了刻子，不但和不了牌，甚至刚拆刻就放炮了。

26. 对碰对摸

自家的手气不好而坐在对家的手气很旺时，对家的出牌都要尽量碰。因为经过这样的对碰后，原本对家抓的牌就会变成自家的摸牌，双方的手气就有了一定程度的转换，牌风也就调向了。

27. 连庄不打东

庄家连续几盘坐庄时表明手气正旺，所以旁家决不肯率先打出"东"风牌，以免为他火上加油。一般要等到庄家打出"东"风牌后，再接着跟打。从概率上来讲，似乎这并无什么道理，但如果庄家也在暗暗较劲比谁先出"东"风时，这样的打法就有一定的道理。

28. 眼观四方

在打麻将过程中，不要老是低着头只看自家的手牌，而要随时注意另外三家打牌的情况。通过他们的吃牌、碰牌、出牌，来揣摩他们的牌势，再结合自家的牌面综合考虑，采取灵活机动的对策，做到知己知彼。

29. 四副可和，不至败北

开局第一圈四副牌中，要力争能够求和一盘，不论大小和，为的是调节心理，增强自信心。如果真的能和出一盘及以上，全局结束后的赢面就大了许多。所以，第一圈牌中尽量不抛牌，能和则和，争取有个"开门红"。

30. 牌品

在打麻将过程中应当保持的一种君子风度，通过言行举止来体现。牌品高或牌品好，心情愉快，达到了娱乐及比赛的目的。牌品低或牌品差，常常会尽失兴致，乃至引发争吵、斗殴现象的发生。

31. 未雨绸缪

当一副手牌理好后，审牌要对全局有大概的思路，和还是不和，和大牌还是小牌，先出什么牌再出什么牌，然后再根据实际抓牌、吃牌情况，边打边进行调整。事先有了战略部署，既临场不乱、提高效率，又胸有成竹、随机应变。

32. 硬吃硬碰

当连续几副手牌手气都不顺时，为了变换一下手气，可以打破常规牌理，硬吃硬碰，使得摸牌的顺序发生改变。经过这样的"横冲直撞"、硬吃硬碰之后，牌风会因之变化，使旁家连呼看不懂。

33. 乱吃乱碰

乱吃乱碰的目的与硬吃硬碰一样，主要是为了改变手气，改变摸牌顺序，所以，并非完全按照牌理行事。不同的是，硬吃硬碰从表面上给人明目张胆进行"捣乱"的感觉，而乱吃乱碰则多是一种隐蔽动作，明知这样吃牌我却非要那样吃牌，暗中"捣乱"，既混淆阵线，又不致乱了自己的阵脚。

34. 单钓

又叫单钓将，俗称大吊车。如果手上有几张牌而单钓将牌时应该很正常，但如果不分青红皂白有意去吃、去碰后做单钓将，往往不可取。因为万一这时再摸到一张危险牌，那么两者必弃其一，没有在多张手牌中进行换张的机会，往往风险太大而得不偿失。

35. 空城计

通常，立牌前所吃所碰的花色牌是旁家防守的重要参考。但如果你摊亮的是某种清一色花色牌，而手牌中听张的却是另一种花色牌，则极易迷惑人，反而利于和牌。

36. 脱火求生

根据手中牌势，原来准备做清一色的，但由于情况发生改变，情急之下临时改变策略，不准备继续做清一色而要改变战术了，这种麻将技巧就叫脱火求生，什么时候脱火应心中有数，所以灵活性较大，迷途知返而致获胜。

37. 骰子无心

掷骰开牌时，有人把骰子看得很神秘。赢了，庆幸骰子掷得好；输了，

又怪自己掷骰子的手臭。其实，骰子是无心的，除非洗牌、码牌中有弊，没有必要总是寄希望于掷骰子的点数。

38．不要贪吃

吃牌是尽早求和的途径之一，但也并非就主张有吃必吃。吃牌之后必然有牌摊亮于立牌前，导致手牌数量减少而致原来可以多面听牌的情况发生变化。关键是强调不要"贪"吃，要吃得有理、有利、有节。

39．拆小控大

当手牌中可以听张或即将听张、同时又有多种不同的和牌方式时，就应该有策略地拆开番值小的和牌，改听有利于做成番值较大的和牌。

40．想自摸听生张

码牌时由于洗牌未洗匀，所以往往会出现"连皮"现象，同一处会连续出现相同的牌。如果自家在听牌之后想要自摸的话，听生张牌而自摸的机会更大。当然，这时要耐得住性子敢于抛牌，目的是求得连皮牌出现。

41．嫩牌连，和牌便

嫩牌是指花色牌中序数从 3~7 的中张，嫩牌在手中出现上下连贯的时候会非常有利于求和听牌。所以不轻易打嫩牌，以求留下求得连贯。但如果出嫩牌也必须趁早，待旁家手牌尚未"发育"时就打出，免得他们吃牌、碰牌。

42．早听早和

和牌的前提条件是必须听牌，要尽早和牌必须尽早听牌。有的人看牌顺，明知能听却要做大牌，结果尚未听牌旁家却已和牌了。一定要记住尽早听牌，要有一种只争朝夕的紧迫感。

43．副副求和，败可立见

牌桌上不论你的打牌技巧有多高，应结合每副牌的牌势来定论。虽然说打牌的目的是为了和牌，但实际上更应该具体牌面具体分析，对牌面差的牌局主动作好弃和的打算。如果不论青红皂白，一味要求和牌，则会得不偿失。

44．牌从面前过，不如摸一个

有时碰到上家打出的牌正是自己需要的进张，有两种选择：吃牌就失去了摸牌的机会，摸牌就得放弃吃牌的机会。那么，到底吃牌还是摸牌呢？一般应从时机上来加以把握。如果牌至中局，特别是吃牌后可以听牌的话，应该以吃牌为好；相反，如果牌局尚早，那么一般以摸牌为好。多摸一张牌，既可以避免过早暴露牌面，又可以有更多调整手牌的余地。

45．幺九不宜随便碰

幺、9牌相对来说容易出现碰牌的机会，所以，很多牌手都有这样的习惯，遇到幺、9对有碰必碰。其实，虽然幺、9刻可增加计分，但碰了幺、9对就会导致失去门前清、平和、断幺等多种常见番种，反而得不偿失。所以，幺、9不宜随便碰，但如要做全带幺则又另当别论。

46．先打幺、再打缺

高手总爱先打幺、9牌，这是有道理的。先打掉幺、9牌及字牌，断幺就形成了。再打一门牌张较少的，打完了又有了缺一门。如果有机会做成混一色、清一色等番种就更好了。但这要看进牌情况，即使做不成混一色、清一色，那么断幺2分。缺一门1分也是既成事实了。况且，要做清混，必须先从打缺、打幺、9开始。

47．跟上家、防下家、盯对家

麻将是一种独一无二的四方对战、三方为敌的牌类游戏，要想取得成功，必须跟着上家打，他打什么你吃什么；防着下家打，他不要什么你打什么；盯着对家打，顺着对家来牵制上家、下家。打麻将实质上是如何处理与其他三家之间的关系问题，关系摆正了，你就掌握了行牌主动权。

48．歪打正着

麻将的变化几乎没有规律可言，不像围棋那样有定式。看似违背常规牌理，但偏偏出得有理；有时循规蹈矩，反而放了炮。在牌局中，常常会因为某方随意吃牌使得下家连进妙牌，也常常会因某方出牌造成错位，使得自己一蹶不振。

49．牌技知通、牌势如风

麻将牌的变化无穷，所以，不论你懂不懂得打牌技巧，都不应死搬教条、墨守成规。要成为高手，关键在于如何运用打牌技巧。牌技的根本在于灵活运用，懂得了这一点，打牌时才能得心应手、呼风唤雨。

50．和为贵

麻将的目的在于求和，所以，只要没危险、时机允许，应当有和即和。

至于和出的牌番种高低、得分多少则在其次。决不能贪大弃小而错失良机。要知道，小和虽小也是胜，不但可以积小和为大和。而且，由于你的小和，很可能会破坏别人的大和。

八、根据眼睛和表情猜牌

在眼睛的背后，常有许多潜台词表露出来，打麻将也不例外。麻将本身是手眼嘴的配合而进行的，而该说的当用嘴说，所剩的只是眼与手的配合了。正因为如此，手牌的牌姿往往会通过眼睛暴露出来。

例1.

你是庄家，除已完成的朋组之外，7张手牌3、3、4饼、东、发、发、发如图6-1。

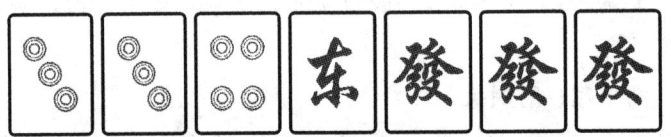

图6-1

进入一人听牌姿，尚未叫和。此时，有人打出一张东风入堂，你手头虽有一张东风，但是此刻别人舍出的东风对你是一个瞬间的刺激，此时你必然为舍东风而惋惜，同时觉得手内之东风也无留的必要，于是，你的眼睛会向自己手牌下意识一瞥。如果对手稍加留意，观察到你眼睛一瞥，但又无碰牌愿望，就会眼明三分知你牌内有张东风。

例2.

西、西、3、4、4、5条、3、4、5万、3、3、7、7饼如图6-2。

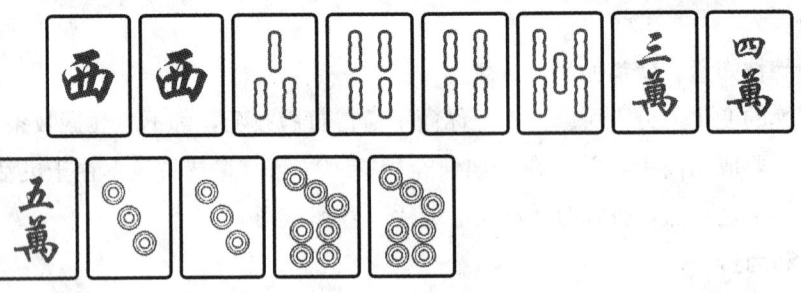

图6-2

也是一入听的牌姿。由于盼碰盼摸的心理活动,将注意力集中在别人舍出的每一张牌上,一旦别人打出一张南风或北风,你的心里会不由自主一怔,为了证实别人切舍之风牌与自己手里风牌是否相符(明知不符,也不死心),你会将视线不由自主地从堂内的风牌移到自己的手牌内。明眼的牌坛老手很快就会知道,你手牌内必有一对风牌。所以,他在迫不得已要打风牌时,会主动将切牌送至你跟前,故意向你挑衅。对方的举动有时会使你纳闷:"他怎么知道我有一对风牌"?殊不知你的眼睛早已泄露了秘密。

例3.

玩牌者手里有副大牌,往往表现出过分紧张的神态或过细的样子。例如把13张牌数一数,不断把眼睛盯在手牌压抑不住内心的喜悦,多看一眼也过瘾。出牌时,每切牌要审视堂内,思索再三,入听叫牌时的一张牌,切出不自觉地拍重一些,甚至故意打至别家牌前,意在放牌,心却怕人和出,这就是表里不一的反常姿态。这时你只要留意,就可猜出个八九不离十的。

人的眼睛是最灵敏、最老实的,嘴上爱说谎的人,眼睛说谎。而之所以能察觉出他在说谎,很大程度上是因为眼睛泄了密,这也许就是眼与嘴的矛盾吧。在牌桌上,秘藏在你目光一瞥的刹那和微动的睫毛内。关键是你注不注意,防止泄露自己的秘密而能获得各家牌姿的秘密。

牌进行过程中说的话,也是猜牌的线索。不过,言语和姿势也有装出来的,一副牌摊开对照,就可确定其真假。由于每个人的脾气是一贯的,知其一例可猜其二,下次就不会上他的当了。

有时,单凭对方的舍牌相来推测手牌,决非易事。而结合其目光的轻微瞥动,往往不难猜测出他手牌的情势和动态来。

欲推测对手牌姿,必须随时注意其一举一动。有时,一举手投足间,会透出相当有价值的情报来。

例4.

堂内出现了3张红中,即使你摸入第4张,也决不放过切舍之机进行猜牌。虽说第4张红中绝对安全,若随意丢出,实在可惜,在切出之前,故意全神贯注巡视盘面,然后突然舍出,暗中注意各家之表情,此时可能会出现如下情况:

A. 付之一笑。意思是说你神经过敏。

B. 手牌作"断幺"或"平和"的人，对你的舍牌无动于衷。

C. 有人不自觉往手牌内一瞥，在睫毛微动的瞬间，说明他牌内有番子待碰，或是番子叫牌的"碰碰和"。

总之，为了一张舍牌，对方睫毛一眨，秘密已经泄露，只要仔细观察，用心思索，定能找到蛛丝马迹，得到对自己有价值的信息。

九、根据动作猜牌

（一）动牌与不动牌

按说，麻将牌张张可以动，但由于刻牌的形象不同，才人为地把麻将牌分为动牌与不动牌两种。

打牌者中，人人性格各异，故打法不一，战术不同，各有各的行为，各有各的想法。但是，有一点是相同的，即起手配牌整理的时候，一般都喜欢把手牌按属种分类排列，竖牌正放而不愿倒置。

除花牌外，在麻将136张牌里，字牌和数牌共计34种，其中有20种牌是正反有别的，其余14种牌面却是正反不分的。

在字牌里的四风牌东、南、西、北，三箭牌中的中、发，饼子牌里的6、7饼，都是以正向书写刻制的，所以排列时只能正竖，而不能倒置。如图6-3。所以，牌手起手配牌对倒竖的牌张，大都会按习惯把它们一张张正过来。这些按视觉习惯而有正反区别的20种牌，牌谱内称之为动牌。

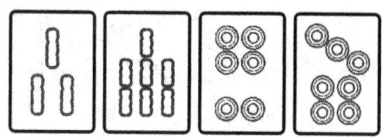

图6-3

相反,箭牌里的白板,饼子牌里的1、2、3、4、5、8、9饼,条子牌里的2、4、5、6、8、9条,共14种牌,无论正放或倒置,其牌面形象都是相同的,无正反区别。在配牌时,这些牌只需按顺序排列,无须上下颠倒调动,故称之为不动牌。如图6-4。

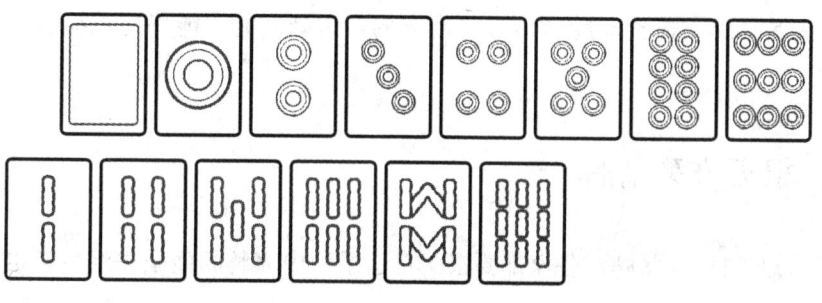

图6-4

在实战的理牌过程中,那些规规矩矩、一丝不苟的人,只要遇到手牌颠倒放置,都自觉地无意识地逐张将其摆正。

(二) 根据动牌猜牌

假如对家9张落地,或三刻牌姿,手牌4张是2、2饼,西、西风的话,2饼牌面正逆相同,不去动它,而西风原有一张,后摸进一张成倒立状,这时对家很可能会下意识地将其摆正。你如细心观察到他的这一动作,便初步可以肯定他"碰碰和"叫听牌中:一对是动牌,另一对是不动牌。你根据自己手牌及盘面情况,哪些牌出现过,哪些尚未露面,就能把对家碰听的动牌与不动牌范围大大缩小,即可推测出他的待和牌大致是哪些,以便于封锁和控制。

又如某家三刻落地,手牌4张是:3、3饼,东风、白板(这是对倒做牌者常留的牌形,东风是连风或场风,门风、白板是番子,均有番和可得),一巡过来,他恰巧摸进一张白板,排在手牌4张之后,然后抽出东风打出,对倒和牌。既然知道该家是"碰碰和"大牌，摸进张子后又打出东风，说明手里仍有带番分的门风牌子。但是，观察之余，并不见该家调换 4 张牌的竖横，初步肯定他对倒的叫牌，是 14 种不动牌中的两种。只要进一步观察"海"、"地"牌相，再对自己的手牌，大体可以猜出该家"碰碰和"的不动牌是什么。

只要推测无误，这种根据动牌与不动牌的区别而进行猜牌的战术，似乎让听和家打半明牌一样。学会这种本领，在牌局中就会如虎添翼，让人胆怯。

利用动牌与不动牌码放区别而猜牌是有前提的，一是打牌人要按视觉习惯码牌，二是打牌人抓到动牌时恰好是倒立的，否则此时不能确定他抓到的是不动牌。

十、根据排列猜牌

众所周知，打 13 张牌，各家都要根据自己手牌中完整的面子去组牌。也就是说，一铺好的手牌只有在完整的面子基础上，组成三个以上顺子或坎子，才有希望入听叫牌。

入听有叫的牌姿有：

三个朋组，将头，搭子（包括嵌搭或边搭）；

三个朋组，一副连四；

三个朋组，两个碰碰对；

四个朋组，单张（单钓）；

二个朋组，一副连七；

一个朋组，将头，一副连八；

小七对；

十三不靠。

根据以上组牌规律，人们大都习惯将已完成的朋组放在手牌的左侧，不再变动，而且数牌的顺序按由小到大从左至右排列。

尽管各家手牌都暗竖不露，由于这种排列习惯，从背牌去猜测，其排列顺序恰好是相反的。

当观察到对方右手手指挑三张牌做理牌动作时，这三张牌多半是已完成了的朋组。如果观察到对方从手牌中抽去一张舍牌切出，那么根据这张舍牌，或多或少也能推测其手牌旁（自右至左的张数）的牌组，属于何类性质。

大多数人理牌时都按照同种属牌的数字顺序排列，如果能掌握对方理牌，排列牌的习惯作法，再根据其切牌的位置和所舍的牌张，就可以比较容易猜出对方手牌的动态。

当然，顺子的构成千变万化。例如，手牌中有 2、3、4 饼一副顺子，当摸入 5 饼时，隔三张置于朋组之首，又退出三张，抽出 2 饼打出，别家如果仔细观察，便可以一目了然，根据舍牌 2 饼，就可以推测其手牌有 3、4、5 饼。

通常，起手配牌的三四巡内，大家都忙于打出手内无用的牌，逐步组织面子，这时进行观察和推测的意义不大。当六七巡后，根据对方舍牌来推测手牌，已逐步有了明确的依据，加之理牌的手势和抽插牌张的顺序、位置，无形中都为别人提供了难得的情报，使细心者能由此进行猜牌。

十一、反猜牌战术

麻将竞技中，其他牌家一般都通过舍牌来推测你的牌姿，所以舍牌时，除声东击西，真真假假，虚虚实实之外，关键要遮人耳目，扰乱对方的思维。

例 1.

按照通常的打法，手牌有 1、2、4 万时，应先要出 1 万，留 2、4 万嵌搭，万一摸入 5 万，再切 2 万，即可由独听牌改成双面听牌。不过，这是在面子过多时的一种战术打法。如果作为"入听"时，在 1、2、4 万中须切掉一张牌才能听张，打法就应重新考虑了。如果不是为了"断幺"的番牌，在 1、2、4 万中，还是以切出 4 万而用 1、2 万边搭叫和 3 万为佳，尤其是当 5 万已被他人碰吃更应如此。

例如，手牌已吃出一付露顺子，手头另有两个朋组，当摸入一张 2 条作将，牌姿 2、2 条，1、2、4 万。如图 6-5。

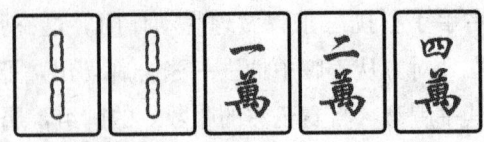

图6-5

按常规打法，许多人是打1万的。原因有两点：

(1) 1万是老头牌，安全系数大些；

(2) 打1万留2、4万嵌搭，叫和3万。一旦又摸进5万可再打2万，改听3、6万。

事实上，这只能说是一种心理企盼，并非技巧。因为打1万也好，打4万也好，其盼望获得3万食和是一致的，没有什么两样。而盼再摸5万后切舍2万，改听3、6万的做法，从道理上说，似乎较易和出，叫牌至少又多了一门，殊不知这样一打，别家早已窥察出你在等待3、6万和牌，当然不会轻易放炮给你的。

尤其到了听张阶段，打1万时，别家可推测出你有两种可能：一是1、2、4万拆舍的1万；二是1、1、2万拆舍的1万；故明知你要3万和牌。况且你摸牌调换后又打2万，不言而喻，你是要3、6万和牌。不然，到这种形势，你决不会打一张1万出来的。

如果打4万，情况就不同了，因4万是中张牌，嵌连到3万、5万、6万等张子，很难推测到你到底要哪张万子，只能推断你要2至6万之间的某一张而已。比如，手牌是4、5、7万，有人会打7万叫和3、6万，但也有人故意打4万听嵌6万牌，目的是令人不易捉摸，浑水摸鱼。

只要4万一出，无人吃碰，就为各家首当其冲地露出一张安全牌，若有人追熟也出4万的话，"海"内4万就增多了，于是与4万相邻的3万无形中也变得相对安全，被舍出的可能性也就增高了，这就是实战中的微妙之处，也是策略之一。

当然，在1、2、4万中，切4万比切1万的危险性要大，这里需要注意的是切牌的时间。如早切4万，还不致放炮。如果先出1万，留2、4万，等两巡过后，别人也已先后入听，你又摸入一张4万，成2、4、4万牌姿，再切4万，就会放炮。如果先切4万，留1、2万，两巡之后，再摸进4万，如

1万安全，不妨留4舍1，打个回头张，既使别人吃不准你的牌姿，又不致放炮，何乐而不为呢？

例2.

假如你的牌姿已是一入听状态，抓进一张2饼，从盘面上看，2饼是绝对安全牌，切出后肯定无人问津。这时，你暂不必急于打出2饼，不如把手里多余的2万打出。因为3万已被人碰出，2万也不会被人吃进。待到对家打出白板，正好碰出，形成碰听局面，然后再打安全牌2饼，这么一来，对家无法推测你的叫牌，也许误以为你叫在2饼附近，达到了遮人耳目的目的。

例3.

在牌局关键时刻，少吃少碰，也可遮人耳目。例如，你手牌只剩7张，为2条一对（将头），4、5、6、7、9万各一张，叫和是8万嵌张。如图6-6。

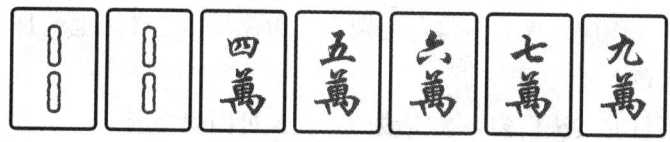

图6-6

当上家打出3万时，按理可以出4、5万吃3万付露，然后打9万，改嵌张8万为两面听5、8万。然而，为遮人耳目，不让对家推测自己的牌姿，宁肯少叫一张5万也要保持嵌8万的独听势头。因为吃3万打9万的本身，便等于告诉对方自己叫在6、7、8万张子之内，尤其8万的可能性最大，别人当然就扣住不放了。

例4.

如果由于牌姿关系，手头非拆1、3饼嵌搭不可，但又明知下家欲吃3饼，你当然不能为扣牌而破坏自己的部署。这时，不妨拆打1饼，将3饼扣于手中暂时不打，以后摸巡也照别的张子打，故意拖迟时间，不打3饼，迫使下家以为等盼无望而拆掉1、2饼边搭，这时你再打3饼，下家就会后悔莫及。

例5.

例如手中有4饼、6饼在听嵌5饼，这时摸进4饼。除非要改变为对倒听，这时舍掉摸进的牌不如舍掉手中的4饼。因为听牌后不断舍掉摸进的牌，

别家容易猜出你已经听牌。故意让别家误以为你还在做牌,在麻将竞技中是很好的战术。

例6.

打麻将一般都是根据对方的舍牌来判断对方的牌。一般会以自己的尺度来衡量别人。尤其是自认为是高手的人,绝不会在听牌时舍出边牌。这时就来一个"计中计",舍出边牌听牌。如果能让对方上当,对方的心境一定会变糟,进而会影响他以后的牌局。不过这种手段如果频繁使用,就会难以奏效。

例7.

碰牌和吃牌极易让别人推测出你的手牌。如你没有舍过万字,却用6万、7万吃进8万,别人一定会认为你在做"清一色"或"混一色"。相反,舍掉很多万字还吃进或碰了万字,别人会认为你的番牌是暗碰。

因此,你碰或吃牌应该虚张声势,使别人认为你是高番牌,也就是看起来像是万字"清一色",却在听饼子。

总之,遮人耳目的技法极多,在实战中,各人可因牌而异,以上方法只是抛砖引玉,进一步摸索只能依靠自己。

十二、兵不厌诈,为死吃碰

一般人为和牌而吃碰,是心理上急欲获胜的现象。如果吃碰单是为了求得自己进手,为了及早食和,即称不上是麻将竞技中的高手。要知道,吃碰的目的还有牵制、打乱摸牌顺序、为连庄及旺家设阻以及迷惑对家,等等。

对于几近绝望而又杂乱无章的手牌,一次又一次地打,追随他人出张,等于消磨时间,坐以待毙。不但枯燥无味,且一旦让对方发现,他便可对你置之不理,如果他再深做一步,和出一铺大牌来,岂非更糟?

即使手牌烂得无望,也要保持冷静,不让对方心理放松,得到喘息的机会。吃碰不是为了求和,有吃必吃,有碰必碰,造成对方心理紧张,你手牌的乱,他不尽然知道,只以为你吃碰即可进手,对你不会多加小心。同时,为你吃碰而着急,为了赶牌,他宁可放弃"大手货"的大牌,急于小和,达到你为死吃碰的目的了。

你的为死吃碰,有时反而打乱对方步骤,改变摸调,使自己凑合上去反把对方逼"死",而你却死里逃生,恐怕再没有比这更有乐趣的了。

不过,为死吃碰也是有限度的,手里必须保持两张以上的安全牌,对不能打的牌,决不领先打出。

例如,手里一铺烂牌,8、9饼吃边7饼,4、6万吃5万之后,手牌所剩7张为:

南、中、4饼,4万,2、4、6条。如图6-7。

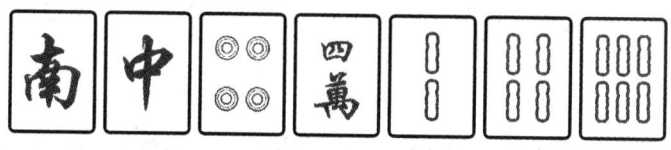

图6-7

如果摸入红中,因"海"内已见两张红中,故摸成对子也毫无用处,不能因此贪性又起,反而误事,弄不好会弄巧成拙,前功尽弃。不如顺手将保险牌红中切出。遇3条当吃不误,再舍安全牌南风。这时,手牌4张:中、4饼,4万与6条,而红中又是绝对安全牌。自己吃出三付露已给对家造成心理压力,局势已入后期,对方必定放弃做大牌,匆忙求和,了结此局。最后,牌局即使败了,也不至负于大牌,失分自然少得多。

十三、战术运用实例

(一) 观察别家神态

打牌者的神态或多或少可表现出自己的牌的好坏,常见的表情如下:

1. **悠然自得**:多是进牌与组牌顺手,想要什么牌,就能摸到什么牌,并且多是赢家。

2. **垂头丧气**:多是手中的牌无法组拢来,和牌无希望,纯粹是陪三家打牌。

3. **紧张、激动**:多是手中有了大牌,还差一二张牌就可叫牌,特别留意别人打出的牌,要是下家和对家打出了他所急需的牌,就会显得焦虑,有的甚至声色俱露，不由自主地说出"哎哟"一声。

4. 惊喜：一般是叫了大牌，当摸进或吃进某张牌，少不了喜形于色，眉飞色舞。

5. 烦躁不安：组牌很不顺手，想要摸哪张牌，却偏偏进不了，比如这一巡摸到一张自己不需要的9饼，下一巡又摸到一张9饼，心里焦急，有时情不自禁地说："又是大麻子"，当做大牌不顺手时，此种情况更甚。

6. 轻松自在：多是叫了牌，而且番数不算低，无须再进行组合。

7. 冷漠：多是打牌老手，喜怒哀乐不露，让人捉摸不定，对待这种人要细心观察。

8. 犹豫：这是最普通的现象。当上家打出一张牌，或某家摸一张牌要犹豫好久，多是手中有这张牌相关的搭子，但吃进来对整个组牌不一定有好处，放过机会又觉可惜。

（二）推测牌的常用方法

1. 如果堂内没有出现5、6万中张，则4、7万必然成为别家容易吃进或吃和的危险牌。

2. 上家先打4饼，后打2饼这种反常打法，说明他手中有1、1、2、4饼，势必先打4饼，留1、1、2饼。

3. 注意推测最后几张牌。当某家九张落地，最后手牌只剩四张，在他摸牌换张时，根据其舍牌，便知他手中的牌叫和的牌姿。

4. 拆两面搭子，有做大牌的企图。

5. 吃碰犹豫，多有多张同类牌。

6. 拆幺九对子，手里多半有易进张的搭子。

7. 原来多舍出中张牌，后来却打出一张幺九张子。这时，如果是拆搭，除舍出6外，下巡应接着舍出，万一见9而不见6，说明并非拆搭，而是在复合面子的6、8、9或8、8、9里将多余的9拆出来。

8. 冒放炮之险打出生张，很可能在做大牌。

（三）推测别人已叫牌的方法

牌局开始不久，估计别家还没有叫牌时，可大胆放生张，既不放炮，又便于组牌。别家叫牌后，要谨慎打牌，以防放炮受罚，失分过多。推测别人叫牌的常用方法有：

1. 牌过五巡，某家摸牌打牌已不怎么考虑，摸上即放，这种情况往往是叫了牌，而且叫得好，不需换牌，"单骑"的情况很少。

2. 已吃碰亮出三组牌，手中余下的四张多是叫牌。

3. 某家在做"清一色"或"混一色"时，突然打出该色牌的中张牌，多是已经叫牌。

4. 他在盯下家时，突然打出下家能吃进而于他毫无用处的牌，往往是叫牌。

5. 已打过有可能放炮的危险牌，又吃进一组牌，多是叫牌。

6. 这副牌接近尾声，突然放出一张危险牌，表明已叫牌，而且叫的是大牌，他这样做是破釜沉舟，孤注一掷，不忍心将手中的大牌夭折。

7. 某家焦急紧张后露出了喜色，多是叫了牌的信号。

8. 采用嵌搭成和打法时，行张进了中后期，吃进一张嵌搭，打出一张，多是叫了这张旁边嵌搭。

总之，要明确推测别人的牌，还要了解各位牌手的习惯、脾气、修养等，既分析牌，又要了解人，综合分析，方能百战百胜。

第七章

怎样参加和观赏麻将竞赛

一、赛前检查和时间规定

参赛者对号入座后,待裁判长宣布比赛开始,各桌参赛者和裁判员须起立互相握手致意,各桌开始进行比赛。而在麻将娱乐时,也应该注意讲究文明礼貌行为,互相尊重。

麻将比赛严禁使用透视眼镜等诈骗工具,使用眼镜者应主动请裁判员检查自己佩带的眼镜。

在此之前,大会组委会应派工作人员将计分用具分类摆放在各号位前。

《规则》规定限制比赛时间,每一局为 3 小时,中间休息 15 分钟;每局最后一盘比赛结束前 15 分钟,由裁判长报时,以提醒各队。裁判宣布比赛时间到,即行终止全部比赛。一盘未完者,以取得的比赛分计算成绩。

二、麻将竞赛的礼仪规则

1. 初始掷骰定位,宜请尊长掷骰。
2. 商定规则时,尊重长者的意见。
3. 打牌时,说话声音不要太大。

4. 没和牌，不要骂牌。
5. 给筹码时不要负气摔过去。
6. 不要欠人家筹码，一时找不开，暂欠一下，尽快结清。数字有矛盾，如非有见证，当以贷出者为准。
7. 输了分，不要摔牌，不要发脾气，指桑骂槐。
8. 输了不要拂袖而起。有人愿意顶替，也要向其他人致歉。
9. 不要埋怨人家放和大牌给牌明家碰和吃。
10. 不要埋怨人家诛张。
11. 摸牌时不要用力敲桌。
12. 一把牌结束，不要探头看人家的牌。

三、麻将竞赛应杜绝的行为

1. 一局完了不要炫耀自己扣牌如何精明。如果你这样做了，别人会很不高兴，而且你树立了"对立面"，下次他非狠扣你的牌不可。
2. 大牌食不出，不要摊开来大叫倒霉。这样做既有失风度，又泄漏了你打牌的路子，反使他人幸灾乐祸。
3. 人家和绝张，不要把自己的暗坎拿给人家看。
4. 不要迷信打颗骰子、晒牌等等破坏常规的行为。
5. 不要老是说自己输了多少。
6. 切勿打赌气牌随便胡乱冒险。坚持按牌张技术行事，不要使邪。
7. 如果要换人，最好不要在西风圈内换，因为有些地方有所谓"撞西"的说法，弄邪了牌，会有人和大牌的，这样输家就会埋怨那个换下来打的人了。

四、麻将竞赛的基本规则

凡竞技、游戏，都需要有一定的规则，因此大家需共同遵守规则。

1. 掷骰子必须按规矩掷

有的人输了，喜欢"邪一下"，只掷一颗骰子，这是不合常规的；因为只

掷一颗，系统性因素比较大一些，随机因素就弱了一点。

掷骰子必须掷于井圈内，这是为了避免作弊。

2. 四家砌完牌墙再掷骰

这是为了避免有人作弊。有些人手里握着两垛牌，看你掷什么点才摆到什么位置上，对他有利。

3. 补完了花才出牌

补牌需要一定时间，特别是补完又补者。庄家性急，打出一张，下家也性急，伸手便摸。其余两家若补牌未了，到补完牌才发现可碰庄家的弃牌。若不给碰，则于理不合，若给碰，下家就知道碰牌的下家摸入什么张。而且如果下家已插入牌中，就很容易作弊，你很难指证他换了牌。

4. 打麻将不能悔着

打到堂子里的牌，不能改变主意拿回来。规定"翻打包输"就是以避免串通行骗。事实上，与其翻打包输，不如严格执行"落地无回"。这对出牌人来说，一可以训练其缜密、敏捷的处事能力，二是不暴露自己的手牌。

由"落地无回"演变出"见白不收"这个规则，意即暴露了的牌就一定要打，这似乎又太严格了。因为不小心碰动了旁边的牌，翻了出来，这是无意之中的过失。特别是某些人有些神经质的毛病（或是一些老年人），手总有些微颤，又或立体判断能力较差，很容易碰倒了牌。除非有比较明显的作弊行为，否则劝其小心就算了。反正他暴露了牌也是他的损失。

5. 摸牌上手不能碰或食和

一家打出了牌，待其下家已摸牌上手，方才打出的牌便已成为弃牌，而其余两家迟了喊碰食和，就只能算他倒霉，反应不快。严格执行这一条对大家都公平，而且能训练反应敏捷的能力。问题是有的人动作很快，上家未放稳，他已看清是什么牌（一般地说，无论从距离、角度方面说，出牌的对家最难看清楚，其次是上家，下家最易看清），便即手摸牌，而摸牌的手挡住另两家的视线，使人家还未看清楚，他就把牌摸上手了；如果不给人家碰或食和，那就不公平了。这种情况下，在他伸手时，余两家有权要他暂缓，缩回手，让人家看清楚他上家的弃牌。要是他已摸起牌，只能叹自己倒霉，因为如果没有严格的界限，就很难公平竞技。

第七章　怎样参加和观赏麻将竞赛

6．不准露手牌

有些人总是故意把自己手牌给人看，俗称"晒牌"，是不合规则的。因为露了牌，打明张，当然有可能有利于一家，甚至可能串谋。

7．不要随便谈论别人的牌

打麻将是比赛各人的技术、记性和判断，而不是协作。靠协作对付一个人是不公平的。你判断人家做什么牌，他需要什么牌张，是你技术的发挥；但公开出来就不对了。诛张扣牌成功，造大牌者和不得，千万不要炫耀自己的明智，这样会令人反感，自己心中庆幸便是了。

8．诈和不截真和

这是防止作弊的办法。因为食诈和是赔双分给放炮的那一家，其余两家只赔一半。如果哪一家是一铺大牌，但他被食诈和的人截了，和不出，无形中少收了筹码。所以不能因诈和截真和而害人家不能和大牌。

9．摸错牌不能补救

无论你多拿了牌（大相公）或少拿了牌（小相公），不能弃掉或补回以凑够正确的牌数。只有补花而牌尾双单证明漏补一张者，可以补回，但必须到自己摸牌碰出牌后才能补。

10．已吃不能换

拿出一搭牌，吃了上家的舍牌，后来又改变主意，掉换搭子，这是不行的。比如上家打5条，你拿出6、7条翻开吃进，又马上改变主意，换了4条吃或5条碰都是不行的。因为这也很容易串谋。

11．翻错牌或错拿牌，原则上不能换

吃牌或碰牌时，拿错了牌，摆成的付露与其余两张风马牛不相及，后来才发现，原则上一巡过后不能换。因为难以确证你是否错拿或确曾出过你缺的那张牌。如果三家都同意你更正，则另当别论。错翻牌也是同样的道理。只有在同一巡内，而且三家同意，才能把暴露的错牌调换手中的牌。

12．不能看别家的牌

有的人叫和时，宣布立直（扣停）把牌覆下来，表示决不换张，然后探过头去看隔壁的牌。这样作是不行的，因为这样对你食和有利，而且惹人讨厌。

五、麻将竞赛基本守则

1. 准时赴会,不得让人有干等之行为。
2. 圈数议定,不得有输急再议之行为。
3. 砌牌迅速,不得有要死不活之行为。
4. 轻取轻放,不得有摔牌拍桌之行为。
5. 敦重牌品,不得有亮牌诱骗之行为。
6. 心平气和,不得有出口不逊之行为。
7. 保持风度,不得有怨天尤人之行为。
8. 入厕应有,不得有借便违法之行为。
9. 局终结账,不得有赖皮拖欠之行为。

六、麻将选手的行为规范

1. 以主动联系为荣,以等待被叫为耻。
2. 以准时到场为荣,以拖延时间为耻。
3. 以切磋交友为荣,以打牌盈利为耻。
4. 以大牌开杠为荣,以听牌小和为耻。
5. 以实赢实输为荣,以赖账虚报为耻。
6. 以胜败不惊为荣,以遇输摔牌为耻。
7. 以不上厕所为荣,以入厕盘点为耻。
8. 以血战到底为荣,以捞点就溜为耻。

七、如何组队参加比赛

体育、文教、工会、老年协会等组织机构都可以举办麻将比赛,各单位、个人可根据具体情况组队参加比赛。

各参赛队可包括下列人员:

领队1人,教练1人,参赛队员可根据团体赛和个人赛分别报1-4人,同时，可报替补队员 1-2 人。

参赛队报名时须填身份证号码，并交 2 寸近照 2 张以制作参赛卡。

为预防意外，报名时须附队员有效身体医疗检查表，组委会可代办人身意外伤害保险。

报名截止日期至少应在赛前一月左右，以利于组委会编排、打印竞赛规程或成绩表等。

竞赛开始前 1-2 天为报到时间，此时可安排裁判员培训，参赛各队则适应、熟悉场地及调整参赛状态等。

八、如何欣赏竞技麻将

1. 看中国竞技麻将标准竞赛

按中国国家体育总局社会体育指导中心颁布实施的《中国麻将竞赛规则》举办的比赛，对促进中国竞技麻将运动逐步沿健康化、规范化、科学化、法制化的轨道，提高竞技麻将运动水平，丰富人民群众业余文化生活，遏制用麻将赌博的行为，将起到积极推动作用。

2. 了解规则和比赛程序

通过观看比赛，可进一步了解和熟悉《中国麻将竞赛规则》及比赛程序，有利于广大麻将爱好者积极投入到麻将标准比赛中去，使祖国传统牌艺在健康的轨道上发扬光大。

3. 看竞赛新面貌、新精神

中国竞技麻将标准竞赛赋予古老的中国麻将以新面貌、新精神。参赛各队同场竞技，并在裁判监督下公平竞争，使麻将回归成为一种高尚、优雅的体育运动项目。

4. 看形式、看打法

规则规定庄家开牌后从抓牌到第一次出牌之间限定时间为 30 秒，而后打出的每张舍牌，其下家如不吃、不碰、不杠、不和，应报"PASS"，另两家如不吃、不碰、不杠，应分别报"PASS"，而后，其下家才可抓牌。同时，每人杠、碰、吃的牌和舍牌必须按规定整齐有序地排放在相应的地方，和牌后还须经裁判和另三家鉴定认可以便记分。上述措施有效地避免了以往牌桌堂中混乱,不易分辨的弊病。

5. 看技术,看风格

每位参赛选手的牌技和风格不尽相同,同桌竞技时其牌型的组合;吃牌、碰牌、扣牌与和牌的掌握;舍牌、留牌与搭配的技巧;舍牌、听牌、和牌速度的快慢;局面的掌握与控制、牌型和预后的分析、扣张的保留等,无不反映牌手的技术和风格。欣赏者也可以与自身比较,对提高欣赏者的牌技大有益处。

6. 看战术意识

麻将竞技的特点是力求自己和牌,不放炮,还要顶住上家、守着下家、瞄着对家,故在行牌过程中应随时根据牌局的变化而制订或变换自己打牌的战术意识,和小番也比放大炮好,正分再少也比负分多,高明的牌手很注意这一点。

7. 看手牌组合,舍牌艺术

《规则》中规定的番按不同的计分方式共有81种,而民间的打法更是花样翻新,且有增无减。在竞赛中可根据手牌的情况,并按参赛者的风格、构思和超前意识而着手组合,能做大就做大,不能做大就做小,不要死扣着几张自己认为是好牌的,舍不得打掉,到头来不是放炮就是和不了,得不偿失。

8. 看局势应付,防守重点

行牌过程中根据另三家的吃、碰、杠牌和舍牌种类、数量、先后顺序,一般就能明白其和牌种类、方式和速度快慢,此时必须针对可能出现的情况予以正确的应对,成功的防守是取得胜利的关键。

9. 看听牌快慢、张数

听牌越快,和牌的速度也越快,如手牌上张就听,则不要犹豫,不必老想做大牌。要知道,打几圈也不容易做成一次大牌,除非天赐良机,故该出手时就出手。而听牌的张数越多,那么和牌的几率就高,尤其是自摸和。因此,尽可能地做成多面听或两面听。

10. 看如何利用庄家和风圈

坐庄和连坐是每一个打麻将的人都乐意做的,尤其是在一局的第一圈(东风圈)时,无论是碰东风或手中东风牌暗刻,则再加座风碰1分,共核计2分。此类型还有南风南、西风西、北风北等。而连庄则意味着坐庄者又和牌

（或是荒牌），这就多带给坐庄者一次赢的机会，坐庄者何乐而不为呢？

11. 看如何和大牌、得高分

如开牌后上手的牌特别理想，就可考虑做大牌，如有五对或六对牌，则可考虑做七对子，而做碰碰和，则少了 8 分，其差别不言而喻；如有十张左右同一花色的牌（或字牌），则可考虑做成清一色或清龙（或字一色），其分值可高达 10-16 分。

12. 看怎样计算番数和得分

番的类型较多，得分也不相同，如何计算番数和得分，除了裁判和另外三家的裁定和认可外，还要做到自己心中有数，否则也会出现差错。如东风圈庄家碰东风牌或有东风牌暗刻，即应核计 2 分，而和出孔雀东南风的牌，则再加 4 分，共计 6 分。另又如有人在一盘中既没吃牌和碰牌，也未抢杠，后自摸和牌，此时得分计算应将不求人（4 分）加上其他番的分值后为最终得分。不过有些番则不应重复计算，如记不求人则不能再记门清（有暗杠算门清）；而记绿一色则不能再记混一色。

13. 看裁判如何执法

竞技麻将的裁判员应系大会组委会聘请的作风正派、业务精深、有一定裁判经验的人员担任，也许今后还须通过资格考试并取得等级证书方有裁判资格。

有裁判员执法的麻将竞赛将显得正式、规范。参赛队员将在比赛中比智慧、比反应、比体力、比作风、比掌握和熟悉规则的程度及运用，使得比赛更生动活跃。而裁判员在比赛中的作用必定更加重要，如掌握比赛的节奏，执法的力度，对规则的理解深度广度，番数和分数的精确评判、记录，以及惩罚的严格、准确，无疑会对比赛产生深刻的影响，而对竞技麻将的推广也会起到积极的作用。

14. 看现场解说者如何评述

竞技麻将正式比赛的关键场次，实行现场解说和评述将势在必行，这一措施不仅可以反映竞技麻将比赛的激烈程度，也可通过现场解说和评述讲解各牌手的手牌、牌形组合、舍牌、听牌、和牌番数和分数等。还可将牌局变化、牌手之间的斗智斗勇等情景淋漓尽致地介绍给观众，让观众能身临其境，充分领略麻将比赛中的风云变幻。

第八章

麻将竞赛的组织

麻将竞赛是普及和提高麻将技艺的重要方式,这对丰富广大人民群众的文娱活动,引导麻将进入健康轨道将起到积极的作用。

一、麻将竞赛的组织

开展麻将竞赛是普及和提高麻将技艺的重要手段。国家经常组办不同级别不同规模的比赛,并且逐渐制度化,对丰富人民群众的文化生活、促进身心健康有积极的作用。

组织麻将竞赛要根据参赛单位的具体情况成立组织委员会,并负责筹办全部竞赛工作。组织委员会应由组办单位的主要负责人担任领导职务。成员包括各办事机构的负责人、参赛单位领导、裁判长等。

组织委员会根据比赛规模建立办事机构:如设置秘书组、裁判组、后勤组等。

组织委员会首先要拟订竞赛规程,明确规定竞赛名称、目的、参赛单位、比赛日期、地点、报名办法、竞赛办法、名次录取、奖励办法、使用规则、抽签时间和地点等项内容。竞赛规程和报名表应及早寄送各参赛单位。

组织委员会应委任1名裁判长、2至3名副裁判长,并聘请裁判员若干人。

裁判长在赛前要组织裁判员学习竞赛规程和比赛规则。比赛中要领导裁判员公正准确地完成各场次比赛的裁判任务。赛后要总结裁判组的工作,协助编制成绩册。

秘书组的主要工作包括接受报名、抽签、编印和分发秩序册、安排赛前练习。比赛期间的主要工作有检录比赛成绩、公布比赛成绩、解答有关竞赛编排问题、协助裁判长掌握比赛进程。比赛后期应搞好资料收集存档、编印和分发比赛成绩册、总结比赛编排组的工作。

二、麻将竞赛的抽签

抽签是编排竞赛秩序册必备的关键性工作。竞技麻将也存在着机遇性,这是任何体育竞技项目都能遇到的。竞赛编排实践证明,体育竞赛中避免此类问题最好是抽签。麻将比赛在场次间、对手间、座次间的相互影响大,如人为安排,易出现弊端,参赛者也不愿接受。唯有合理的科学的抽签法方能令人满意。

(一)抽签工作的原则和方法

1. **抽签方法必须符合竞赛规程规定的比赛办法**
2. **同单位的队员不得同桌比赛**

为此凡允许两人(队)或两人(对)以上参加的比赛项目,录取参加决赛的人(队)数必须有相对应的容量。此种比赛决赛阶段的抽签工作可定在预赛结束后进行。比赛秩序册中的轮次、桌号、前场座次预先安排好,待抽签后对号填人。只允许一人(队)报名参赛的项目,决赛阶段没有同单位同台比赛的问题,决赛阶段一般安排两轮比赛。决赛第一轮按预赛成绩蛇行排法分桌比赛,每赛桌人进行前后两场比赛。第二轮按前轮比赛成绩进行1—4名,5—8名,9—12名,13—16名名次决赛,预赛和决赛成绩全部有效,唯用蛇形排法分桌比赛的最后一轮的名次决赛的成绩只在该赛桌核算,不再进行跨桌比较。

3. 团体赛

每队正式出场四人，分别在四个组比赛，每队只用一枝签，四组赛桌编号一致，抽中签的桌号座号相同，参赛队员持个人比赛签进场对号入座比赛，各对队员参赛组别由各队自行决定。

4. 个人赛

每人一支比赛签。抽签时先抽参赛队员多的单位，将其合理分开，再抽参赛队员少的单位，将其合理分开，最后抽只报一人参赛的单位，保证每桌四人而且是不同单位的参赛者。为了实施同单位的队员不同桌比赛的原则，可将统编赛桌号码分段，以便将同单位队员分别抽进不同段的桌次比赛。

5. 抽签工作以每轮比赛为一个单元

每个抽签单元要完成抽签、记录、复核工作。抽签开始时，主签员对该项目该签单元参赛人（队）数抽签顺序作简要说明，然后号签员当众摆出各赛桌签盒和该赛桌统编场号。主签员摆出赛座号签，根据抽签方案预定的工作步骤，持搅乱后的队签（个人项目持个人比赛签）与搅乱后的座号签逐一相合，并当众宣布结果，即为该队（员）该轮比赛的桌号和座号，如是依次抽定各轮比赛次序。

6. 抽签记录工作

抽签记录要准确、要尽快公布。主签员抽定各队（员）的比赛桌号和座次后，记录员就要根据抽定的事实，准确及时地做好三件记录工作，一是在场号签上依座次填写抽入本场比赛的四位队（员）编号，二是在队（员）比赛签上，填写抽中的场号桌号和座号，三是把场号签上的记录内容填入秩序册的相应表格内（第三项记录可在抽签会后完成）。

7. 抽签工作

抽签工作要体现公平竞争、机会均等的原则，公开抽签方案、接受各方面监督、严禁徇私舞弊。

（二）抽签的准备工作

1. 核实参赛单位

检查报名情况，分项统计参赛人（队）数。

2．提出抽签方案

对主签员、号签员（助手1人）、记录员（助手2~4人），邀请出席抽签会的领导、裁判员、领队、运动员和记者提出建议名单。抽签方案还应包括抽签工作顺序、各单位的抽签顺序、每个抽签工作单元所需的赛桌和桌位安排方案。

3．准备抽签器材

抽签所需器材包括比赛时的用签、各赛桌签盒、各轮每桌比赛统编场号签、各桌前场比赛座号签、运动员比赛用签。所有用签必须大会盖章。

（1）团体赛抽签器材

团体赛用签包括队签和队员比赛用签两种。队签的正面写有队名和报名时的编号，印出空格留作记录各轮抽签抽定统编桌号和座号。队签的背面样式一致，不留痕迹。团体赛比赛用签只是证明身份，格式与个人签相同，每人一签，出场时需持签对号入座。团体赛队签和队员比赛用签与秩序册一并分发各队使用。团体赛用签格式如表8-1、8-2所示。

队签（正面）

表8-1

编号栏	队名栏
场号、桌号、座次	

队员签

表8-2

编号栏	姓名： 身份证号码：
场、桌、座	

场号签

表 8-3

纺编场号桌号	
1号座	2号座
3号座	4号座

(2) 个人赛抽签器材

个人的参赛者每人一签,签的正面填写报名时的编号、姓名、身份证号码。空格留作填写各轮抽签抽定的场号和座号。

(3) 双人赛抽签器材

双人组队参赛,每队一签,签的正面写报名时的编号、两人的姓名、身份证号,空格留作填写各轮抽签抽定的场号桌号和座号。

(4) 赛桌座号签

根据比赛规模每赛桌一套签,每套签包括四个座号签,签的正面填写赛桌编号、座号(统编场号也可填入使之成为专场用签。虽多做签牌,但使用起来既快又准非常方便)。签的背面样式一致,不留痕迹。例如下两签,前一个是赛桌座号签式样,抽中此签者就在 1 号赛桌 1 号位比赛,抽中后一支签就在 5 号赛桌 1 号位比赛。

赛桌座号签(共四张),如表 8-3 所示。

(5) 场号签

比赛有多少个前后场就用多少签。例如有 160 人参加的个人赛,竞赛规程规定预赛打 7 轮,每轮打 40 个前后场,取 8 名参加每轮决赛,第一轮按预赛成绩采用蛇行排法分两桌比赛(两个前后场),第二轮按前轮成绩进行 1-4 名和 5-8 名次决赛,两赛桌各打前后两场。总共需要的场号签就等于 (40×7+2+2) 284 张。场号签可先填场编号和桌编号,待抽签抽定后,进入本场本桌的参赛者的编号分别填入抽定的座号,并且运动员比赛用签上填入抽中的场编号、桌编号和座号。记录员还要根据场号签把抽签结果转入秩序册比赛次序表内。然后场号签交裁判组使用,运动员比赛签发给运动员使用。

三、麻将竞赛的编排

（一）习惯编排法

在正式竞赛的秩序册中应该有已编排好的竞赛轮次以及各轮进行的时间安排等。

在编排竞赛轮次时，应注意在每一循环中，安排各队充任主、客队的次数应约占整个比赛轮次的一半，同时应考虑尽可能让各队在每个赛桌上都能赛1—2轮，致使机会均等。

这里，特附上几个竞赛轮次安排表，为竞赛组织者提供方便。

三或四队轮次安排表表

表8-4

台号 轮次	1	2
第一轮	1—（4）	2—3
第二轮	（4）—3	1—2
第三轮	2—（4）	3—1

五或六队轮次安排表

表8-5

台号 轮次	1	2	3
第一轮	1—（6）	2—5	3—4
第二轮	5—3	（6）—4	1—2
第三轮	4—5	3—1	2—（6）
第四轮	1—4	（6）—5	2—3
第五轮	3—（6）	4—2	5—1

七或八队轮次安排表

表 8-6

台号 轮次	1	2	3	4
第一轮	1-（8）	2-7	3-6	4-5
第二轮	6-4	1-2	（8）-5	7-3
第三轮	5-6	3-1	4-7	2-（8）
第四轮	1-4	（8）-6	2-3	7-5
第五轮	3-（8）	6-7	4-2	5-1
第六轮	1-6	2-5	（8）-7	3-4
第七轮	6-2	4-（8）	5-3	7-1

九或十队轮次安排表

表 8-7

台号 轮次	1	2	3	4	5
第一轮	1-（10）	2-9	3-8	4-7	5-6
第二轮	7-5	1-2	（10）-6	9-3	8-4
第三轮	4-9	5-8	3-1	2-（10）	6-7
第四轮	8-6	（10）-7	9-5	2-3	1-4
第五轮	3-（10）	7-8	4-2	5-1	6-9
第六轮	2-5	3-4	9-7	1-6	（10）-8
第七轮	6-2	5-3	4-（10）	8-9	7-1
第八轮	1-8	3-6	4-5	（10）-9	2-7
第九轮	9-1	8-2	7-3	6-4	5-（10）

第八章 麻将竞赛的组织

十一或十二队轮次安排表

表 8-8

台号 轮次	1	2	3	4	5	6
第一轮	1-(12)	2-11	3-10	4-9	5-8	6-7
第二轮	8-6	(12)-7	9-5	10-4	11-3	1-2
第三轮	4-11	3-1	2-(12)	5-10	6-9	7-8
第四轮	11-5	9-7	10-6	(12)-8	1-4	2-3
第五轮	7-10	4-2	5-1	6-11	3-(12)	8-9
第六轮	3-4	10-8	11-7	1-6	2-5	(12)-9
第七轮	(12)-10	11-9	1-8	2-7	3-6	4-5
第八轮	5-3	4-(12)	6-2	7-1	8-11	9-10
第九轮	7-3	6-4	5-(12)	8-2	9-1	10-11
第十轮	2-9	3-8	1-10	(12)-11	4-7	5-6
第十一轮	6-(12)	7-5	8-4	9-3	10-2	11-1

十三或十四队轮次安排表

表 8-9

台号 轮次	1	2	3	4	5	6	7
第一轮	1-14	2-13	3-12	4-11	5-10	6-9	7-8
第二轮	9-7	14-8	10-6	11-5	12-4	13-3	1-2
第三轮	4-13	3-1	2-14	5-12	6-11	7-10	8-9
第四轮	12-6	10-8	11-7	14-9	13-5	1-4	2-3
第五轮	7-12	4-2	5-1	6-13	3-14	8-11	9-10

台号 轮次	1	2	3	4	5	6	7
第六轮	2—5	11—9	12—8	13—7	1—6	14—10	3—4
第七轮	10—11	5—3	6—2	7—1	8—13	9—12	4—14
第八轮	14—11	12—10	13—9	1—8	2—7	3—6	4—5
第九轮	6—4	5—14	7—3	8—2	9—1	10—13	11—12
第十轮	7—5	8—4	6—14	9—3	10—2	11—1	12—13
第十一轮	1—12	2—11	3—10	14—13	4—9	5—8	6—7
第十二轮	2—9	1—10	13—11	3—8	14—12	4—7	5—6
第十三轮	7—14	8—6	9—5	10—4	11—3	12—2	13—1

十五或十六队轮次安排表

表8—10

台号 轮次	1	2	3	4	5	6	7	8
第一轮	1—16	2—15	3—14	4—13	5—12	6—11	7—10	8—9
第二轮	10—8	16—9	11—7	12—6	13—5	14—4	15—3	1—2
第三轮	4—15	3—1	2—16	5—14	6—13	7—12	8—11	9—10
第四轮	13—7	11—9	12—8	16—10	14—6	15—5	1—4	2—3
第五轮	7—14	4—2	5—1	6—15	3—16	8—13	9—12	10—11
第六轮	1—6	12—10	13—9	14—8	15—7	16—11	2—5	3—4
第七轮	10—13	5—3	6—2	7—1	8—15	9—14	4—16	11—12
第八轮	4—5	13—11	14—10	15—9	1—8	2—7	3—6	16—12
第九轮	5—16	6—4	7—3	8—2	9—1	10—15	11—14	12—13
第十轮	14—12	15—11	16—13	1—10	2—9	3—8	4—7	5—6

台号 轮次	1	2	3	4	5	6	7	8
第十一轮	7-5	6-16	8-4	9-3	10-2	11-1	12-15	13-14
第十二轮	2-11	15-13	1-12	16-14	3-10	4-9	5-8	6-7
第十三轮	11-3	8-6	9-5	10-4	7-16	12-2	13-1	14-15
第十四轮	5-10	1-14	2-13	3-12	4-11	16-15	6-9	7-8
第十五轮	14-2	9-7	10-6	11-5	12-4	13-3	8-16	15-1

以上表格适用于从三队到十六队参赛的轮次安排。

(二) 多轮比赛制

实际竞赛中，还往往采用多轮比赛制编排，且参赛者获得的成绩较为合理，而且遇特殊情况也有一套补救办法，其具体实施方案如下：

参赛人（队）数较少时，可不分阶段进行3—9轮比赛。参赛人数较多时，可分预赛和决赛两阶段进行，预赛阶段安排3—9轮比赛，按总番数录取前4名、8名、12名或16名参加决赛。决赛阶段的比赛方法：第一轮按预赛成绩用"蛇行"排法分桌比赛，第二轮按前轮比赛成绩进行名次决赛。1—4名为一赛桌排定1—4名，5—8名为一赛桌排定5—8名。由此类推。如竞赛规程允许一个单位报两名或以上的人（对）参赛时，决赛阶段的比赛方法则应采取抽签分桌比赛1—3轮的办法。按预赛决赛得番总和排定比赛名次。总番相等时按赛桌名次加番数多者名次列前，再相等时名次并列，如遇不准名次并列的场合，则用抽签法排定名次。

多轮比赛制以四人为一赛桌，每轮每桌打前后两场比赛，每场16局，按得番数排定该场赛桌名次，结合比赛结果获得加番。16局得番与赛桌名次加番之和为该比赛成绩，各场比赛成绩均进入最后名次评定。（注：本章"局"即"盘"）

多轮赛制每场比赛座次一、二、三、四号位由大会抽签确定，半场换位为二、一、四、三。后场比赛开始座位为四、三、二、一，半场换位为三、四、一、二。前后两场赛完至少体现两条优越性，一是四位参赛者都在四个座位打过半场比赛；二是互相打上家和下家的机会均等。

多轮比赛制预赛阶段安排较多的比赛轮次，保证每位参赛者有较多的机会发挥技术，争夺优异成绩。互相竞赛的次数多，偶然性相对减少，不至于因偶然因素就被淘汰出局。进入决赛者必然是佼佼者，在云集的群星争战中，搏智斗技赛出的成绩，一般是较为合理的。

多轮比赛制的和牌者记正番，放炮者记负番，正负番记数相等。自摸和牌得三家付番，从而分清技术责任、体现运筹能力和竞技攻守水平。参赛者的成绩，主要由本人临场发挥、战术实际水平决定。

多轮比赛制实行四人为一赛桌的办法。如果出现缺席采取下列四种办法保证大会顺利进行：

1. 五人赛桌制

组织麻将比赛要求参加的人（队）数为四人一桌，但实际报名的结果往往不能达到这个要求，比赛中也有缺席情况发生，过去有的比赛由裁判长指定裁判员或其他非正式运动员以不记番的形式参加比赛，不论一人陪三人或两人陪两人或三人陪一人赛出的成绩都容易产生争议，多轮比赛制排除局外人参赛，采取五人赛是较好的补救办法；其具体实施方法是按报名结果多出1－3人（队）时，就安排1－3张赛桌五人比赛，每场比赛打五圈，每人轮空一圈，把半场换位改为前后场换位。用抽签法抽定1、2、3、4、5座号，前场比赛1、2、3、4对号入座，1－4局5号轮空；5－8局5、1、2、3号比赛，4号轮空；9－12局4、5、1、2号比赛，3号轮空；13－16局3、4、5、1号比赛，2号轮空；17－20局2、3、4、5号比赛，1号轮空；后场比赛1－4局5、4、3、2号比赛，1号轮空；5－8局1、5、4、3号比赛，2号轮空；9－12局2、1、5、4号比赛，3号轮空；13－16局3、2、1、5号比赛，4号轮空；17－20局4、3、2、1号比赛，5号轮空。如表8－11所示。

每场单独评定成绩，1－4号按得番数排出1－4名，第5号的得番对照1－4得番获得赛桌名次，无胜负者得16.25番，只第五位负时，按三胜一负计番，5位计0番，1－4位如无得番相等时，三名和四名均计18番。

第八章　麻将竞赛的组织

五人制比赛座次表

表 8-11

场次	圈次	座号 签号 一 二 三 四	轮空签号
前场	1	1、2、3、4	5
	2	5、1、2、3	4
	3	4、5、1、2	3
	4	3、4、5、1	2
	5	2、3、4、5	1

场次	圈次	座号 签号 一 二 三 四	轮空签号
前场	1	5、4、3、2	1
	2	1、5、4、3	2
	3	2、1、5、4	3
	4	3、2、1、5	4
	5	4、3、2、1	5

注：每圈赛完轮换一次，均按抽签号次对号入座。

2．用得番率计算该场比赛成绩

比赛进行中，某赛桌前场至少打过半场（8局），因有人犯规或其他意外的特殊事故，影响一桌或多桌不能继续比赛时，可用计算得番率的方法计算该场比赛成绩。如果影响该桌后场不能比赛，经裁判长批准前后场均得相同的成绩。得番率的计算方法：（参赛者得番率÷已赛完局数）×16－该参赛者前场得番数。

按此得番排出赛桌名次并获得相应的名次加番。

3．替补法

如果第 2 种情况发生在前场 1-4 局，本次比赛大会又有五人赛桌，可调出轮空队员替补。

4. 重复法

比赛进行中因特殊原因影响一个或多个参赛者不能比赛，而大会又不能补赛时，经裁判长批准可用重复法：即指定受影响的参赛者的下轮比赛计重复成绩。如无下轮比赛可用抽签法抽定。

（三）淘汰赛法

将参赛者分为四人一桌，每轮比赛淘汰 3/4，剩下最后 4 人进行名次决赛。例如有 64 人参赛，第一轮比赛 16 场，按得分排定各赛桌名次，录取各赛桌第一名参加第二轮的四场比赛，再录取各赛桌第一名，参加第三轮 1－4 名决赛。这种比赛法适宜在时间短、经费少的场合使用。赛出的成绩在理论上勉强说得过去。但淘汰率太高，机遇性太强，最后赛出的名次不一定是参赛者的实际水平。所以只要比赛条件稍好都不应选用淘汰赛法。

（四）循环赛法

在循环赛中可采用以下记分法和五局（四桌十六人）循环制，如表 8－12 所示。

表 8－12

	第 1 局	第 2 局	第 3 局	第 4 局	第 5 局
第 1 桌	1、2、3、4	1、5、9、13	1、8、11、14	1、7、10、16	1、6、12、15
第 2 桌	5、6、7、8	2、6、10、14	4、5、10、15	3、5、12、14	2、5、11、16
第 3 桌	9、10、11、12	3、7、11、15	3、6、9、16	2、8、9、15	4、7、9、14
第 4 桌	13、14、15、16	4、8、12、16	2、7、12、13	4、6、11、13	3、8、10、13

关于各局比赛记分有两种方法：

1. 按输赢（正负分的多少）顺序，分别记 0、1、2、3 分，即输得最多的记 0 分，赢得最多的记 3 分。

2. 凡是输家一律记 0 分，三人赢者记 1、2、3 分；两人赢者记 4、6 分；一人独赢者记 10 分。

上述两种赛法对参赛人数、比赛时间有较严格的要求，有的比赛，出现参赛人数按四人一桌尚有多出者，由裁判长指定裁判员或不应参赛人员补足

四人顶替比赛（顶替者不计成绩），这样赛出的成绩显然不太真实。（注：本页"局"即 4 圈）

四、编印比赛秩序册

比赛秩序册是参赛各方在比赛期间的行动依据。秩序册编印得好会给参赛各方带来方便，使比赛顺利进行。因此，编印秩序册必须认真、细致、准确，保证赛前发给参赛队。

比赛秩序册包括下列内容：

1. 比赛日程。
2. 比赛竞赛规程。
3. 组织委员会成员名单。
4. 各办事机构人员名单。
5. 裁判长、副裁判长和裁判员名单。
6. 队员姓名、领队和职员名单。
7. 比赛场地和各赛桌分布图示。
8. 各比赛项目的比赛成绩记录表。
9. 比赛秩序表。比赛秩序表是编排秩序册后期才能完成的重要内容，机会均等，一视同仁等原则主要体现在比赛秩序表的编排上，对比赛场数、轮空场数、场地分配，要尽可能同等对待，对机遇性局面要避免人为地安排，采用抽签法处理较为妥当。

五、记录表填写法

1. 每桌比赛设裁判员 1-2 人，其中一人担任记录工作。
2. 负责记录的裁判员在赛前就可按照秩序册在记录表上填写比赛项目、组别、桌别和一、二、三、四号位的队名号码，队员姓名编号、比赛时间等内容。
3. 每局赛完根据和牌者报出的分项得番和该局得番并经参赛者核查无误

后,记入记录表内作为本局正式比赛成绩。

4. 记录表的该局的番栏内和牌者得正番,放炮者记负番,和多少番记多少番,正负番记数相等。自摸和牌时按得番数的三倍记番。诈和者记负24番,余家记正8番。第四次"稍后"以后再请求"稍后"一次记负1番,"稍后"减番数在全场累积中扣除。

5. 记番表的累积番栏。第一局累积得番数等于该局得番数,第二局累积番栏填写番数等于第一局累积番数加该局得番数。

6. 局次栏。每场4人参加的正式比赛,只需要16局次记录,如是5人参加的特殊情况可用两份记录表,将第二份记录表改写为17-20局即可,按照比赛进程依次记录。每个局次栏只记录在该局有得失番号位的成绩。

7. 得番项目和得番数:按本规则执行。

8. 诈和:诈和者记负24番,余家各记正8番。

9. 请求"稍后":请求"稍后"用T表示,记在备注栏内。T1T2T3T4T5……表示请求"稍后"的次数。

10. 累积番:本场比赛完后记各位参赛者16局得番的累积数。

11. 赛桌名次加番:按本场比赛得番多者名次列前,得番相等名次并列的原则加番。得番相等时按相关名次加番的平均数加番。如表8-13所示。正式比赛可采用《中国麻将竞赛规则》附件8《番种分类分值表》。详见本章末。

麻将比赛计番表

表 8-13

类别	番数	计番项目（花样）	备注
底番	1 番	平和、无字、二五八将、门前清、不求人、独幺九、四归一、一坎字牌、一次杠、抢杠、两同顺、两同坎、两同杠、两连顺、两连坎、两连杠、杠上花、杠后炮、海底花、海底炮、和单张。	只有暗杠可计不求人，门前清牌、碰牌分别记番，不能合。
底番	底 2	番断幺九、缺一门、全求人、两次杠、三同顺、三同坎、三同杠、三连顺、三连坎、三连杠、和精张、和多张。	
底番	番 4	番混一色、混带幺、混幺对、混将对、小三元、三次杠、对子和、清龙、混龙、四同顺、四连顺、四连坎、四连杠。	混一色不再记缺一门番，一副牌只一条龙番。
底番	8 番	清一色、清带幺、清幺对、清将对、大三元、四次杠。	清一色不再记无字、缺一门。
正番	\multicolumn{3}{l	}{ 1. 放炮和牌、自摸和牌记正番，有多少番记多少番，放炮和牌得一家付番、自摸和牌得三家付番。 2. 诈和时余家各记正 8 番。 }
负番	\multicolumn{3}{l	}{ 1. 放炮者和自摸和牌时余家三家记负番，负番数与正番数相等。 2. 诈和者记负 24 番。 }

赛桌名次加番		第一名	第二名	第三名	第四名
	一胜三负	40	12	8	5
	二胜二负	30	20	10	5
	三胜一负	25	22	18	0
	四无胜负	16.25	16.25	16.25	16.25
	一胜两平一负	27.50	16.25	16.25	5
	一胜一平二负	33.75	16.25	10.00	5
	二胜一平一负	23.75	20.00	16.25	5

12. 总番：本场比赛各参赛者所得总番为该号队员累积番与赛桌名次加番之和。

13. 签名：一场比赛完后，担任记番的裁判员填好各项应记的内容后，首先自己签名，再请参赛者和另一位裁判员签名。

14. 将记番表按大会规定送记录组后裁判长审阅和存档。

以上介绍了关于麻将竞赛组织的基本原则和方法，供组织竞赛时参考。下面将《中国麻将竞赛规则》第 6 章附表《中国麻将竞赛常用表》一并录于后，供比赛组织者根据实际情况采用。

中国麻将竞赛常用表

附件 1

报 名 表

单位：　　　　　　　　　　　　　　　　　　　　　年　月　日

队内职责	姓名	年龄	性别	单 位	备注
领队					
教练员					
运动员					

附件 2

抽签顺序号

序　号	队　名

第八章 麻将竞赛的组织

附件 3

轮次座位抽签号

队序号：

运动队：

序　号	队　员　姓　名
替补队员	

附件 4

比赛处罚记录表

队别	姓名	序号	违规局、盘、桌位	违规内容	处罚方法	备注

局 组 桌

附件5

比赛成绩记录表

比赛日期 年 月 日　起止时间 时 分 — 时 分

队列	编号	姓名	方位	项目	局组 1	2	3	4	5	6	7	8	9	10	11	12	13	14	15	16	比赛分合计	名次	运动员签名
				符号																			
				和牌名称																			
				得分																			
				失分																			
				符号																			
				和牌名称																			
				得分																			
				失分																			
				符号																			
				和牌名称																			
				得分																			
				失分																			
				符号																			
				和牌名称																			
				得分																			
				失分																			

说明： 1 庄：▲　 2 点炮：—　 3 自摸：+　 4 荒：○　 5 诈和：√　 6 警告：✕

附件 6

比赛成绩统计表

单位	姓名	号码	个人比赛分					个人标准分					个人名次	团体标准分				团体名次	签名
			第1局	第2局	第3局	第4局	名次	第1局	第2局	第3局	第4局	合计		第1局	第2局	第3局	第4局	合计	

说明：1. 比赛分每局结算一次，以比赛分多少排出名次，再换算成标准分。以各局标准分总和计算总成绩。
2. 标准分计分方法为：第一名得分等于参赛人数，其他人得分等于参赛人数减去所得名次，以此类推，最后一名得分为 0。例如：有 16 名运动员参加本组比赛，从第一名至第十六名的得分依次为 16,14,13,12……0。（注）组织者可根据竞赛规程确定的局数，对表格进行修改。

附件7

循环赛方式表

表1　　　　　　　　4个队比赛4局轮次表

局数	桌次	号　码	局数	桌次	号　码
一	一 二 三 四	1、5、9、13 2、6、10、14 3、7、11、15 4、8、12、16	三	一 二 三 四	1、8、10、15 4、5、11、14 2、7、9、16 3、6、12、13
二	一 二 三 四	1、6、11、16 2、5、12、15 3、8、9、14 4、7、10、13	四	一 二 三 四	1、7、12、14 3、5、10、16 4、6、9、15 2、8、11、13

表2　　　　　　　　　5个队比赛6局轮次表

局数	桌次	号码	局数	桌次	号码
一	一	5、14、3、12	四	一	17、10、3、16
	二	9、18、7、16		二	1、14、7、20
	三	13、2、11、20		三	5、18、11、4
	四	17、6、15、4		四	9、2、15、8
	五	1、10、19、8		五	13、6、19、12
二	一	9、6、3、20	五	一	1、5、9、17
	二	13、10、7、4		二	2、6、10、14
	三	17、14、11、8		三	3、7、11、19
	四	1、18、15、12		四	4、15、12、20
	五	5、2、19、16		五	13、8、16、18
三	一	13、18、3、8	六	一	1、18、5、19
	二	17、2、7、12		二	2、10、8、17
	三	1、6、11、16		三	3、16、20、12
	四	5、10、15、20		四	4、9、6、11
	五	9、14、19、4		五	14、13、7、15

第八章 麻将竞赛的组织

表 3　　　　　　　　　6 个队比赛 6 局轮次表

局数	桌次	号码	局数	桌次	号码
一	一 二 三 四 五 六	1、6、11、16 5、10、15、20 9、14、19、24 13、18、22、4 17、23、3、8 21、2、7、12	四	一 二 三 四 五 六	1、5、9、13 20、21、14、3 2、6、10、18 22、4、11、19 8、24、15、12 7、16、17、23
二	一 二 三 四 五 六	1、10、19、8 5、14、23、12 9、18、3、16 13、22、7、20 17、2、11、24 21、6、15、4	五	一 二 三 四 五 六	1、23、18、12 5、22、3、16 9、2、8、20 13、6、11、24 17、7、15、4 21、14、19、10
三	一 二 三 四 五 六	1、14、7、24 5、18、11、4 9、22、15、8 13、2、19、12 17、6、23、16 21、10、3、20	六	一 二 三 四 五 六	1、22、16、20 5、2、19、24 9、6、23、4 13、10、3、8 17、14、7、12 21、18、11、15

表 4　　　　　　7 个队比赛 6 局轮次表局数

局数	桌次	号码	局数	桌次	号码
一	一	5、14、23、4	四	一	17、22、27、4
	二	9、18、27、8		二	21、26、3、8
	三	13、22、3、12		三	25、2、7、12
	四	17、26、7、16		四	1、6、11、16
	五	21、2、11、20		五	5、10、15、20
	六	25、6、15、24		六	9、14、19、24
	七	1、10、19、28		七	13、18、23、28
二	一	9、26、15、4	五	一	21、6、19、4
	二	13、2、19、8		二	25、10、23、8
	三	17、6、23、12		三	1、14、27、12
	四	21、10、27、16		四	5、18、3、16
	五	25、14、3、20		五	9、22、7、20
	六	1、18、7、24		六	13、26、11、24
	七	5、22、11、28		七	17、2、15、28
三	一	13、10、7、4	六	一	25、18、11、4
	二	17、14、11、8		二	1、22、15、8
	三	21、18、15、12		三	5、26、19、12
	四	25、22、19、16		四	9、2、23、16
	五	1、26、23、20		五	13、6、27、20
	六	5、2、27、24		六	17、10、3、24
	七	9、6、3、28		七	21、14、7、28

第八章 麻将竞赛的组织

表5　　　　　　　　16个队比赛5局轮次表（每队1人）

局数	桌次	号码	局数	桌次	号码
一	一 二 三 四	1、2、3、4 5、6、7、8 9、10、11、12 13、14、15、16	四	一 二 三 四	1、8、10、15 4、5、11、14 2、7、9、16 3、6、12、13
二	一 二 三 四	1、5、9、13 2、6、10、14 3、7、11、15 4、8、12、16	五	一 二 三 四	1、7、12、14 3、5、10、16 4、6、9、15 2、8、11、13
三	一 二 三 四	1、6、11、16 2、5、12、15 3、8、9、14 4、7、10、13	六	一 二 三 四	

217

番种分类分值表

系列	分值	88	64	48	32	24	16	12	8	6	4	2	1
字牌系列		大四喜 大三元	小四喜 小三元 字一色					三风刻		双箭刻		箭刻 圈风刻 门风刻	
序数牌系列	步步高类				一色四步高		一色三步高			三色三步高			一般高 喜相逢
	同顺类			一色四同顺		一色三同顺			三色三同顺				连六
	龙类						清龙	组合龙	花龙				
	老少类		一色双龙会	一色四节高	混幺九	一色三节高 全双刻	三色双龙会 三同刻 四暗刻		三色三节高				老少副
刻系列	刻类		四暗刻 清幺九							碰碰和 双暗刻		双同刻 双暗刻	幺九刻
	杠类	四杠			三杠					双暗杠		双明杠	明杠
七对系列		连七对				七对							
花色组合系列		绿一色 九莲宝灯				清一色					五门齐 混一色		缺一门 无字
全带系列						全大、全中、全小	全带五	大于五 小于五	全带幺				
不靠系列						七星不靠		全不靠					
和牌方式系列									杠上开花 抢杠和 妙手回春 海底捞月	全求人	和绝张 不求人	门前清 断幺	边张 坎张 自摸 单钓将
特殊系列		十三幺										四归一	花牌
合计		7	6	2	3	9	6	5	9	7	4	10	13

第九章

麻将竞赛场地器材及设备

一、场地

为开展麻将竞技的需要，比赛场地最好选择能安排报名参赛队每轮赛次所需桌数的房间，要求光线充足、灯光柔和、通气良好、无噪声干扰。如有条件，桌与桌之间可用1.2米高的挡板或挡布隔开以防相互干扰。牌桌放置处，任何一方背后应无反光物（如镜子、玻璃像框等），而有玻璃窗时，可用布帘遮盖。

二、设备

1. 牌桌

木质正方形桌面，边长80～90厘米，高85～95厘米，平稳牢固。每根桌腿下端应有橡胶套或胶垫，防止移动。桌面上铺与桌面长宽相同的线毯或呢毯，以防止搓牌的碰撞噪声和立牌不稳。毯上加铺一层桌布，但桌布颜色不宜与麻将牌背面颜色相同。此外，在港、台地区有专为搓麻将用的一套设备：一张比方桌略低的圆桌，圆桌面上粘有毛毡或面料较厚的化纤织品，四把沙发，圆桌下部电脑控制的设备可以自动洗牌、自动砌牌，两副麻将交替使用。

沙发与圆桌的高度很协调,坐起来很舒服。但这套设备价格较贵,非一般工薪阶层所能够买的。

2. 桌布

为边长110~120厘米的正方形软质布料,斜铺桌面垫毯上。桌布正中间印有边长30~35厘米正方形白色线条,线条宽0.5厘米。另外,自己娱乐时,用旧毯子也可以,桌垫的四个边,最好缝制四个小兜,以便装计分卡之用。现在市上有用橡胶做的牌垫,也非常好用。

3. 坐椅

每张牌桌配四张坐椅,大小高低与牌桌相适应,椅腿底部应有橡胶或脚垫。

4. 计分表

此表用于记录比赛成绩,如表9-1所示。正式比赛采用《中国麻将竞赛规则》第6章附件5《比赛成绩记录表》和附件6《比赛成绩统计表》。

麻将比赛成绩表

表9-1

编号	姓名	第一轮	第二轮	第三轮	第四轮	第五轮	第六轮	
		得番						
		名次						

编号	姓名	第一轮	第二轮	第三轮	第四轮	第五轮	第六轮	

三、器材

1. 麻将牌

全国竞赛用麻将牌必须是中国麻将协会指定的产品。但基层用麻将牌可放宽规定。要求竞赛用牌应质地平整、坚实、光滑、图案面花纹和字迹清晰工整。全副麻将牌大小厚薄、色彩和质地统一。每张牌后面颜色相同，标准色为绿色，不反光。标准牌体积为：长3厘米，宽2厘米，厚1.5厘米，如图9-1所示。

全副牌共有144张，其中序数牌108张，分为：

万字牌　从一万至九万，各4张，共36张；

饼子牌　（又称"筒子牌"）从一饼至九饼，各4张，共36张；

条子牌　（又称"索子牌"）从一条至九条，各4张，共36张；

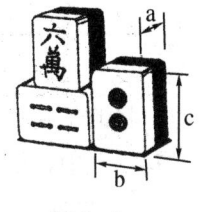

图9-1

风牌东、南、西、北各4张，共16张；

箭牌中、发、白各4张，共12张；

花牌春、夏、秋、冬、梅、兰、竹、菊各1张，共8张；

总计有6类42种图案如图1-1所示。

2. 骰子

为一边长 1.5 厘米的立方体，材质为塑料或骨，质地坚实、平滑，六个面分别刻有 1-6 个点，其中 1 点为红色，其余为黑色，各点着色明显，如图 9-2 所示。

图 9-2

3. 计分卡

计分卡是计算胜负的工具。通常用的计分卡分别为 1 分 20 枚，8 分 10 枚，10 分 10 枚，50 分 4 枚，100 分 1 枚。另外麻将牌本身附有的（为不同颜色的塑料小圆片、或印有不同点数的塑棒）外，还可使用扑克牌按黑桃、红桃、梅花、方块来分给四人。因为扑克牌从 1 到 10 可以组成任何一个数。再用麻将牌带有的塑料片，多的一种，一个可以代表 10，少的几种，可以分别代表 100，1000 或 10000。如果你使用的麻将牌没有带计分卡，可以就近取用任何小形物体代表百或千，比如，用围棋，或塑料制成的多米诺骨牌等都是可以的，使用起来也很方便。在一轮中，付方计分卡不够支付时，可向胜方借用，最后决算是不难计出胜负的。

4. 庄家（风圈）盒

为圆形塑料小盒，中间有一方槽，内放一类似骰子的正方体，分别写有东、南、西、北四风的风序，由开桌时第一个担任庄家的人保管（置于桌面左手边）。打头一圈牌时称为东风圈，庄家将东字朝上放于塑料小盒中，下庄时，将骰子和庄家盒一并交给下家。待轮到第二圈牌时，则将南字朝上放于塑料小盒中，依次类推，直到"北"风轮完，则表示四圈牌已结束。

5. 方向标志

比赛场地应在自然方向的东方设直经 60~90 厘米的"东"字牌，以便确定运动员就座的方位。

6. 计时钟

比赛现场应在明显位置悬挂一座标准竞赛计时钟。

7. 秒表

计算时限。

第十章

麻将专门术语释义

一、麻将的常用术语118例

1. 盘：每人坐风变换一次为一盘牌。
2. 圈：同桌四人，各坐一次庄（包括连庄）为一圈牌。
3. 局：每打完4圈牌为一局。
4. 圈风：比赛中圈数的标志。第一圈为东风圈，而后依次为南风圈，西风圈，北风圈。
5. 本门风：牌手风位的标志。庄家为东风，这是固定的。下家为南风，对家为西风，上家为北风。连续坐庄本门风不变。
6. 吃牌：指上家打了牌后，喊"吃"的同时把牌取出，同手中的牌加在一起做成顺子。
7. 碰牌：指其他家打了牌后，喊"碰"的同时把牌取来同手中同一张牌的对子加在一起做成一副。
8. 抢杠：只限于已碰出的牌，又抓到（或早已抓封）相同的第四张牌，亮出后无论有无抓杠牌的动作，均可被抢去成和牌。
9. 听牌：只差所需要的牌就能成和牌的牌姿。
10. 和牌：指自己摸来的牌，他家打出的牌，或杠得到的牌达到"和牌"

形成时的行为。

11. 定位：裁判员挑出东南西北四张牌，随意搓动，掷骰，按骰点数分给每人一张牌。得东字牌者坐到裁判员掷骰点属第一得牌的座位。

12. 定庄：得东字牌者第一个坐庄，其右边是得南字牌者，对面是得西字牌者，左边是得北字牌者。

13. 庄家麻将竞赛开始时，由一名玩家起庄。庄家的意义在于一开始就可以拿14张牌，其他人只能取13张牌。庄家如果和牌，则下一盘可继续连庄，否则即由庄家的下家坐庄。牌局通常在四位玩家轮流坐过四次庄后结束。

14. 坐庄：庄家连续和牌为坐庄。

15. 连庄：坐庄者和牌后继续坐庄，如果又是先和牌，仍可以连续坐庄，直至他人先和牌，则移到下家坐庄。

16. 荒牌：自抓牌开始，四家都没有开杠，直至牌墙剩余六墩牌，第七墩最后一张为海底牌后，仍没人和牌，即为荒牌。每开一杠牌，牌墙后多留一墩牌。

17. 开杠：凡一人有四张相同的牌，便可以开杠，先把四张牌摊亮在自己面前，再在牌尾摸一张牌。暗杠不亮牌。

18. 相公：手牌在和牌之前，应保持十三张，如果多于或少于此数，就叫作相公。

19. 面子：手牌中凡能配成对子、搭子、嵌搭的牌，均称作面子（如图10-1）。另外还包括复合面子，即在已成面子有相同或相邻的牌，而此牌并不构成其他的面子。

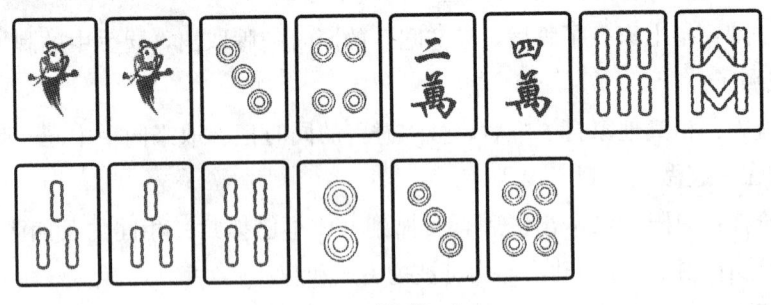

图 10-1

20. 朋组：凡完成的面子统称手牌中的朋组。多为三张一组，不是顺子，就是坎子。如图 10-2。

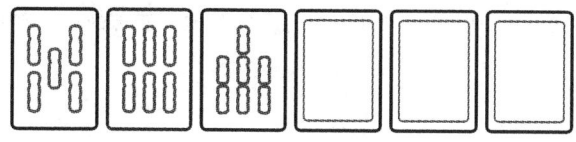

图 10-2

21. 顺子：是朋组的一个组成部分，即三张相连的同一花色的牌。如图 10-3。

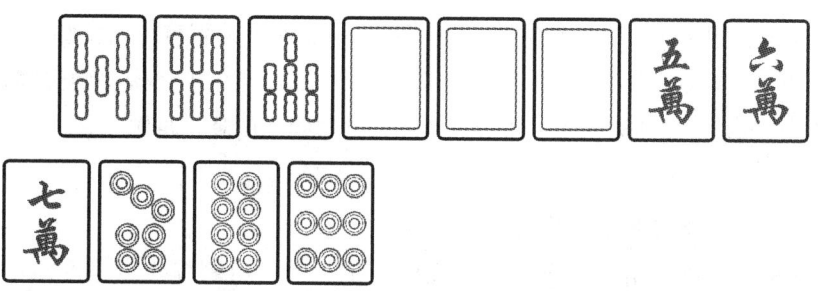

图 10-3

22. 坎子：是朋组的一个组成部分，即三张相同属种的牌构成的一个朋组。如图 10-4。

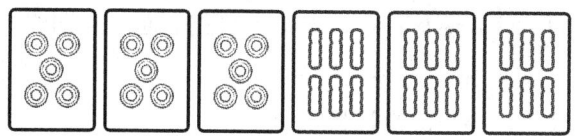

图 10-4

23. 明坎：已碰出的三张相同属种的牌。

24. 暗坎：凡在手牌内自摸而得的三种相同属种的牌，称为暗坎。

25. 配牌：也称基牌，是指麻将开局，每人按顺序分次先后摸得的 13 张底牌。

26. 付露：将吃出的或碰出的三张牌，亮出在自己竖牌背后，则叫一付露，吃碰两副牌叫两付露，余亦同。

27. 客风：东、南、西、北四风中，除自己的风位外，其余三张为客风。

28. 门风：属自己风位的风牌，称为门风。

29. 连风：凡获得的场风恰好又是自己的门风坎子，就叫作连风，应一并计算得两番。如：庄家在东风圈有东风一坎则为连风。

30. 堂：各家打入方城（牌墙）内的舍牌，叫作堂牌。而容纳各家打出牌的地方，称之为堂。

31. 地：各家吃碰牌后，放置付露牌的地方称之为地。

32. 尸牌：堂内被各家弃出之牌，称为尸牌。

33. 盘面：开局后，各家分别有摸、打、吃、碰、杠等行为。四家地内的付露，加上堂内的尸牌，统称为盘面。

34. 放铳：即出铳，也称出冲或放冲、放炮，即所出的牌被他人食和。

35. 待牌：各家手牌内完成顺子或坎子，以及叫和所需的但还未得到的牌，叫作待牌，也就是等待所要的牌。准备要打出而尚未打出的牌，叫作等舍牌。

36. 食和：听张叫牌后，由他人放炮使自己和牌的行为，称为食和。

37. 牌势：是指牌的进展情况与发展形势。

38. 牌姿：手牌的组合情况，无论几张落地，手内所剩牌张，分别由搭子、对子、顺子或坎子组成的状态，统称为牌姿。

39. 三飞：即指听牌形式是三门听牌姿。

40. 同牌：是指能形成对子或坎子、杠子的相同牌。

41. 拆舍：是打牌中的一种方法与技巧，就是把组成的面子或朋组拆开，然后打入堂内的一种手法。比如面子过多，超过5组，或手中单丁生张属危险牌及战术需要而拆坎改眼的，必须拆搭打牌，即为拆舍。

42. 舍牌：也称出牌、切牌，是指摸牌或吃、碰、杠后，须向外打出一张牌，即舍牌。

43. 将头：也称眼、麻将头，是指和牌时未形成牌组的一对牌。

44. 筋牌：也称同一线牌或一路熟，搭子两头可以互接的牌，称为筋。如图10-5。7、8万和万搭子进6、9万均成顺子，则6万和9万互为筋牌。在数牌中共有三组筋牌即1、4、7或2、5、8或3、6、9，每组内的三张牌均为筋牌。

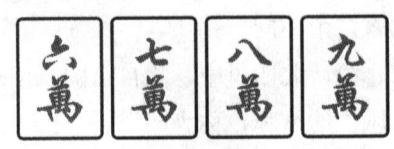

图10-5

45. 老牌：是指数牌中 6 至 9 的牌张。

46. 幼牌：是指数牌中 1 至 4 的牌张。

47. 数牌：麻将牌中的万、条、饼统称数牌。

48. 字牌：麻将牌中单独存在，且只能配对组成坎的单字牌，包括三元四风牌。

49. 手牌：各家配牌 13 张，除掉吃碰付露外，竖在自己面前的牌。

50. 准手牌：在手牌里，除自摸完成的或坎子外，所有未完成的面子或单张牌。

51. 主体牌：是指除将头外，凡听战有叫的那副搭子，顺子或单钓或碰碰和的对子，统称为主体牌。

52. 三色同顺牌：是指万、条、饼三门牌都有相同的顺子。如图 10-6。

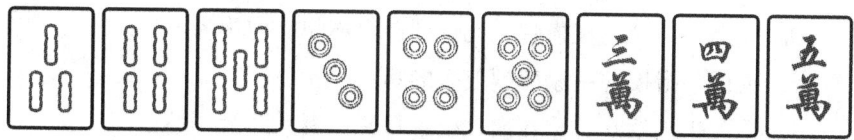

图 10-6

53. 听三交：形容听战很久了，几巡下来仍未和出，统称听三交。

54. 碰听：即碰牌后即入听牌，手牌中差一张便可叫和的一入听状态，可能是两对加一搭另一单丁牌，或是一对加一副连四另一单丁，碰一张牌可入听叫和。这种碰牌即称碰听。如图 10-7。

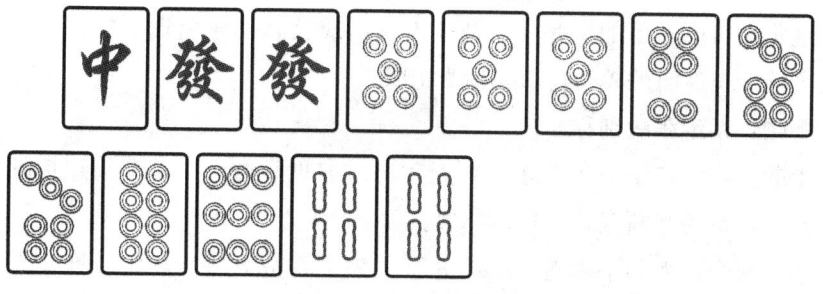

图 10-7

55. 吃听：与碰听一样，手牌中差一张便可叫和的入听状态，可能是一对另两搭，或一搭加一副连四（或连五），只要吃出一付露即可入听叫和，这种吃牌称为吃听。如图 10-8。

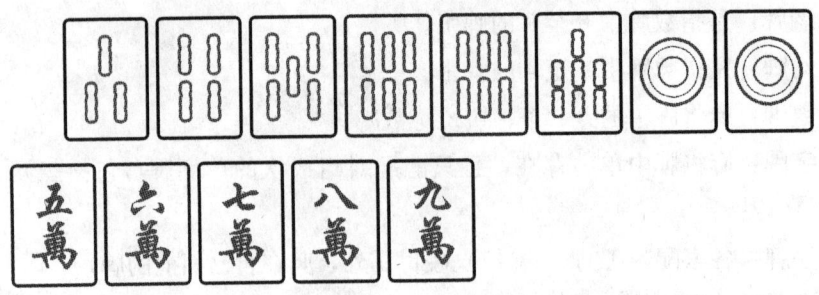

图 10-8

56. 鸡和：手牌没有番牌，而朋组中既有坎子，也有顺子，以这种牌姿和牌即叫鸡和，系麻将和牌中最低的和牌方式，得分最少。

57. 单骑：即单钓。

58. 跳档：别家碰牌而碰掉了自己的一次摸牌机会，称为跳档。

59. 摸巡：各家轮流摸牌，凡轮到谁家摸牌，均称为摸巡。

60. 摸调：指摸牌一家摸到上张的牌。

61. 巡：指包括吃、碰在内，摸牌每轮一圈，即为一巡。

62. 摸顺：指手气好，摸进的牌张张有用，在牌桌上称为摸顺。

63. 逆顺：指手气背，摸进的牌与手牌丝毫无关，或连摸单丁字牌，无一上张，牌桌上称为逆顺，俗称摸石头。

64. 番子：指字牌里的中、发、白三元牌。因为牌谱中规定，这三种牌成坎均为固定有番的，故俗称番子牌。

65. 绝张：自己需要的待牌，已被他人碰出或已有三张出现在堂内，因此进张机会减少。这时的单张待牌，称为绝张。

66. 断张：系绝张的别称。

67. 半断张：即搭子一头进张被别人碰出或多见堂内，而另一头连接牌尚有吃顺机会，称为半断张，与边搭类似。

68. 单边断张：例如手牌有6、6、8万，单7万被人碰出，则待嵌7万的机会没了，除非摸入8万一对，否则6、6、8万复合面子的6万对除外，8万便成了单边断张。

69. 交：凡是听牌以后，每轮一圈，包括别人切牌及自己摸牌，都没有食和，便称为一交。轮两圈和不出叫听双交，余亦同。

70. 台（和头）：系番的别称，和牌多少番，也称多少台，俗称台头。

71. 突张：面子上多余的牌称为突张。如图10-9。

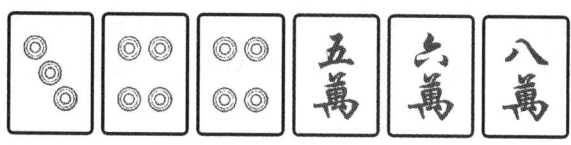

图 10-9

72. 散张：也叫子家。庄家以外的三家。

73. 散搭：被拆舍的搭子，欲切及未切的牌，都叫作散搭。

74. 伸吃：以一组复合面子吃成两组面子或朋组，叫作伸吃。如图10-10。

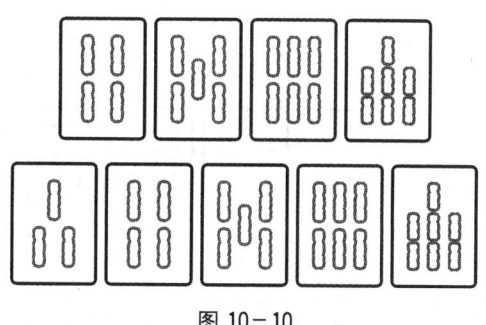

图 10-10

75. 密食：尽快地和牌。

76. 密叫：尽快地听牌。

77. 拆臭：把手牌中的上好搭子或对子拆开打出，叫拆臭。一般多因局势紧迫，自己又无和牌可能，为了打熟张，宁可拆臭也决不放和。

78. 吊手：即诱引战术中的一技，例如手牌中有1、2、4、5万时，故意拆1、2万，上家以为不要3万，顺手打出，借以牵制，不料却被4、5万吃进。这种战法叫吊手。

79. 吊线：也属诱引战术之一。例如手牌中有5、7、9万，故意打出5万，上家以为不要同一线筋牌，打出8万，恰好被7、9万吃进。

80. 复嵌：指复合嵌搭的面子。

81. 门听：指和牌的门类。如单钓、嵌搭、边搭为一门听，搭子听张两面叫牌是两门听，连五顺子听张是三门听等。

82. 大幺牌：指字牌里的东、南、西、北风。

83. 多门听：由五种听张基本形态组合，形成无数的，多样的听张形态，叫作多门听。包括麻将头多门听，3、4、5、6、7门听，8、9门听以及单骑四门复合听，单骑嵌张复合听，单骑边搭复合听，双碰复合多门听等多种听牌形态。

84. 麻将头多门听：也叫雀头多门听，实际就是单钓听牌，如图10-11，叫牌2、5条单钓。

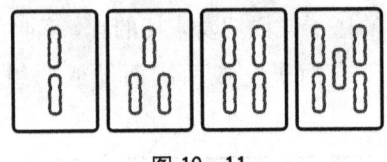

图 10-11

85. 三门听：听牌后，一次可叫牌3张。如图10-12。

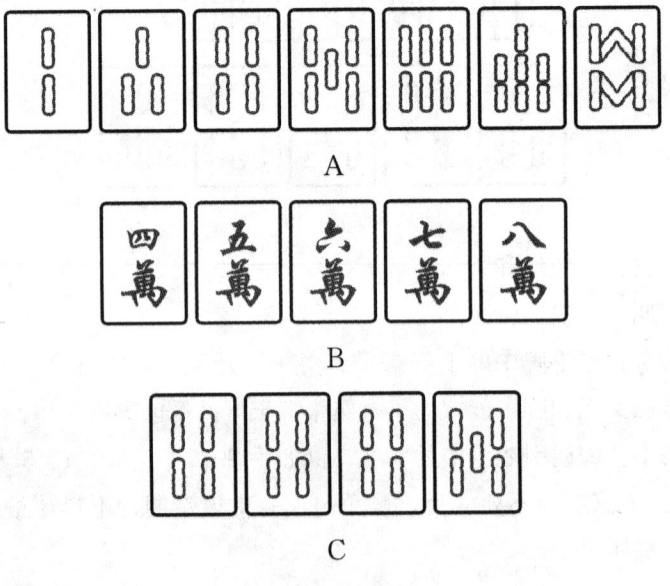

图 10-12

A. 叫牌2、5、8条，三门单骑听。
B. 叫牌3、6、9万。
C. 叫牌3、5、6条。

86. 四门听：听牌后，一次可叫牌4张。如图10-13。

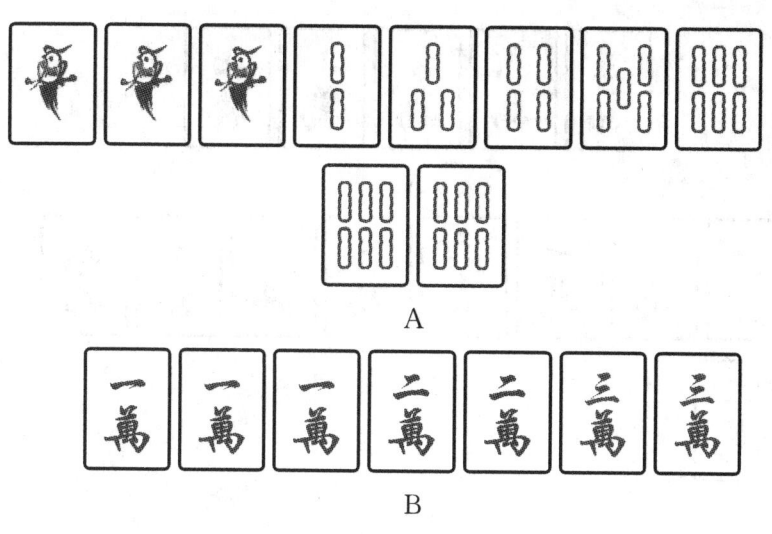

图 10-13

A. 叫牌 1~7 条。

B. 叫牌 1、2、3、4 万。

87. 五门听：听牌后，一次可叫牌 5 张。如图 10-14。

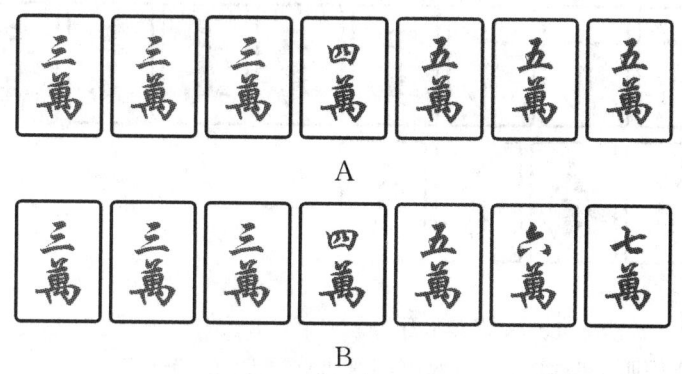

图 10-14

A. 听 2、3、4、5、6 万。

B. 叫牌 2、4、5、7、8 万。

88. 六门听：听牌后，一次可叫牌 6 张。如图 10-15。

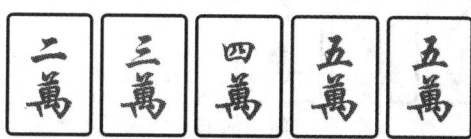

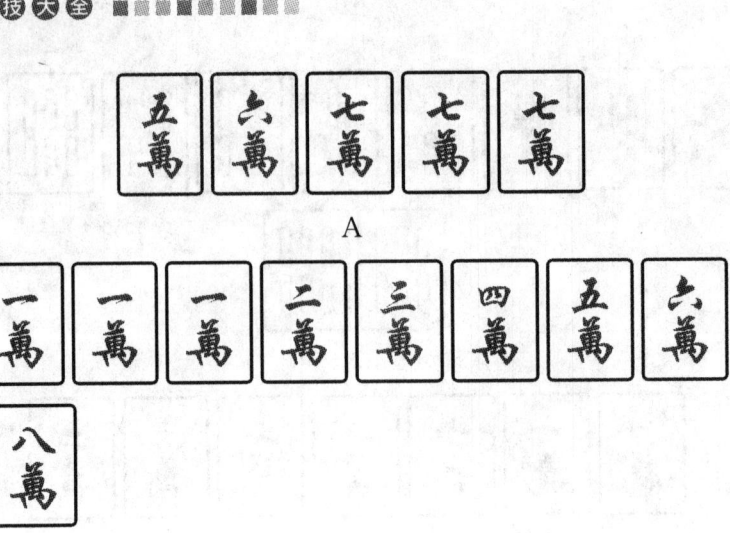

图 10-15

A. 叫牌 1、4、5、6、7、8 万。

B. 叫牌 2、3、5、6、8、9 万。

89. 七门听：听牌后，一次可叫牌 7 张。如图 9-16。

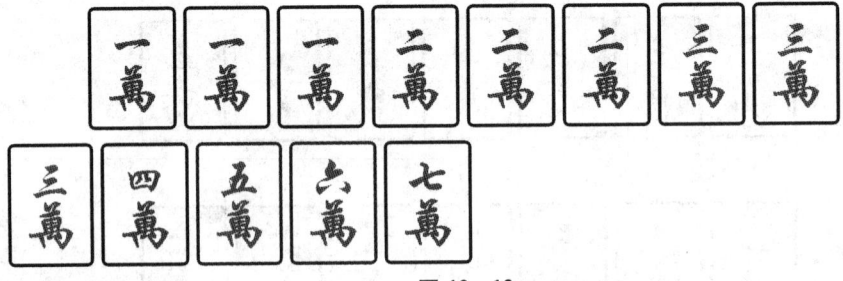

图 10-16

叫牌 1、2、3、4、5、7、8 万。

90. 八门听：听牌后，一次可叫牌 8 张。如图 10-17。

图 10-17

叫牌 2、3、4、5、6、7、8、9 万。

91. 九门听：听牌后，一次可叫牌 9 张。如图 10-18。

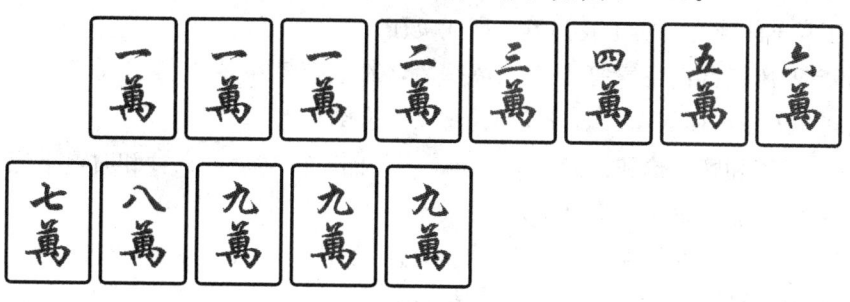

图 10-18

叫牌 1~9 万。

92. 一入听：手牌接近完备，尚差一张牌便可进入听张的牌姿，称为一入听牌姿，也称一向听。

93. 二入听：手牌较为整齐，尚差两张牌才能进入听张阶段，叫二入听，也称二向听。

94. 三入听：手牌整理完毕，面子齐全，没有一个朋组，尚差三张牌才能听张的牌姿，叫三入听，也称三向听。

95. 配牌相：起手摸进 13 张牌直至面子准备齐全的阶段，这种竖牌面结构称为配牌相。

96. 舍牌相：各家按顺序先后打入堂内的不要牌的结构状况，称为舍牌相。

97. 筋心相：也叫内挂牌，系筋牌中心的 4、5、6 三种牌。

98. 筋袖牌：也称外挂牌，系筋牌两个边端的六种牌，1、2、3、7、8、9。

99. 联络牌：也叫连结牌。牌与牌之间凡是能按顺序组成搭子、边搭与对子的牌，均属联络牌。

100. 牌口：牌墙开口处待摸的牌，叫牌口。

101. 立直：凡手牌 13 张不吃不碰，构成门前清的竖牌，可宣布立直。立直后不能吃碰及换牌，直至食和。

102. 回头张：自己曾打出过而后又听张叫这张牌，称为回头张子。

103. 平场：庄家连庄时被别家和出，庄家下轮，新局开始，称为平场。

104. 臭庄：也叫各局，即摸黄前最后一张牌打后仍无人食和，牌局不分胜负，庄家不能连坐，需下轮另家，即叫臭庄。

105. 四风连打：庄家打出头张风牌后，其余三家也依次打出同样的风牌，其间并无碰过程间隔，则按和局论定，应推倒重来。

106. 三家和牌不抢和：如一家打出一张牌同时被其余三家食和时，不应抢和（截和），应算议和，推倒重来。

107. 四立直：四家在实战中均未吃未碰，都是门前清立直时，即使有人食和，也不应算胜，仍按议和处之，推倒重来。

108. 幺头牌：指数牌的 1 和 9。

109. 腊子：六番算和的满贯，称为腊子。

110. 背后：手牌越多，上张越易，摸有效牌也就越顺，到了入听升级转化，手牌待配的面子越来越少，摸牌有效率也越低，呈背反状态。

111. 动牌：整副麻将里，因牌面结构的原因，字牌里的东、南、西、北、中、发及数牌里的 1 至 9 万，1、3、7 条和 6、7 饼等，均系一个方向刻制的，所以有正反之别。由于竖牌时出现倒置情况，须扶正后才符合看牌习惯，故称此类牌为动牌。

112. 不动牌：除动牌外的其余 14 种牌，其刻制无正反之别，无须处理，称之为不动牌。

113. 雨门：界于门前清或欲吃付露之间的称谓。

114. 国士无双：即十三不靠或十三浪。

115. 定进切牌：根据手牌相来确定要与不要的切舍方针，称为定进切牌。

116. 筑台：摸、吃、碰的朋组，称为筑台。

117. 套地洞：等待上家拆搭舍牌的后一张牌叫套地洞。

118. 照牌：无法完成面子的牌铺，称为照牌，即烂牌。

二、麻将的行牌术语 80 例

麻将作为一种国粹，源远流长，为广大群众所喜爱。在实践中，人们总

第十章 麻将专门术语释义

结出许多取胜的基本技术技巧，用概括而生动的语言表达出来，集中在历代的牌谱中。现将谱语汇总，竞技者可加以认真领会，牢记在心，运用于实践之中，定能获取胜利。

1. **头不吃**

对方打出的头一张牌不吃不碰。起手配牌，比较杂乱，开门吃碰即成死牌（付露于"地"，不能变动）。不如抓住摸牌机会，使手牌机动灵活，便于调整。况且头一张牌任其通过，后面有再出现的可能。此为不必急于吃碰的牌谱训戒。

2. **加杠须顾桌面**

碰出明坎，欲要加杠，必须注意盘面的局势，确保安全，避免被别人抢杠。

3. **打熟不出门**

进入危险牌，舍牌宜舍熟张，决不率先打出生张。

4. **病牌不出门**

病牌是指绝对危险牌。即对估计为绝对危险的牌张，宁存不舍。

5. **扬黑抑红胜家行**

对局中如能抑制胜者，扶持败者，牌终必胜无疑。千方百计牵制牌旺的一家或连庄者，从而放松不和的败家，以压下胜者的旺顺之风。

6. **红黑我自任之**

无论胜败，必须奋斗到底，持之以恒。不可胜时得意忘形，败时气馁寻事。

7. **牌运之来，得心应手，自由自在应战。**

8. **连庄不打东**

庄家欲继续连庄，散家决不率先打出"东"牌，免为其火上加油。

9. **入局顾三家**

竞技过程中，不能只顾自己手脚，应随时掌握另外三家的牌势，相应采取对策。

10. **避重就轻亦为胜**

自己没有和牌希望，应尽量避开做大牌的一家，放张给小牌者食和，能

完成此点,失分自然就少。

11. 拆坎求和

根据牌面需要,断然拆舍手内暗坎,形成多面听牌。

12. 好牌先打

通常好牌是指数牌中的 3 至 7 的中张牌,亦称为"好张"或"要张"。如果手头有 4、5 万搭子,即使摸入尖张 7 万,也要及早打出,以免来不及切牌,留为后患也。

13. 硬做吃下

摸调不顺时,采用无理的吃牌,以改变摸打顺序。

14. 不可妄碰

初学者大多有逢对必碰的偏爱,碰与吃同理,每碰一次,即缩小 3 张牌的作战基地,而且碰比吃更为严重。由于碰牌,往往使未完成的面子群折断,从而失去了联络性。

15. 细算和张

连续牌形的听张牌势,应事先仔细精算,以防止和牌反而不知和的现象。

16. 牌品高

指麻将竞技中保持文明礼貌的风度。

17. 未雨绸缪

即事先作好战略部署,预先作好一切防备。

18. 希望大,吃亏大

如果清一色,因形势所逼而为,看似希望很大。但因易为他人所知,故存戒心,不会给你上张,结果反而吃大亏。

19. 脱火求生存

原做一色牌,临阵因局势紧迫而决心改变战术者,便是脱火者的麻将技巧。

20. 牌技知通,牌势如风

懂得打牌技巧的人,其战术必然运用自如,战法居他人之上。

21. 我不知不扣,我若知必扣

对旁家的待牌,只要测出,当扣不舍。

22．四副可和，不至败北

每一圈的四盘牌中，如能和出一盘，最终不会成为败家。

23．摸牌随手放

刚摸入的牌不要马上插入竖牌之内，先放置一侧，等舍牌切出之后，尽量在三家不注意的情况下，再插入牌中。

24．勿贪吃张

上家舍出的牌不可任意乱吃，乱吃除了使你的作战地盘狭小以外，可能构成多门听牌的牌势恶化，而形成生张听牌。

25．兵不厌诈

麻将牌中运用游戏中的诱惑技术是允许的。例如未入听而装出听牌架势，而听牌后佯装并未听，真真假假、虚虚实实，让对方摸不清实情。

26．乱牌忌吃碰

配牌零乱不堪（指无联络性的单丁牌），吃碰也无济于事，最好靠摸牌使手牌能够衍行。

27．拆小张，控大张

小张是指番分小的和牌，大张是指大的和牌。拆小张控大张多指"宁可切牌给小和者食和，也不能让大和者和出"。

28．以和为贵

麻将竞技的目的在于求和，而番分多寡仅为其次。

29．做庄先打北

自己做庄，手里的风牌应先打北风，其次是西风，再后切南风。

30．牌脚越长越好打

比如万子牌的搭子复合面互关连，边、嵌相混，对、搭相叠情况，使搭子愈拉愈长，上张也容易。

31．想和自摸叫生张

牌至后期，因牌墙牌未洗匀之故，每每摸进生张，下巡又有摸进一张之可能，故想自摸和牌，听牌叫生张反而容易得多。

32．做庄不做牌，做牌不当庄

庄家是轮流当的，实战中，必须把握连庄机会，才能获胜，欲保持连庄机会，决不做大牌，应该密食密叫，有和必和，以借连庄之机，增加牌圈的盘数和自己的得分。

33. 莫谓君行早，更有早行人

别以为自己牌好，听牌听得快，还应想到其他人或许比自己听牌听得更早。

34. 双碰不如一嵌

如不欲做对对和牌，双碰听不如嵌张容易食和（客风番子及幺对子除外）。

35. 空战巧计

吃碰付露为一色的牌姿，而手内听牌却是异种属牌，极易迷惑对方，此乃"空战"之术。

36. 调碰对家

自己摸牌不顺，而对家摸调极旺的情况下，只要对家打出的牌可以碰出，无论该碰不该碰，也要碰之一试，这样，摸调转换，对家的摸牌顺序变成自己的，而自己的牌变为对家去摸，也叫对碰对摸，以转换手气。

37. 骰子何灵，权在掷者

骰子是无心的，也是为人掷投的，而胜负的关键是决定于竞技者本人的技术、战术的运用自如，不要寄希望于骰子点数及所谓的牌运。

38. 戒剩单骑

手内尚有其他面子而作单骑牌还可以，如因吃碰12张落地，手剩一张牌单骑入听，即为拙劣技法。万一摸入危险牌，两张必弃其一，此时悔之莫及了。

39. 吃乱筋，碰乱筋

吃牌与碰牌，将使摸调顺序大变，盘面也随之会焕然一新。因此叫吃叫碰，宜不使对方觉察，出其不意的吃碰，才能混乱敌眼和打破盘面局势。否则，吃碰效力显得薄弱无力。

40. 转下一张

在中盘战期的重要关头，吃碰要特别留意。有时为了吃一张牌，使往后的摸牌顺序向后滑落一张，甚至因此失去和牌机会，反而被对方自摸和出。

41. 见和即和

能够和的牌，无论是鸡和或是平和，都应食和，决不贪大弃小，最后败得不可收拾，或牌姿反而逆顺。

42. 要张联络、方易求和

手内的3~7的中张要牌，如能上下连贯，连结融通就比较容易和牌。

43. 大器晚成，后来居上

叫牌虽迟，听熟张牌，吃得快，和得快，最后听牌，却最先食和。

44. 副副求和，败可立见

麻将是从起手配牌至摸打以及最后决定胜负的竞技，切不可每盘都抱着非和不可的念头。能和即和，烂牌就抱着不和的决心，否则，终会一败涂地。

45. 不吃第三搭

已吃或碰两搭，6张落地，手牌7张，尚有回旋余地。如吃第三搭，9张落地，手牌活动范围较小，无法变化，且易被他人察出牌姿，故不吃第三搭为上乘。

46. 承上启下

如手内有5、7饼与4、6万面子，而上家曾切过6饼，下家却曾打过4万，自己舍牌时，当应拆掉4、6万嵌搭，以等待上家可能再打6饼，而牵制下家的4万。此为一举两得的拆舍原则。

47. 控边张

尖张牌3与7是边张的专用牌，可谓要牌中的要牌。能迟出一巡决不早切，迫使下家拆舍边搭后再切出。

48. 扣搭双如单

有了3或7，无论进张任何同色牌，都能组成面子，而任何两张双数牌，就没有这样灵活了。

49. 开局看三张

指推测另家的牌，并非从自身的牌入眼。

50. 居安思危

即使接近和牌，也不必死抱希望，败北情况常常难免。

51. 今日虽败，尚有明日

败者欲胜之心急切，战技必将混乱，如急于求成，将会连战连败。何必急于获胜？游戏娱乐来日方长，今日虽败，明日再赛。

52. 有去无来

凡切出的牌让别人食和时，这种放铳牌称有去无来。

53. 攻守要得宜

麻将的攻势与守势之变化要视时间而定，起手牌搭子好食和希望大即采取攻势，几巡之后毫无进张，落后于他人，手头单丁生张较多，不如求小败，而改守势。

54. 12张落地，必钓尖张

当12张落地，手牌单骑一张，等于牌势已向各家暴露无遗。为了牵制克扣，各家必打要牌（尤其是尖张），尽量供小和牌家食和。因此，12张牌落地后如单骑冷门的尖张，大有出乎意料的食和契机。

55. 先打无吃

乃牌技中一种逆打的手法。他未组成面子之前，及早切出。

56. 密食当三番

所谓密食，就是多次食和，听牌，否则难以密食。

57. 诛牌不到底明知某家需要的一张牌，在使其欲得不及，只好望牌兴要想多次食和，就必须多门

对下家克扣牌是有时间性，一味诛到底，既不可能，也不可取。因为你不可能有那么多的牌去克扣，况且克扣结果也使自己无法和出，等于同归于尽，有时，下家也许自摸还能成和，而你的扣张终不成搭，却和不出。

58. 有局望大无局望快

能做的牌可按牌姿去计划做牌，以求和出大牌来，如不能做的牌，无论番和多少，只图快听快和。

59. 大番一和胜十小，小和不舍一返三

和出一铺好牌所得的分数，足补你失去多次小和的分数。然而，大牌难做，机会难得，任何小和也决不放弃，因为和出小和，获分虽小，也比别人和出而失分要好。

60. 平和先打风，做牌先打空

欲想平和，就应先把四风牌，三元牌打出去，否则，无法平和。要想做

大牌（清一色或混一色），就把手牌中持有的本来很少的那种花色的牌，经一、二轮打出，就很容易打光了。

61. 打风不做牌，做牌不打风

一开始就打出三元、四风牌的牌家，一般说是无意做大牌的，反之，要想做大牌，就应当把风牌、三元牌在手中放一段时间，以期望摸成对子。

62. 小输胜于大输

如果有一家做大牌，而且已经下叫，尽管其余三家谨慎打牌，不给他放炮，但他可以自摸成和，危险性同样很大。这时若是有一家也听了牌，但只是一般的小番牌，倒不如让他先和了，以结束威胁，重新开局，况且输给做小番牌的只是小输，与输给做大番牌的大输相比，还是赢了。

63. 四连拆熟头

为了保证牌副基础，对摸进形成四连顺的牌，势必要打出一张，要注意追打一路。

64. 闲张留对顶

所谓对顶，指的是与上家发牌逆行，欲借上家东风，加速自己组牌。自己的闲张留下一旦成搭，便于吃进。另外，还要尽量掌握上家的组牌规律和设计要求，在各家尚未成局之前，争取上家多碰牌，增加自己摸牌机会，加快进度。

65. 留生宁拆搭

各家牌局进入听张阶段，生张是很难打的。这时要看自己成和希望大小而定，如果成和希望太小，摸进生张宁可不打，而是拆搭追熟，以免放炮。最后形成：拆搭——听张——留生——不听——再听张——成和。

66. 决策在知己

"知己知彼，百战不殆"，这是用兵常法，同样也应是麻将桌上的信条。手里抓到牌，就要考虑设计什么样的牌姿，根据自己的牌姿，对和牌作出正确的推测。既要考虑向和得快、得分高的方向努力，也不能脱离现实而贪图高番，否则会追悔莫及。

67. 留门不宜杂

手中的牌门类单一，成和速度必然快。而且，牌的门类单一，应变能力

也强,如做清一色时,进牌不太理想,则退一步可改为混一色、缺一门之类。

68. 认准目标,观察三家

认准目标,就是将13张牌拿到手后,瞧一瞧牌的阵容,哪一种牌最多、最易连成"一顺、一对",迅速组合起来,这类组合是最容易和牌的。

观察三家,即从组合牌到和牌的全过程,要密切注意别家动向,分析他们牌的进度及番数,掌握形势,及时调整战术。

69. 以九定式

从数学上讲,9在13张牌中占据着三分之二以上的比重。有了9张完善成套的牌,或者说9张同一花色的牌,就使一手13张牌基本定了型。因此,将这个取牌后按照9张关联,来确定打牌思路的方式称为以九定式。在初取牌的时候,可以分析和归纳自己手中的牌情,因势利导。

70. 投石问路,摸牌为上

打哪个和目标尚未确定的时候,不妨先投石问路,不急于吃碰,先自摸一两张上手,打出一两张闲张探探动向,再确定这一副牌该打哪几个。摸牌可以帮助你改变牌阵中的结构,确定比较可靠的目标,还可以使别家不易发觉你组合的动机,减少别家的阻截。

71. 乱牌忌吃碰

配牌凌乱不堪(单张过多),吃碰也无济于事,最好靠摸牌使手牌能够调整。

72. 下叫要宽,始终保密

一切都准备好了,只等最后自摸或别家打出就能和牌,这最后一张叫头在无特殊情况下要多留几张,和牌机会才多。

麻将竞技过程中要注意保密,不让三家了解你行张的真实目的,打牌、吃牌、表情、态度都不动声色,大智若愚,直到和牌为止。

73. 注意残局,步步为营

打牌最后阶段是关键时刻,这时四家做牌都基本就绪,一抓一放,胜负立见。因此,牌至残局应小心谨慎,步步为营。

74. 不怨上,不欺下

每一个牌手都面临着与上、下家的矛盾,顺从上家控制下家是牌手顺应自然的聪明选择。但是，当你吃不到上家牌时不要怨恨他，对下家不要摆出一副拦路虎的架子，否则，有碍于友谊。

75. 做牌不能有双搭

起手配牌的 13 张中，若有 9 张条子或三元牌，另外 4 张牌是 4 饼一对，4、5 万搭子的话，是不能做清一色或混一色。因为在做清条子时，势必要打出一对 4 饼和 4、5 万搭子，别人对你的手牌一目了然，自然会控制条子张，而自己凑牌，往往较难，反而误事。

76. 先紧后松，把握分寸

有经验的牌手在战略上，多采取先紧后松之法，上半场打出水平，打下全场必胜的基础。在将近收场时加快攻势，速战速决，不做大牌。若有现存的大牌或追成大牌成和，也避开各家注意，决不专心致志做牌。这样，哪一家也无法对你牵制，奈何你不得。

77. 三分运气，七分技巧

打麻将"运气"并不是决定因素，决定因素是自己如何组牌，这就需要技巧和用好战术。

78. 对字牌，一般宜先丢

采用推倒和的打法，嵌搭成和打法，若是东、南、西、北四风中的客风，别家已打出过的中、发、白这种字牌，一般在开始打牌首先打出，且全部打完。

79. 先打幺，后打缺，再做清一色

打掉字牌后，宜打幺九，做成断幺九，再做缺一门，再逐步向清一色靠拢。

80. 先打不连张

不连张之间，不能迅速组合成一副牌，所以先打出一张，先打牌点间差距大的，后打牌点间差距小的。

第十一章

各地区麻将竞技方法

麻将渊源流长,加之其牌型组合变化无穷,使得麻将的玩法在竞技娱乐中不断得到发展变化;中国地大人多,也使得各地竞技方法千差万别。这些差别主要体现在牌张数目,开牌坐风,吃舍规则,牌型花样,番分计数,奖惩措施等。总的来说,麻将竞技娱乐一方面追求速度和效率,另一方面则讲究技术技巧。下面介绍的各地打法中,就能看到各种打法有其不同的风格和不同的技巧要求。

一、四川麻将竞技方法

四川各地打麻将盛行,打法各异,但最流行的是血战麻将,也称血战到底,成都及周边盛行,所以也称成都麻将。其核心是打缺门,打定张,血战到底,刮风下雨,计番,流局查叫、查花猪。一局牌中,一家和牌并不结束牌局,而是未和的玩家继续打,直到3家和牌或剩余的玩家流局。牌局结束一并结算,这样先和的玩家并不一定获利最多,点炮的玩家也能翻身,提高了趣味性,增加了做成大番的乐趣,促进了牌局的稳定发展。四川麻将只用数字牌万饼条108张,打法简单易学,刮风下雨,争做大番,血战到底十分有趣。

第十一章 各地区麻将竞技方法

(一) 四川麻将术语

1. 血战到底

一家和了并不结束这局,而是未和的玩家继续打,直到有三家都和或者余下的玩家摸完牌。

2. 定张

在一局的开始定下不要哪门牌,以后不能改。即将自己不要的任意一张牌面朝下扣放,第一轮打出。如果起手就缺一门则无需扣放,但在第一轮打牌时要报出缺哪一门。

3. 刮风下雨

(1) 明杠即刮风

又分直杠和弯杠。直杠就是玩家手中有三张一样的牌,当其他玩家打出了第四张一样的牌时,玩家选择杠牌。直杠收取引杠者 2 倍点数。弯杠,也称面下杠、蓄杠、粑杠,就是玩家已经碰了三张一样的牌时,玩家自己又摸到了第四张一样的牌时开杠。弯杠收取(或在结算的时候)在场各家 1 倍点数。

(2) 暗杠即下雨

指玩家将持有的四张一样的牌(未碰)开杠。下雨收取在场各家 2 倍点数。

弯杠时他家可以抢杠而和,刮风无效;暗杠(下雨)则无法抢杠而和。如果流局的时候杠牌者没有叫牌,则所有杠失效,不能得到全部刮风下雨所得点数。

4. 根

根(音 gēn),杠即带根,或者四张相同未杠出,即"四归一",有根的牌在结算时要加一番。

(二) 打法规则

用牌为数字牌万、饼、条 108 张。

1. 组牌方法

可碰、可杠、不能吃。碰、杠后的牌要亮出牌面(即使是暗杠也要全部亮出牌面），因此没有"门前清"这个概念。

2. 庄家

第一局掷骰子定庄，各家掷两枚骰子一次，谁家的点数大谁坐第一局的庄。以后每一局由上一局第一个和牌者当庄，若是一炮三响，由放炮者当庄；若是一炮双响，当此时尚未有一家和牌，则由放炮者当庄。

3. 掷骰启牌

庄家掷两枚骰子以确定启牌的起始位置。两枚骰子点数相加的数确定方位，两枚骰子最小的数确定拿牌的位数。例如两枚骰子掷出6+2即8点，8为后，则从上家的牌墩开始，按掷骰子小的点数2，即上家的牌过2墩拿牌。

4. 放炮

放炮全承包，即由放炮者一个人负责，与其他人无关。

5. 一炮多响

即放炮时同时点两家或三家，不存在截和。由点炮者按实际和牌番数分别支付各家。若是杠上炮一炮多响，呼叫转移不足部分由点炮者补足。

6. 引杠

别人打出的牌开杠，称为引杠，再杠上花，算引杠者放炮。

7. 杠牌及时雨

因为都未和牌时，直杠（2番）的收益比弯杠（3番）少，所以为了避免有人可以直杠时先碰再弯杠，所以规定弯杠摸起来的牌必须马上杠，插入牌堆后再拿出来杠就不结算这个杠。

8. 杠牌擦挂

为了平衡直杠和弯杠的收益，将直杠的收益改为放杠者给2番，不放杠者给1番（擦挂），这样直杠的收益总数就变为了4番，比弯杠（3番）多。这样就可以随意弯杠，不受本轮摸起的限制了。此打法又被称为"下毛毛雨"。

9. 呼叫转移（转雨）

杠上炮时，点炮者将此开杠所得转移给和牌者。若杠后点炮超过一家，点炮者要另赔出开杠所得的点数给和牌者。

10. 流局查花猪查大叫

（1）查花猪。成都麻将规定打定张和打缺门，流局时未和牌的各家要亮

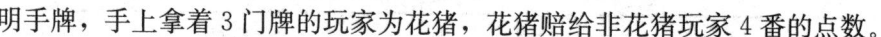

明手牌，手上拿着3门牌的玩家为花猪，花猪赔给非花猪玩家4番的点数。

（1）查大叫。未听牌的玩家赔给听牌的玩家最大的可能番（大叫），并退回所有刮风下雨所得。

11. 弃和

一家放炮若放弃和牌，在同一圈内若自己未动牌（摸牌或吃、碰、杠牌），不能和另一人打出相同的牌，直到自己动牌，如和二五万，下家打二万不和，对家打二万和五万均不能和。但加翻牌可和，如我已经碰出了五万，对家打二万不能和，但打五万可以和，因为和五万后可组成四归一，和牌增加了一番，故可和。

12. 自摸加底（番）

顾名思义，当玩家自摸和牌，在计算总分时将在原有基础上加一倍的底分。有的约定自摸加番，在现有牌番基础上增加一番，底分不再计算。如自摸和了一个清一色，按自摸加底，则该每人给4分（3倍番数）+1分（自摸加底）共5分；如果按自摸加番，则为在基础番数4分的基础上直接翻倍，为8分。

13. 买马（叫马）

某些时候打牌的人数多于四人，那么在进行轮流打牌时候空闲玩家可以"买马"。买马规则是，在牌局开始，打牌玩家拿好牌后，买马者从牌堆尾部随机抽走一张牌视为叫马牌，不做公示。然后自己根据牌的点数从庄家起沿出牌方向数，买马者将与数到的玩家输赢绑定。结算＝基本牌型（一般4番封顶）+杠（不封顶）+自摸（1倍）+马

（三）番数计算规则

四川麻将中基础牌型和杠一起计分，最后输赢为两项之和。四川麻将通常将4番牌称为满贯，将8番牌称为极品，将16番称为双极品，一般是8番封顶。

牌型	番数	基本分值	结算分值
平和	1番	1	食和＝基本分； 自摸＝基本分×根数量＋雨分＋底分
大对子 （对子和）	2番	2	食和＝基本分； 自摸＝基本分×根数量＋雨分＋底分
金钩钓 （大单钓）	3番	4	食和＝基本分； 自摸＝基本分×根数量＋雨分＋底分
清一色	3番	4	食和＝基本分； 自摸＝基本分×根数量＋雨分＋底分
全带幺	3番	4	食和＝基本分； 自摸＝基本分×根数量＋雨分＋底分
暗七对	3番	4	食和＝基本分； 自摸＝基本分×根数量＋雨分＋底分
清大对 （清对）	4番	8	食和＝基本分； 自摸＝基本分×根数量＋雨分＋底分
龙七对	4番	8	食和＝基本分； 自摸＝基本分×根数量＋雨分＋底分
清七对	4番	8	食和＝基本分； 自摸＝基本分×根数量＋雨分＋底分
清带幺	4番	8	食和＝基本分； 自摸＝基本分×根数量＋雨分＋底分
将对	4番	8	食和＝基本分； 自摸＝基本分×根数量＋雨分＋底分
清龙七对	4番	8	食和＝基本分； 自摸＝基本分×根数量＋雨分＋底分

有的牌型番种部分地区采用，如金钩钓、海底捞（炮）等，需提前商

议好。

（四）额外倍数和分值

1. **带根（杠或"四归一"）**

每一根翻一倍。

2. **杠上花**

开杠后补的牌和牌，在原牌型基础上增加一番，再加杠分和底分。

3. **杠上炮**

开杠后舍牌放炮。和牌者在原牌型基础上增加一番，同时"呼叫转移"，由杠牌家所得的杠分，全部转移给该和牌者。

5. **抢杠和**

弯杠杠出时，被别家和牌，和牌者在原牌型基础上增加一番。由于被抢杠，杠失败，不收杠分，也无须"呼叫转移"。

6. **海底捞（炮）**

海底和牌，即牌墙最后一张牌自摸或放炮，海底捞和牌，在原来基础上增加一番（部分地区采用，需提前商议好，有的只加底分，不翻番）。反之，海底炮支付和牌者双倍分。

二、广东麻将竞技方法

广东地区流行的主要打法是鸡平和、推倒和、新章、老章四大派系。而鸡平和是广东珠三角地区普及最广、最为流行的打法，讲究鸡和、平和和爆和，打法简单并且节奏很快。特色玩法如买马、推倒和带鬼等，富有趣味性。

（一）打法规则

广东麻将用牌144张。数字牌饼、条、万，风牌东、南、西、北，箭牌中、发、白，花牌有梅、兰、竹、菊、春、夏、秋、冬，还有财神、猫、老鼠、聚宝盆。

1. **可吃、碰、杠组牌**

"碰"比"吃"优先。可以食和任何一家舍出的牌张；如有多家食和时，只有和大牌的一家才算和，而余下的和家则被截和，不能完成和牌。

2. 和牌

由小到大有鸡和、杂色、清一色、大哥、十三幺。

3. 约定分值

打牌前，需要事先约定支付的大小，常见的有1、2、3，3个5，10、20、30等。第一个数是指花多少，第二个数是共杠或者暗杠是多少，第三个数是指最小的鸡和是多少。其他和法就是按倍数计算。玩家摸到花时，到牌堆尾摸牌进行补牌。

4. 买马

绑定被买到的一家，输赢绑定。

5. 风圈

第一圈风圈为东。每打完一圈，则按照东、南、西、北的次序转换风圈。当最后一位玩家做庄之牌局完结而没有连庄情况出现，则牌局的一个循环完结，称为"一圈"。

6. 漏和

若玩家A为叫和的状态下，如下家B打出一张玩家A可以和的牌而玩家A却放弃不和，若对家C或上家D打出相同的一张牌时，玩家A是不能和那一张的。除非玩家A有进行动牌的情况，动牌意味摸牌或吃、碰、杠牌，自己舍出一张，称为动牌。当有动牌后，不能回头和限制便解除。

7. 一炮多响

允许一炮多响，如果一炮多响包括庄家在内和牌，下一轮庄家继续当庄。

（二）番数计算规则

广东麻将的特色就在"番"，番是2倍的意思。广东麻将的另一特色就是爆和（封顶），意思即为多少番为顶，不再叠加番数进行计算，特殊牌除外，比如十三幺，可突破爆和限制，这些特殊牌型不再叠加其他番种。

爆和一般定位为3番。爆和（封顶）以内的牌型番种：

第十一章 各地区麻将竞技方法

牌型	番数	分值	说明
鸡和	0	1	不受限制，自要满足和牌规则即可
平和	1	2	全部都是顺子没有刻子
碰碰和	2	4	全部是刻子没有顺子
混一色	2	4	整副牌由字牌及另外单一花色（筒、条或万）组成
清一色	4	16	整副牌由同一花色组成
混碰	4	16	混一色+碰碰和
清碰	5	32	清一色+碰碰和
混幺九	5	32	由幺九牌和字牌组成的牌型
小三元	5	32	拿齐中、发、白三种三元牌，但其中一种是将
小四喜	5	32	和牌者完成东、南、西、北其中三组刻子，一组对子
字一色	6	64	由字牌组合成的刻子牌型
清幺九	6	64	只由幺九两种牌组成的刻子牌型
大三元	6	64	和牌时，有中、发、白三组刻子
大四喜	6	64	和牌者完成东、南、西、北四组刻子
九莲宝灯	6	64	同种牌形成1112345678999，在摸到该种牌任何一张即可和牌，不计清一色

十三幺	6	64	1、9万筒索，东、南、西、北、中、发、白；以上牌型任意一张牌作将

1. 附加规则

（1）自摸

在爆和封顶以内自摸加1番，爆和以外不加番。

（2）风位

拿到本盘门风的刻子加1番，爆和以外不加番。

（3）风圈

拿到该风圈局的刻子加1番，爆和以外不加番。

（4）三元牌

红中、白板、发财，任意一个刻子为1番，两个刻子为2番，爆和以外不加番。

附加情况只对爆和内牌型有效，而且必须在爆和内牌型和了后才能以加番牌型累计番数，爆和内牌型加附加牌型不能冲破爆和的上限。

2. 特殊规则

（1）一炮三响

同一张牌点三个炮，点炮者包三家。和牌者不满3番牌型，按照3番满计算，大于3番的牌型，按照实际牌型计算。

（2）杠上开花

不满3番牌型，按照3番满计算，大于3番的牌型，按照实际牌型计算。

（3）杠上开花包杠

开暗刻明杠补牌后和牌，计自摸，点杠者包三家牌。

不满3番牌型，按照3番满计算，大于3番的牌型，按照实际牌型计算。

（4）海底捞月

摸最后一张牌和牌。不满3番牌型，按照3番满计算，大于3番的牌型，按照实际牌型计算。

（5）包自摸规则

12张落地包自摸，包先不包后。

例1：若玩家A打出1张牌让其中一名玩家做成12张落地（即已碰、吃、明杠出的牌共有12张牌）而做成该玩家为单钓一张叫和的情况时，该名打出者A必须承担包自摸的责任，即若该名玩家在12张落地的情况时自摸和牌，则由让玩家组成12张落地的玩家A需要为其余两家代付该笔自摸的筹码。

例2：玩家A放1张让玩家B 12张落地达成，以后玩家A再放1张让玩家C或D 12张落地达成，此时玩家A只需要承担包玩家B自摸的责任，不需要承包玩家C和D。

（6）特殊牌型包自摸

大四喜：玩家已碰出东、南、西、北，任意3个朋组，若有人打出余下一个朋组，那人则需承担包大四喜自模的责任。

大三元：玩家已碰出红中、白板、发财，任意2款，若有人打出余下一款者，那人则需承担包自模的责任。

（7）抢杠

碰出的刻字开明杠，可以被抢杠和，抢杠和等同开杠，当自摸，被抢杠者（欲开杠者）包三家牌。暗杠不可抢杠和。抢杠者牌型不满3番牌型，按照3番满计算，大于3番的牌型，按照实际牌型计算。

暗刻开杠，不能抢杠和，和牌者只能和点杠那张牌，只算普通和牌。

（8）天和

庄家独有的权利，庄家起牌后即成和牌牌型。按6番计算。

（9）人和

起牌后，庄家打出的第一张牌，闲家吃和。按6番计算。

（10）地和

起牌后，第一圈里闲家自摸的第一张牌和牌。按6番计算。注：第一圈里如有人吃、碰牌，有人摸第一张牌，已不生效，不成地和。

三、湖南麻将竞技方法

湖南地区流行的麻将玩法，因地区不同，玩法各异。用牌只有筒、条、万数字牌108张，去掉了箭牌、风牌和花牌。

（一）打法规则

1. 屁和

四朋组＋一对将头，将头必须为万、饼、条三种花色之一的2、5、8数字牌组成。屁和的得番为一个基本番。

2. 大和牌型

（1）七对：可以是任意对子组成。

（2）清一色：将头不必为将牌。

（3）碰碰和：将头不必为将牌。

3. 屁和牌型

屁和牌型在特殊动作下完成。

（1）门前清：一手牌未倒过铺（吃、碰、杠），全部由自己摸上来。

（2）杠上开花：开杠（包括明、暗杠）打骰子按点数从后抓底牌恰好能使自己和牌。

（3）海底捞：一局牌打到各家起最后一张牌（该牌不能打出）时，起的牌恰好能使自己和牌。

（4）抢杠：别家开杠打骰子时，所开的牌和杠的那张牌恰好能使自己和牌。

4. 加倍

（1）豪华七对：包含至少一个或多个"四归一"的七对牌型。

（2）包赔清一色：清一色有个特别的地方就是三朋组包赔，意味谁喂了第三个朋组的，若做清一色者自摸了，喂第三朋组的一家包赔和牌者，如果三家任何人点炮，点炮者包赔。

（3）门前清清一色：一手牌未倒过铺，做成了清一色牌型，较之一般清一色番数加倍。

（4）对对和清一色：即清对，较之一般清一色番数加倍，如果碰了三朋组，遇到包赔情况，自摸的情况下包赔者赔三家。

5. 坐庄规定

无庄闲之分，谁和牌谁打庄，谁点炮谁付账。

6. 和牌规定

吃或者碰出一朋组后，如果还是屁和的话，只能自摸和牌。

（二）番数计算规则

每种牌型有不同的番数计法。底分：每盘牌局每番结算的固定分值。

牌型	番数	分值
屁和	1番	底分×1
对对和	2番	底分×2
门前清对对和	5番	底分×5
明杠	+1番	底分×2
暗杠	+1番	底分×2
抢杠和	+2番	底分×4
杠上花	+2番	底分×4
清一色	4番	底分×4
清对对和	8番	底分×8
门前清清一色	8番	底分×8
包赔清一色	12番	底分×4×3
包赔对对和清一色	24番	底分×8×3
七对	4番	底分×4
龙七对	8番	底分×8
双龙七对	16番	底分×16
三龙七对	64番	底分×64
清七对	32番	底分×32
清龙七对	64番	底分×64
清双龙七对	128番	底分×128
清三龙七对	256番	底分×256

四、武汉麻将竞技方法

武汉地区麻将又称开口翻、红中癞子杠,核心是二五八、癞子、七皮四赖、开口翻和口口翻。番的计算比较复杂,大赢还是大输就在一念之间。因此参与者需要一边精确计算做大翻牌,一边提防放铳甚至不小心承包,玩法十分刺激。武汉麻将用牌 136 张,有筒条万数字牌、箭牌和风牌,没有梅、兰、竹、菊、春、夏、秋、冬。武汉因地域不同玩法各异,即红中发财杠、七皮四赖、口口番六口和。

(一) 打法规则

1. 杠牌

红中和发财可以随时拿出来杠牌,打出来也是杠牌,称为"红中杠,发财杠"倍数(×2)。

红中不能碰、明杠、暗杠,手上持有红中时不能和牌,因此也不能抢杠。

2. 癞子

"癞子"是在闲家抓完 13 张牌,庄家抓完第 14 张牌后翻取的第一张牌加一就是"癞子"。比如:翻出 5 万,6 万就是"癞子",翻出 9 万,一万就是"癞子"。按照"东、南、西、北、红中、发财、白板"的顺序,如果翻出"北",跳过"红中和发财","白板"是"癞子",翻出"白板","东风"是"癞子"。

癞子即财神,持有者可以当作其他牌张(万能牌)来和(属于软和,×1),也可以用本身花数和(硬和,×2)。

癞子可以单张成杠打出去,成为"癞子杠"(×2)。

持有或打出的癞子不能当普通牌来叫听牌,即自己不能用来吃、碰、杠,打出去别人也不能用来吃、碰、杠、和。

当有两个"癞子"时(即财神)不能和"小和"。

3. 杠

(1) 冲杠

也称直杠，即手中有暗刻，别人出第四张开杠。冲杠属于明杠，必须亮明，不能被抢杠，算开口（×2）。

(2) 蓄杠

即碰出的刻字，又摸到第四张开杠。蓄杠属于明杠，必须亮明，蓄杠可以被抢杠（×2）。

(3) 暗杠

摸到4张一样时开杠即为暗杠，不亮明，不算开口，自然也不能被抢杠（×4）。

4．坐庄

逆时针上家轮庄，庄家和牌或者荒庄（流局）则继续做。

5．和牌

(1) 除风一色、将一色、碰碰和、清一色以外，和牌将头必须是2、5、8数字牌对子，比如2万、5条、8饼等。

(2) 武汉麻将没有7对子和门前清。

(3) 当有两个"癞子"时不能和"小和"（听牌时有一个"癞子"，又自摸一个"癞子"，必须打出一个），"癞子"可开杠（×2），也可打出（×2）。

(4) 风一色、将一色为乱风乱将，只要手上全是风牌或将牌就能和牌（在听牌时，任意风或将都能当炮使用）。

(5) 如果玩家漏掉了炮和，可以继续和其他玩家放的炮，无须等待自己摸牌后。

6．开口翻

吃、碰、明杠称为开口，必须开口（或开过口）才能和牌，即必须有吃、碰或明杠行为。

7．和牌类型

(1) 小和（即屁和，基础分1），必须用2、5、8的对子做将头。

(2) 大和（基础分10，可累计）：

①碰碰和：四副刻子+任意将；

②全求人：吃、碰、明杠过4次牌，手上留一张将牌成和的；

③一色：风一色（全是风牌包括发白）、将一色（全是数字牌2、5、8）、

清一色（全是数字牌条、万、筒）任意将；

④海底捞：除去海底的5沓牌（10张）后，摸最后4张牌时自摸（此时不能打出不能杠，只有自摸）；

⑤杠上花（即杠开）：杠（包括红中发财杠和癞子杠）了之后补牌时自摸。

⑥抢杠：一家已经碰了一次，又抓到这张牌开杠，如果另外三家已听牌，正好需要这张牌和牌，即抢杠，被抢杠的玩家需要包和。

⑦硬和

是指和牌后没有癞子、癞子被杠、用本身花数和的情况。

⑧软和

如果有癞子并且充当万能牌使用的情况。

⑨一炮单响

只能有一个和牌者，以庄家逆时针为序。

持有红中时不能和牌。

（二）番数计算规则

1. 记分原则

(1) 没有承包时，1家和牌，3家输点，没放铳的玩家依然输点。

(2) 输分＝基础分（1或10）乘以输家自己番数乘以赢家番数，赢分＝3个输家的分之和。

2. 小和计分

基础分为1，开口×2，每暗杠×4，自摸×2，硬和×2，每明杠×2，放铳者输点×2。

庄闲因素：

庄家和则闲家输点×2，闲家和则庄家输点×2。

因此3个输家的输点一定不同。

口口翻：

其他一样，但每开一次口就×2一次。

3. 大和计分

(1) 大和：有碰碰和、清一色、将一色、风一色、杠上花、海底捞、

抢杠

基础分为 10，不考虑庄闲因素，自摸×1.5，放冲输点×1.5，开口×2，每暗杠×4，硬和×2，每明杠×2。

（2）口口翻

其他一样，但每开一次口就×2 一次。

大和可累计，如 2 个大和基础分就是 20，3 个大和基础分就是 30。

4. 承包

承包所有输点：

（1）A 放炮出铳给 B 作全求人，A 没听牌，A 承包。

（2）B 和清一色，B 的第三次开口对象是 A，A 承包。

（3）B 抢杠和，被抢的 A 承包。

5. 封顶

上限每家 300 倍点数，如果 3 家都超过 300 倍点数则每家提至 400 倍点数（称为金顶），发生承包时承包人付出数等于三输家输分之和。

在口口翻中分值封顶为 500 倍点数。

五、北京麻将竞技方法

北京地区麻将用牌 136 张，包括数字牌万、饼、条、箭牌和风牌。打法是在推倒和基础上进行了一些改变，可以随意吃碰牌，和牌方式没有任何限制。和牌方式一律以基本点数为基准计算，但同等牌型破了门清后的点数就为原基准点数的 1/2。

（一）打法规则

1. 烧庄

指局牌东家打出第一张牌后，其余三家也打出相同的一张牌，称为"烧庄"。这时东家应该为此支付其他三家每人 1000 点的烧庄点作为惩罚。如果第二张开始又继续"烧庄"，东家应支付的点数就要翻倍的往上涨，依次类推。但如果此把牌荒了，则无须支付烧庄点。

对"烧庄"过程中各家的出牌也有一定的要求，如东家打出的第一张牌是风头，南家如果有这张牌则必须打同样的牌，西家和北家的规则也一样如此；如果东南西三家已经打出了同样的风牌时，北家如果也有此牌，就必须打那张牌。否则，在当盘后面的抓牌中如果北家拿到了此牌，北家应展示给大家看；如东家打出的第一张牌不是风头，则其他三家均没有义务打同样的牌。

2．吃牌

如果一家从另一家的那里吃＋碰到三嘴以后，这两家在此把牌中就自动形成"互包"的关系，也就是说如果任何一家和牌了，则由另一家来支自付其所有点数。如果这两家同时吃一张牌的铳，按和牌的点数差异进行互包。吃碰牌后，要把所吃进或碰进的牌横向放倒指向打出此牌的选手，并码放进自己的"嘴子"。然后放在自己的最右端码放整齐。

3．碰牌

由于碰牌优先于吃牌的规则，所以要求参赛选手一定要反应迅速，如果吃牌的人已经将此牌放进自己的"嘴子"，此选手将失去碰此牌的机会。而且此牌还将被视为"曝光牌"。

4．打牌

当选手打牌时，只要将准备舍出的牌接触到了四面牌墙以内的桌面时，此牌就必须打出，不可收回。

5．摸牌

在上家未打出牌之前提前摸牌，或先打后抓的举动都会被罚1000点。

6．抢杠

当一位选手在碰过一副牌后，又抓来此牌后作出"明杠"时，正好赶上别的选手正在听这张牌，听牌的这位选手可以以"抢杠"的形式和牌。特殊规定还在于"一条龙"的"龙身"可以抢其他选手的"暗杠"而和牌。凡是抢杠和牌的情况一律按开杠的选手点炮来处理。而点炮的选手要按和牌选手自摸所产生的点数支付。

7．荒牌

所有的牌只抓到倒数第7墩牌为结束。执行1个杠留7墩，2个杠留8墩牌的规定。

（二）番数计算规则

牌型	番数	分值	说明
对对和	2番		和牌时的14张牌有4个"刻子"和一个"对子"。
大钓（全求人）	2番		吃碰12张牌，只剩一钓和牌。
捉五魁	2番		和牌时只和"五万"一张牌的牌型。
海底捞月	2番		拿到海底牌最后一张时和牌称为"海底捞月"。
一条龙	3番		和牌时手牌中凑齐一种花色的"1——9"为"一条龙"。
七对子	4番		14张牌为7个对子的和牌方法叫"七对子"。
杠上开花	5番		听牌时开杠补得的牌为自摸牌称为"杠上开花"。
清一色	6番		和牌的14张均为一种花色时称为"清一色"。
豪华七对子	8番		七对子中有一个暗杠时称"豪华七对子"。

六、上海麻将竞技方法

上海地区麻将又称敲麻，可吃、碰、杠；必须先敲（报听）才可以和牌，在番数上必须至少从碰碰和及以上的番型才允许和牌。因此上海麻将番型简

单易懂、节奏较慢、技巧性较大,除标准牌型外,特色玩法如一炮多响、补花等,别有趣味性。用牌144张,包括数字牌万、饼、条、箭牌、风牌、花牌。

(一) 打法规则

1. 吃碰杠牌

可以任意吃、碰、杠牌,吃、碰、杠牌后必须亮明,暗杠除外。

2. 庄家

该盘和牌者下盘当庄家,若流局则上盘庄家下盘继续当庄家。点炮和且一炮2响或3响,点炮者最近的一个和牌者下家为下盘庄家。

3. 漏和

上家已经入听,若下家打出一张可以和的牌,而该家却放弃不和,那该家的对家或上家打出相同的一张牌时,该家是不能和那一张的。除非该家有动牌的情况。动牌即该家有摸、吃、碰、杠动作。当有动牌后,不能和那一张的规则便解除。

4. 点炮

点炮者输分,和其他人无关。允许一炮多响,点炮者最近的一个和牌者下家为庄家。

5. 抢杠

如果抢杠,记分按自摸计算,但由开杠的支付,相当于开杠的人付3份,抢杠时如果还有承包关系,承包者也付3份。抢杠只应用在明杠上。

6. 门清

玩家不吃、不碰、不明杠,全凭自己摸牌上听。听牌后自摸或和别人点的炮,就叫门前清。门前清一般以2番计算,即现有牌型点数乘以两倍。

7. 承包

如果吃、碰、杠一家或被一家吃、碰、杠超过3次,则承包(包含反承包在内)。承包时,点炮记分时,承包者付2份点数,若自摸记分时承包者付5份点数,如抢杠按自摸计,抢杠时承包付3份。若两人各自相互有承包和被承包关系,那么重复计算。如果与发生承包关系不相关的玩家点炮于承包关系中的某方，所付点数则要酌情而定，如点炮者未听牌，则赔付和牌者 2 倍点数，如点炮者听牌，则与发生承包关系的另一方各赔付和牌者 1 份点数。如对承包关系者两方皆点炮即 1 炮 2 响，如点炮者已听牌，则赔付和牌者两方各 1 份点数，如点炮者未听牌，则赔付和牌者两方各 2 倍点数。

8. 勒子

相当于输分的封顶值，大于该封顶值以该封顶值计算。荒番、开宝、门清、清碰、风一色可以达到 2 个勒子的封顶数，即双勒。风碰可以达到 4 个勒子的封顶数，即四勒。荒番、开宝可以将勒子数提升 2 倍。比如清碰+开宝为 4 勒子，风碰+荒番为 8 勒子。杠开和大吊车可以将不足勒子的牌型直接计算为勒子，达到或超过勒子按照原牌型计算。

9. 花

春、夏、秋、冬、梅、兰、竹、菊每个计一朵花，如果这 8 个花抓起即可和牌，此时和牌直接算 2 个勒子，如果抓满这 8 个后按其他方式和牌，则其他和法照算。筒、条、万每有一个明杠计算一朵花，每有一个暗杠计算 2 朵花。东南西北每有一刻（3 个一样的算一刻）计算一朵花，每有一个明杠计算 2 朵花，每有一个暗杠计算 3 朵花。中、发、白每有一刻计算 2 朵花，每有一个明杠计算 3 朵花，每有一个暗杠计算 4 朵花。

（二）牌型规定

1. 八花齐

抓满春、夏、秋、冬、梅、兰、竹、菊 8 朵花即可马上和牌。此牌型叫八花齐。

2. 和牌

只能和碰碰和、清一色、清碰、混一色、混碰、风一色、风碰的牌型。

3. 杠开（杠上花）

杠牌后补张的牌如果能和则为杠开，补张为最后一墩的牌的上面那张，补完再补最后一墩下面这张。杠开和牌时积分不足勒子按照勒子计算，达到勒子或超过勒子则也按照勒子计算。除了杠牌，如摸到花补张和牌也计算杠开，计番同按勒子计算。

4. 开宝

扔骰子时2个骰子点数一样、点数为1、4为开宝，本局若和则积分乘2。若有开宝则积分按照乘2计算，如果积分达到勒子则勒子数也乘2。

5. 荒番

一局结束时为和局，则下局为荒番局。下局若有和则乘2，若下局不和继续追加荒番，并且显示在再下一局中，直到有人和为止，每有人和一次则荒番减1（例如：第1局和局，那么第2局为荒番（1），如果第2局同样和局那么第3局为荒番（2），如果第3局还是和局那么第4局为荒番（3），如果第4局有人和牌则根据荒番结果翻倍，同时第5局为荒番（2），以此类推）。若有荒番则积分按照乘2计算，如果积分达到勒子则勒子数也乘2。

6. 大吊车

和牌时其他12张牌都通过吃、碰、杠后，只剩一张牌单吊和，称为大吊车。大吊车和牌时积分不足勒子按照勒子算，达到勒子或超过勒子则也按照勒子算。

7. 碰碰和

每坎牌都是三张一样的或碰杠下的牌。

8. 混一色

和牌时是由同一花色的牌和风向牌构成的牌。

9. 清一色

全副牌是一种花色。若和则直接结算为1个勒子。

10. 混碰

混一色的碰碰和。若和则直接结算为1个勒子。

11. 清碰

清一色的碰碰和。若和则直接结算为2个勒子。

12. 风一色

全副牌都是风向牌，可以是乱风向的牌。若和则直接结算为2个勒子。

13. 风碰

全副牌都是风向牌且是碰碰和。若和则直接结算为4个勒子。

（三）番数计算规则

1 个勒子＝10 个花。

(1) 单局封顶：5 勒封顶，一局各家最多只输 5 个勒子。

(2) 底分：每局的固定分数 2 分。

(3) 花分：每朵花对应固定的分数 1 分。

(4) 勒子：封顶值 10 分。

(5) 输赢分数：底分＋花分

（四）特殊规定

1. 和牌

只能和特殊牌型方式，不能和最普通的牌型。由于存在着番数这么一个概念，因此有个封定的上限值。上海地区称为：喇子（读音为 lézi）。

2. 特别打法

如吃和时，除了食和一定要摊牌，其余三家也要摊开，以示没有作弊或打人情张。清一色 9 张落地包输，也是上海先有的。不过，3 番叫和却可不包（清一色 4 番）。

3. 出重制

出重制也是上海麻将先有的。出重在上海叫出冲、出铳，即算好户数，由出重一家按户数付双，余两家照户数付。包重制也源自上海，包重就是由重家付出全部赢家应得数。

4. 有趣玩法

输家输完了规定的筹码后，再输就不必付，但赢了却照收，不需扣数，此种玩法以 4 圈为限。

七、贵州麻将竞技方法

贵州地区麻将又称为捉鸡麻将，在普通麻将基础上添加了"鸡"、"豆"、"通行证"等特色元素，更具有刺激性和技术性。捉鸡玩法、冲锋鸡、责任

鸡、满堂鸡，有鸡有豆。用牌108张牌，只有万、饼、条数字牌。可碰、杠，不可吃牌。

（一）打法规则

1. 麻将"鸡"

鸡牌分为两种，一是"幺鸡"，二是在有玩家和牌且还有未摸牌的情况下，翻开第1张未摸的牌，根据这张牌的数值，顺位＋1的那张牌即为"鸡"（如翻开的是五万，则六万为鸡；翻开9筒，1筒为鸡），然后查看所有玩家的牌，包括打出去的牌。如果玩家手中有1张鸡，则其他三位玩家每人给有鸡的玩家1倍；多人有鸡，分别赔付；鸡和豆可叠加。若翻开的牌为9条，则幺鸡为"金鸡"，玩家在结算时1只鸡为2倍。

（1）冲锋鸡：在起牌后，玩家打出的第一张幺鸡为冲锋鸡，此鸡结算时加倍计算。若翻到金鸡，则此鸡牌结算为4倍。

（2）责任鸡：在起牌后，若玩家打出的第一张幺鸡被其他玩家碰走，则此鸡称为"责任鸡"，在结算时，打出鸡牌的玩家应比其他玩家多付1倍。

2. 麻将"豆"

捉鸡麻将中的"杠"称为"豆"，"豆"作为和牌的通行证，即：只有在有豆的情况下才能和任何人的牌，否则只能自摸，或者是做出平和以上的牌型（如大对子）才可以和任何人的牌。

（1）闷豆：即暗杠，自己摸到4张相同牌并杠出。在结算时，其他3个玩家每人给闷豆者2倍，可叠加。

（2）爬坡豆：碰牌后，再摸到最后一张杠牌。在结算时，其他3个玩家每人给转弯豆者3倍，可叠加。

（3）点豆：手中有3张相同的牌，然后杠了其他玩家的一张牌。在结算时，点豆者给被点豆者1倍，可叠加。

（4）憨包豆：即暗杠或爬坡杠。牌放到牌中了或没有及时杠出，等下一手才杠出。没有倍数，只有通行证，可以点和。

（5）见豆三

即不论是闷豆，还是爬坡豆，其他三个玩家都支付3倍，点豆的话，点豆者给被点豆3倍。

（二）番数计算规则

1. 基础计分

根据底注倍数计算各种牌型和牌的倍数。自摸和牌，其他三家都要付；点和，点炮者单独付。和牌得分为底注+自摸加1倍，混五清十。

牌型	倍数	说明	分值
食和平和	1倍	平和在有"豆"情况下允许食和	底注×1倍+"豆"+鸡。
自摸平和	2倍	自摸和牌	底注×2倍+"豆"+鸡。
杠上和	3倍	杠牌后立即自摸	底注×3倍+"豆"+鸡。
大对子	5倍	即对对和	底注×5倍+"豆"+鸡。自摸再加一倍。即是：底注×6倍+"豆"+鸡。
小七对	10倍	7个对子和牌	底注×10倍+"豆"+鸡。自摸再加一倍：底注×11倍+"豆"+鸡。
清一色	10倍	条、筒、万一色牌和牌	底注×10倍+"豆"+鸡，自摸再加一倍。
龙七对	20倍	7对子中有1个"四归一"	底注×20倍+"豆"+鸡，自摸再加一倍。
清大对	15倍	条、筒、万中的一色牌的对对和	底注×15倍+"豆"+鸡，自摸再加一倍。
青七对	20倍	条、筒、万中一色牌组成的7对子	底注×20倍+"豆"+鸡，自摸再加一倍。

青龙对	30 倍	条、筒、万中一色牌组成的 7 对子，其中含一个"四归一"	底注×30 倍+"豆"+鸡，自摸再加一倍。

2. 特色分

（1）热炮：1 倍；又称杠上炮，即在杠牌的情况下，打出的第一张牌点炮。点热炮者点炮前成的那个豆不算（有些地方"全杀"，即是手中所有"鸡"和"豆"全部杀掉），还需根据该牌的形式付给和牌者分和其他听牌有鸡者的分。即：热炮倍数+和牌倍数+"豆"+鸡。注意：如果听牌者是无豆的平和依然可以和。

（2）抢杠：在成爬坡豆的情况下，有听牌者听所成爬坡豆的牌，则听牌者可以和牌，而且点炮者的爬坡豆不成立，称为点"抢杠"。计算倍数时和牌算自摸，被抢杠者包 3 家的倍数（如清一色，就包三家 11 倍，即 10 倍清一色+自摸）。豆、鸡另算（有些地方"全杀"，即是手中所有"鸡"和"豆"全部杀掉）。如果听牌者是无豆的平和依然可以和。

（3）黄牌：在所有牌都被摸完的情况下，没人和牌，称为"黄牌"或"黄庄"，黄庄后所有和"鸡""豆"的输赢都不计算。在黄庄后，需要开牌确定倍数，称为"黄庄查叫"。具体计分如下：

　　a. 四家均无叫牌，则算平局，无输赢，当局庄家连庄；

　　b. 四家均叫牌，则算平局，无输赢，当局庄家连庄；

　　c. 四家中有人叫牌，有人没叫牌。这种情况要先计算叫牌玩家手中牌的番值，没叫牌的玩家要分别给每个叫牌玩家牌形对应的番值；下局由当局庄家连庄。

（三）特殊规定

1. 包牌

如果玩家在听牌的情况下，在别人点炮的情况下不和。在自己未摸牌的情况下，又有人点炮和牌，则要根据自己和牌倍数付 3 家。如果相公包牌（多牌少牌），大家没有听牌情况下付给 3 家 2 倍，如果听牌则按听牌倍数付。

2. 一炮两响三响

如果有玩家出牌点了 3 家的炮,则和牌的 3 家分别按照自己的和牌番数给点炮者,下局点炮者做庄。一炮两响离庄家最近的下家和牌者结庄。

3. 捉鸡麻将特殊听牌与和牌(赛前商议)

(1) 硬报:20 倍:硬报也称立手叫,即起完牌就听牌。此时叫报听,报听后牌被冻结,不能再换手中的牌了。听牌者可以和报听者点炮的牌,报听者和牌点炮都是 20 倍。

(2) 软听:10 倍:闲家起完牌,摸一张牌后就听牌。此时叫报听,报听后牌被冻结,不能再换手中的牌了。听牌者可以和报听者点炮的牌,报听者和牌点炮都是 10 倍。

以上和牌倍数是贵州大部分地区基本算法,实际根据玩家议定。

八、天津麻将竞技方法

天津地区麻将有提溜(音:dīliū,即小和)、混儿吊、双混儿吊、捉伍儿、一条龙等牌型。用牌 136 张,包括数字牌万、饼、条,箭牌和风牌。组牌方法碰、杠牌,不允许吃牌。

(一)打法规则

1. 开混

每盘开局后由庄家的对家掷两个骰子确定混。

如色子为 3,则从尾墩数 3 墩,翻开上边的牌是混,该牌对应地加 1 的牌也是混。

如翻开的是 3 筒,则 3 筒和 4 筒都是混,如翻开的是 9 条,则 9 条和 1 条都是混。

如果翻开的是西风,则西风和北风都是混,如翻开的是北风,则北风和东风是混(注:风牌的顺序为东南西北)。

如果翻开的是白板,则白板和红中都是混(字牌的顺序为中发白)。

混只可以在和牌时充当任何牌,在碰、杠时不能充当其他的牌。

手上有四个相同的混时,玩家可以暗杠;手上有两个相同的混,其他人打出一张相同的混,不能碰。

2. 铲

在第一轮出牌时,如果三个闲家跟打庄家打出的牌(例:庄家打出东风,其他玩家依次都打出东风),那么在正常结算之后(无论是否流局),由庄家付给三个闲家每人一个明杠的分(2分),坐庄和拉庄都要翻番。

3. 吃、碰、杠牌

打牌过程中,可以碰(杠)牌,不允许吃牌。开杠后从牌城尾部补牌。遇到开混的墩,不跳过,把剩下的那张补掉。

4. 小相公

如果玩家把手上的混打出,算作小相公,该局此玩家不能和牌。

5. 杠开(杠上开花)

当玩家杠牌时,补进的牌和自己手上的牌组合成和牌牌形,这种和牌方式称为杠开。杠开番数翻倍。

6. 混吊(万能牌)

手上有4个朋组,另外一张是混,最后摸上任何一张牌和,为单混吊。手上有3个朋组+1将,另外2张是混,最后摸上任何一张牌和,为双混吊。另外,手上有4个朋组,另外一张不是混,最后摸上混,则不构成单混吊。两种混吊在分数上没有区别。

7. 素的

只要求手中没有混,并且可以和牌。素的不属于一种牌型,而是跟杠一样作为加番用,比如提溜牌型满足素的要求,和牌的时候就是素提溜。

8. 捉五

捉五要求手上有4万、6万(其中可以有混),只差5万就和牌,最后上一张"5万"(或混)。要求手上的"4、5、6万"为一朋组(其中可以有混)。如果有"4、5、6万"但不能构成一朋组不能成为捉五。捉五只限于"4、5、6万",饼子或条子是不允许的。

9. 龙

在"万""饼""条"中有一种花色可以排出"1、2、3"、"4、5、6"、

"7、8、9"三副，其他的有一朋组一将。

10. 本混（龙）

龙的花色和混儿相同，即成为本混儿龙。

11. 提溜

就是普通牌型。手上的牌是一副可和的牌，但不能构成捉五、龙、素的、（双）混吊，就算提溜。天津麻将中，不能和提溜。

12. 天和

庄家第一轮牌摸到的14张牌形成和牌牌形。但是庄家摸到牌后，暗杠、补杠后和牌，不算天和。

（二）番数计算规则

牌型	番数
提溜	1番
混吊（包括双混吊）	2番
捉5	3番
龙	4番
素的	2番
本混龙	8番
杠开	2番
双混儿伍儿（6）	6番
没混儿伍儿（6）	6番
没混儿龙（8）	8番
没混儿捉伍儿龙（14）	14番
捉伍儿本混儿龙（14）	14番
混儿吊本混儿龙（16）	16番
双混儿捉伍儿本混儿龙（28）	28番

除了"捉五"和"龙"相加，其余遇到都是相乘。如果同时有"捉五"、"龙"和其他存在，先加后乘。另外，提溜只可能与龙和素的同时出现，本混龙和龙不叠加。和分的计算根据坐庄、拉庄情况进行翻倍。例：庄家坐庄，闲家A不拉庄，B拉庄，C拉两庄，结算时由庄家付A家2倍和分，付B家4倍和分，付C家8倍和分。杠分最后加上，明杠+1番、暗杠+2番、金杠+4番。

所有玩家都算杠分。玩家的杠分，由其他3家补（包括和牌的玩家）。另外，杠开不分明杠开、暗杠开或金杠开，杠分一同在最后进行结算。杠分的计算根据坐庄、拉庄情况进行翻倍。例：庄家坐庄，闲家A不拉庄，B拉庄，C拉两庄，结算时由庄家另外付A家2倍杠分，付B家4倍杠分，付C家8倍杠分。

比较特殊的就是天和，天和算龙，可以随意的摆，摆出来的牌型在此基础上再翻倍，如果你的天和可以摆出混吊，就算混吊龙。

九、浙江麻将竞技方法

浙江地区麻将用牌144张，包括万、饼、条数字牌和箭牌、风牌、花牌。

（一）打法规则

1. 财神

翻牌加1就是财神。翻着花牌，则东风为财神，财神有4个。

2. 花牌

春、夏、秋、冬、梅、兰、竹、菊、白板、红中、发财，财神作为花牌，共计24花。

3. 算花

风牌刻子算1花。明杠风牌算2花，暗杠算3花。其余杠牌明杠算1花，暗杠算2花。

4. 和牌

绍兴麻将只能自摸和牌，无放铳，3番到底。

5. 承包

吃碰3次有承包，承包为双向，被承包者需付3倍分数，其他2人也要扣分数，如非承包玩家和，只付实际的分数。抢杠也算承包，被抢杠者需付3人的分数，其他2人不用付。财飘被人和需付3人的分数，其他2人不用付。杠财飘被人和需付3人的分数，其他2人不用付。

（二）番数计算规则

1. 爆头

玩家手上拥有1颗财神并且其他牌均以成牌的情况下听牌。下轮玩家如果和牌，即为爆头。算1番。

2. 杠开

自己杠牌后摸起的那张牌组成的和牌为杠开（其他的麻将中称为杠上开花）。算1番。

3. 大吊

除1张牌立着外其他牌均已吃碰或杠掉，这时他摸到一张牌和牌，为大吊。（其他的麻将中称为单吊）算1番。

4. 抢杠

如果别人碰牌后，再用一张牌去补这个刻形成杠牌，这张牌正好是你听的牌，那你就可以宣布和牌，得分由杠的那个人支付3份，与其他2家无关。注意：抢杠时不允许用一个"百搭"和被抢牌形成1对"将"，单吊抢杠被禁止。算1番。

5. 杠爆

在预爆头状态时，摸到1张牌杠牌，再抓1张牌和牌为杠爆。

6. 财飘

玩家在手上拥有1颗财神并且其他牌均以成牌的情况下听牌。而下轮玩家如果又摸起来1张财神。该轮玩家不和牌，把手上的1张财神打出去，到了下轮再爆头和牌就叫财飘。算2番。

7. 大吊爆头

大吊的同时爆头。

8. 大吊杠开

大吊的同时杠开。

9. 大吊杠爆

大吊的同时杠爆。

10. 飘杠爆

飘杠爆指打出财神后下一圈摸到杠牌。算3番。

11. 杠财飘

杠开的情况下财飘。算3番。

第十二章

麻将旁门左道的识别及处罚

在麻将竞技比赛中,临场技术战术的发挥、战略策略的运用都体现出了竞技者的智慧之光。竞技者有必要充分发挥技巧取得胜利。但有的人,采取种种欺诈手段作弊。这种不规范的行为极易产生纠纷,甚至导致悲剧的发生。为了防止竞技过程中的欺诈行为,特举出牌场上常见的旁门左道的种种现象,以供大家识别,加以杜绝。

一、常见旁门左道及实战表现 15 招

实战中,搞旁门左道的人可以通过下列方法测定:

1. 大声喧哗,扰乱众人注意力

如在牌桌上谈论时事、政治、搬弄别人是非等,力图分散众人注意力,必定有鬼。

2. 东张西望

力图传递预先约定的暗号,此种人必定有一搭档。在玩弄旁门左道前,他总要东瞧瞧、西望望,仿佛是在为怎样打牌而深思熟虑,其实只要你稍微留心,就会发现他正在和搭档眉来眼去。

3. 坐立不安

这种人一会沏茶，一会儿跑出去拿烟，借机寻找看牌、偷换牌的机会。

4. 神色慌张

此种作弊人多是经验不足的初出道者。

5. 洗牌作假

预先把好牌压在手下，然后砌牌时将牌砌在一块，以期有机会作假。如果一旦作假得手，往往牌一上手就有听牌的机会。特别是在南方等地，以此法可得到高番。

6. 在砌牌过程中，唯恐其好牌被他人拿走，经计算决定何时多拿，何时少拿。

7. 当轮到某人做庄时，迅速将牌砌好，趁另外几家尚在砌牌，将骰子掷出，不等别人看清便报出点子，再快速拿回。所报点数正是他心中默记的好牌。这样，他便能拿到预先砌好的好牌。

8. 诈和

当觉得自己无望和牌时，便推倒牌面，假装和牌。

9. 换骰子

将预先藏好的骰子偷换桌面的骰子，以便掷出有利于自己的点数。

10. 偷换牌

将提前备好的牌藏在身上，关键时将它换出，用后再伺机取回。

11. 手到擒来

尚未听牌时，将打出的牌夹在大拇指与食指间，在打出此牌时，用无名指和小指换回有用的牌。

12. 在砌牌时少砌一墩，将其夹于两腿之间，以此偷梁换柱，等待作弊。

13. 指东点西

听牌后，将废牌打到需要的牌旁边，暗示对家打出要和的牌。

14. 台下踢脚

事先约定暗号，将要的牌通过脚在台下的踢、点、踏、碰传递暗号。

15. 记牌不误

按照砌牌的数量，记住摸牌规律以期作弊。

二、牌场骗局实例

（一）洗牌与偷看牌

例：在洗牌过程中暗暗记住各种花色牌的位置。

打麻将时，一般是边洗牌，边将牌背翻过来，同时再将牌码好。由于三者是同时进行的，这样就给作弊者提供了一个时机，即他们可以记住哪些牌码在什么位置，掌握牌的大致分布情况。如牌中万字密度较大，拿牌时，万子就均匀分布于各家手中，这样就能够有针对性地根据所剩牌墙中的"饼子"、"条子"来做牌，和牌也就较容易。

无论怎样洗牌，各种牌的分布很难均匀，总会出现一个位置某种牌相对集中的情况，而且利用洗牌过程中翻牌的机会来对牌进行强记，这看起来不似作弊，从而为作弊者提供了借口，使其看起来合情合理。也许你会认为这无足轻重，但实际上该行为对打麻将影响极大。

（二）码牌上的绝招

例：作弊者在码牌时集中"码墩"。

作弊者在洗牌时有意将同一色的好牌洗到自己面前，接着再按特殊顺序码牌，这种手法在坐庄时危害极大。因为它一旦同掷骰子结合起来，就极易成功。如图12-1。

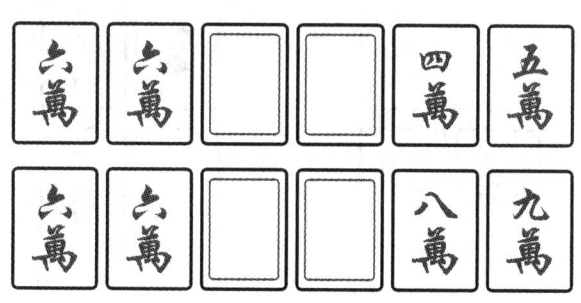

图12-1

庄家掷得骰子首先点数应该是5或9，即作弊者须从自己面前的牌墙开门取牌。然后自己接着掷出对自己最有利的点数，如上图若从7点起抓，则可连抓两手好牌，组成清一色极有可能。就算只抓到一手万字，也可以决定其他三家的命运，因为四个6万都被你抓绝了。

至于怎样才能掷出自己有利的点子，并非易事，作弊者抢先码好牌，在别人尚未码好牌，注意力集中在码牌和洗牌时掷出骰子，其实是摆放骰子，即乘人不注意时，将骰子摆成5或9点，给人一种骰子是掷出的感觉。庄家码墩子作弊使打成"清一色"、小七对"等大牌是很容易的事，至于自摸和推倒和更是不在话下。

防止这种恶习的方法是翻牌后再洗牌码牌，庄家应等到其余三家码好牌后再掷骰子，并让人看清楚。

（三）偷牌的技巧9例

例1. 龙头凤尾牌的巧妙

码牌时，作弊者将需要的牌堆砌于自己牌的左端右端，构成龙头与凤尾。如图12-2所示，取牌的时候，先用左手取两墩牌之后，并不急于摆在面前翻开，而是放在自己面前牌墙的左端，然后趁人不备用右手在自己面前牌墙的右端偷换两墩，这样就将"凤尾"换成了自己的手牌，反之亦然，将龙头牌换成自己的手牌。

通常打麻将在开始时，往往只顾各自看手中是否拿到了好牌，很少注意别人，这就给作弊者以可乘之机，他们用极快的手法躲过别人的视线，从而完成作弊的动作。

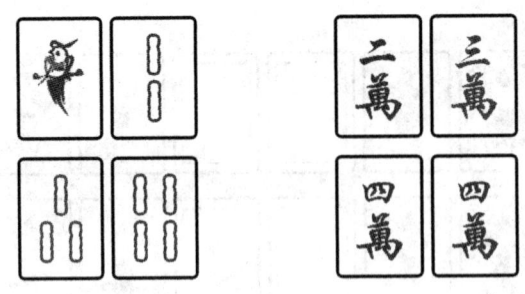

图12-2

例2. 顺手牵羊

这种手段是开始于洗牌的时候，作弊者取牌不是一次取回两墩，而是一墩，取回时顺手在自己牌墙左边（右边）偷带一墩，这样取到手的牌依旧是两墩。

这种手法进行过程中，作弊者会掩盖取到的牌，避免被别人发现。取回牌后，他会迅速将牌摆开立起，使别人注意不到。至于被人发现，他会托辞对方可能砌错了牌。

要制止这类手法，首先要数清码好的牌墩，再按规定各码十七墩。一旦有人作弊，可以通过数牌墩的数字来确认。

例3. 瞒天过海

作弊者在行牌换张时，一次摸两张牌，这样他就可以一次换两张牌，多摸进的那张牌可以找机会抛入堂中或等到洗牌时再拿出来。

这种作弊手段只有在牌墙上的牌是整墩时才可实施。因为牌墙上双数牌整齐划一，一旦成了单数，必然会被抓住把柄。要制止这种作弊，只需数一下他手中的牌就能发现。

例4. 鱼目混珠，换堂中牌

作弊者先盯准牌堂中的一张对自己有利的牌，然后将它拨弄到自己下手最有利的位置，当他摸起一张牌时，将牌在手中翻开，用手背遮住这个动作，然后把牌沿低空扫过牌堂，当经过那一张牌上空时，迅速换回要的牌，整个过程几乎不留任何把柄。

作弊者大多将手背遮住换牌的行动，手法极为娴熟，换牌时不出任何声音。如果碰撞牌面，单是声音就足以使他曝光。

作弊的细节是用拇指和食中指摸牌，并将其迅速翻转，手拖过牌堂时，用拇指和小指，无名指夹起要换的牌。

例5. 打一还一

作弊者在准备阶段先盯准牌堂中的牌，然后将其掷到有利位置，利用摸牌的机会在牌堂超低空掠过时，用小指和无名指夹起自己想要的牌，用手背掩护，将牌拿回来。虽然此时手中多二张牌，但作弊者会伺机将不要的牌抛出，或者作弊者将多余的牌握在手中，待和牌后一起推出。

例6. 硬偷牌

即作弊者在洗牌过程中将所需要的牌偷藏在身上，等到和牌时拿出来配

成自摸，或在打牌过程中偷偷摸出来配牌。偷的牌一定是双张。

例7. 偷读牌

即上家正在考虑，还未打出牌，作弊者趁机通过对牌的触摸来判断牌面。这种作弊者往往在不翻牌的情况下假装摸牌，然后迅速放下，再决定是吃进或碰别人打出的牌，还是摸牌。

由此可以发现，牌是能偷读的。因为牌面是雕刻而成，手感极强，往往可用食指或大拇指在牌面触摸读牌。以下列出每张麻将摸牌时的感觉和各地俗称。

花牌——纹布牌面，空虚不实。

红中——两头尖尖，中似有物。

青发——中间一团，不圆无尖。

白板——中间平滑，四四方方。

东风——上一小团，下为大八。（口语）。

南风——中间一团，上尖下缺。

西风——中间一团，上一下平。

北风——中间一团，团有裂缝。

一万——上有一横，下一小团。

二万——上有二横乞下一小团（台湾口语）。俗称扁瓒。俗称发财。俗称月亮。俗称加抓（蟑螂的台湾俗称喇叭）。俗称鸭脚。俗称万一。俗称逆目仔（眨眼的台湾口语）

三万——上有三横，下一小团。欲称算万（蒜头的台湾口语）。

四万——上四二平，下一小团。

五万——上下两团，有一平头。

六万——上六平尖，下一小团。

七万——上七似十，下一小团。

八万——上八两开，下一小团。俗称胡须或两撇仔。

九万——上下两团，一为空虚。

一饼——一团圆圆，正中粗大。俗称大饼。

二饼——上下两团，皆为圆边。俗称眼镜。

三饼——斜线粗条，由右斜左。俗称斜面。

四饼——中间空洞，四方小圆。

五饼——中间粗团，上下空缺。

六饼——粗粗一片，中有空缺。

七饼——上斜粗线，下粗一片。俗称驼背。

八饼——粗粗一线，毫无缺隙。俗称乌龟子。

九饼——粗满一线，占满牌面。

一条——细满一片，下右平面。俗称乌仔。

二条——细长一条，恰似竹竿。俗称竹竿。

三条——上一细条，下二细条。俗称熨斗。

四条——上下二条，中间平滑。

五条——上下二条，中间小条。俗称青蛙。

六条——上下三条，粗糙平滑。

七条——上一小条，连三长条。

八条——面满中空，中空以圆。

九条——竖条上下，细隙平滑。

这种手法是在上家考虑时进行的，且牌面未翻开，似乎无懈可击，但这一张牌一经读识后，作弊者就掌握了主动，便于他确定摸与不摸，如何尽快食和。在实战中，"上不打，下不摸"是避免此种作弊手段的有效方法。

例8. 读上抽下

作弊者在偷读牌的基础上，断定该牌不是自己需要的牌或危险牌，而上家的牌自己又吃不起，这时狗急跳墙，采用抽牌的方法，抽摸被读识的牌下面的牌张。

该手法是用食指按住牌面，用小指、无名指、拇指肚抽取牌张。抽牌时极少有声音，要靠打牌者心中有数，眼视六路来防止这类作弊手段。

例6、7、8都属于偷牌的行为。要预防这类作弊行为，首先做到心中有数，即事先了解各种作弊行为的过程，同时掌握堂中打出了哪些好牌，并要注意偷牌过程中的换牌声。

例9. 左右逢源

这种作弊手法是在抽牌的基础上进行的。作弊者摸到将要摸进的牌是不

需要的,这时,他将手伸向要摸的牌,伸出食指、中指、无名指和小指遮住两张牌,摸进所读识牌的右边一张牌。

这种手法几乎天衣无缝,在摸到自己想要的牌面,作弊者将不要的牌填进抽牌之后的空档。由于牌距很近,且牌背面很光滑,所以作弊过程中几乎无声音,很难发觉。

(四) 诈和4例

例1. 骗和、缺牌和,指不满十四张牌的情况下的和牌

这种方法多见于特殊牌型,尤其是"七对"和"十三烂"等。如"七对"摸成六对后藏两张牌叫和,和牌实际只有十二张牌,"十三烂"手中只有十三张牌,藏一张牌叫和也一样。藏牌后骗和,只要注意数牌,一般较易发现。

例2. 假和

作弊者根据当时牌局紧张气氛,在尚未听牌的情况下,以欺诈行为铤而走险,假称和牌,然后将牌迅速推入牌堂。

无论气氛如何紧张,打牌者都应心情平静,特别是在有人放炮后,更不能怨天尤人,而应该在保持冷静的同时查验和牌者推进牌堂的牌以杜绝作弊的发生。

例3. 以诈补和

作弊者在摸牌十五巡后感到局势紧张,然后准备诈和。先将好牌拨弄到自己面前,然后铤而走险,宣布和牌,迅速将牌推向自己所需要的牌前,并尽快将其与自己的牌混合起来,以制造和牌的"事实"。

这种手法实际是"诈和"同"鱼目混珠"相结合的产物,包括了弄牌但不偷牌,以及诈和又迅速浑水摸鱼偷好牌两个步骤,显然更为隐秘、狡猾。

例4. 强迫和牌

作弊者已确定有人听牌或者都已听牌时,自己打出的牌极可能放炮,为了避免放炮,作弊者索性一不做二不休,在打出牌时不报牌名,甚至在打出牌后还将其混入牌堂的牌张中,混淆他人视听,使别人不明白他打出了什么牌。如果有人记住堂中的牌,指出了作弊者打出的牌,并准备和那张牌时,他硬是百般抵赖,咬定另一张牌。如在实践中作弊者算到自己打出2、5万必

然有人和牌，而他又不得不打，这时他会打出 2 万，并高叫"2 条"，这样就可以赖牌。

（五）三人对付庄家

例．杀黄牛

这种三人联合事先约定的同盟，应算作弊。三个人联合起来互相配合，打好牌给其余两人吃碰，和牌时尽量让庄家放炮，使庄家成为被宰的黄牛。

要制止这种方法，只能严惩放炮者，而庄家尽量不放炮，这样庄家才能瓦解三方的联盟，保全自身的利益。

（六）两人联手作弊

无论是两人联手还是三人联手，最常用的作弊方法是暗号作弊法。即作弊方事先串通好，利用己方才懂的暗号来传递信息，从而达到作弊的目的。麻将作弊暗语也叫暗号，俗称令子，就是通过特定语言或肢体语言向对方传递信号，以及与偷换牌配合，让人防不胜防。例如，打牌时抽根香烟，打火机连打两下，信号已经发出去了，只有约定的双方才懂，外人是发现不了的。

1．作弊暗号九字诀

1 近（面前）2 远（对家前面）3 为左，4 右 5 重（叠）6 为弹，7 丢 8 立 9 为审；手牌隔开 1 为饼，2 为条，3 为万。这个是通过将打出去的牌摆放在牌堂中的前后左右中的位置不同、以及牌的摆放姿态、打牌轻重和手法不同来传递信号。

打 1 摸 2、3 分散，碰 4 卡 5、6 听和，边 7 钓 8、9 满贯；左手饼，右手条，掐牌是万子。快 1 吃 2 摸为 3，4 打 5 起 6 为碰，7 坎 8 对 9 为杠；卧饼横条站万字。这两种就是完全的语言暗号，利用打牌常用的语言作为暗号。例如，上面的快吃摸打起碰坎对杠，这些麻将常用语都可对应相应的数字，外人实难察觉。比如说一句"快打"，就等于是告诉对方自己需要 1、4 了。

1 敲 2 吸 3 为咳，4 划 5 点（头）6 耸肩，7 伸（腰）8 仰（头）9 摆头；右手拇指动饼，食指条，中指万。这种是完全的肢体动作暗示，期间没有语言一样能让对方知晓自己的意图。

以上几类九字诀其实就是通过暗号传递 1~9 这九个数字,以及传递牌的门类,作弊者双方对对方需要的牌心知肚明,关键时刻促成对方可完成吃、碰、杠和和牌。

2. 偷换牌法

作弊者很可能还会配合换牌或偷牌动作,例如,作弊者双方的座位关系是上下家关系,下家碰了 2 万听牌,并且下家已经报出听 6、9 条的信号,恰好剩下的一张 2 万在作弊者的上家手中,于是上家趁大家不注意的时候,假装摸牌却把手中的 2 万和 6 条叠放在摸牌的牌墩处,完成"上牌"动作。这时轮到下家摸牌,先摸起 2 万开杠,然后摸 6 条杠上开花,三家都将支付筹码。如果是和牌牌局就结束,就很简单,如果是打"血战到底",下家杠上花后先出局剩下的三人继续打牌,由于换牌的作弊者上家少了 2 张牌,要么当相公,要么设法再多摸 2 张牌凑够 13 张,哪怕最后黄牌流局或自己放炮出铳或不和牌,由于作弊者下家和了杠上花大和,最后双方结算也是赢家。

3. 凑十法

通过语言报出数字,用 10 去减,就是自己需要的点数。例如,需要 1 万就故意说 9 万,2 万说 8 万……饼、条同样。

4. 落差法

落差法是一种"指鹿为马"的语言暗示法,例如需要条则故意说万,要万指饼,要饼指条,同时统一落差,或落 2 或落 5,比如落 2 来讲,明明自己需要 5 条,却在自己摸牌时喊声"来张 7 万"。对方则心知肚明,按照指万要条,7 万落 2 为 5,于是打出 5 条,自己立即碰牌清对下叫,打牌就此形成,等待自己自摸或别家放炮和牌。

5. 手指暗示法

言多必失,多说容易露馅儿,有的把哑语手势用得炉火纯青,用左手指关节,划定界限与牌的种类,右手摸左手,摸"哪处"就是暗示自己需要什么牌。如图所示:

第十二章 麻将旁门左道的识别及处罚

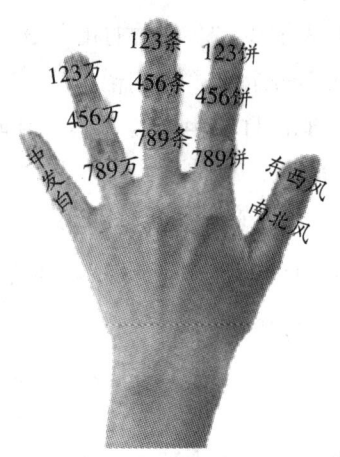

6．牌尺的暗号

此法是以牌尺为主，将左手或右手置于牌尺上方时，表示要万字；在牌尺上，表示要饼子；如放在牌尺下方，说明要条子。牌尺置于前，表示尚未示意要牌；置于手牌后面，表示讨牌行动进行。至于数字，则从左手起表示1到5，右手起表示6至9，将所需的数字取出，宛如整理手牌一般，搭档马上就能明白你要什么牌。

7．头手的暗号

牌局进行中，每个人都专心于打出的牌，很少观察别人，故头和手的暗号一般不易被人发觉。比如：左手摸下巴表示要条子，摸眼睛表示要饼子，摸耳朵表示要万字。也有人拇指于握拳时伸出，表示要万字，不伸出时表示要饼子，拇指于拳中时代表要条子。数字以手指为暗号，食指一、二、三节代表1、4、7，同理，中指代表2、5、8，无名指代表3、6、9。

8．香烟的暗号

具体方法是：抽烟时，香烟从左手转至右手，表示讨牌，吸一口烟，往右喷时表明要条子，从中间喷时表明要饼子，从左边喷时表明要万字。喷完后，香烟回到左手食指间，靠近指尖为1、4、7，中间为2、5、8，末节为3、6、9。

9．说唱的暗号

往往是根据一些常用语编成暗号，来向搭档表明要什么牌。如说："我这支最好"表示1，"中空来一支"表示2，"吃烟等和气"表示3，"横不入，气

死"表示4,"没牌可打"表示5,"你刚才打的什么牌"表示6,"陕就好"表示7,"打一支来吃跟你拼"表示8,"不用怕,没人听"表示9等。

要杜绝此类现象,必须在打牌中眼观六路,耳听八方,注意对手表情、动作,可以起到有效的作用。

以上仅仅举例说明,还有一些骗术异常巧妙,更为局外人所不知,因此,麻将只能用于娱乐,十赌九诈,若沾染上赌字,如何被坑惨都不知道。

(七) 作弊麻将机揭秘

1. 麻将机作弊原理

现在流行机麻,手搓麻很少有人玩了,于是好赌者打起了机麻的主意,利用机麻的高科技原理,设计了专门的作弊方法。

机麻作弊通常要解决两个方面的问题,即按需要码好牌张,这样抓上的牌都是自己需要的"好牌"。另外就是"好牌"出现的方位和牌墩,保证"好牌"能抓到作弊人的手中。实现这两个步骤就是在机器洗牌码牌和掷骰子上下功夫。

(1) 安装作弊装置

将麻将牌的制作时在牌张内部安装上特定的芯片,用感应装置进行识别,根据麻将规则规定的不同玩法,预先设定好程序,保证洗牌码牌时把需要的牌张码到相应的牌墩里。具体做法是,在麻将机内牌张运行的码牌轨道的上面,安装感应器和阻挡针,在洗牌时开启作弊程序和感应装置,当牌张运行到轨道时,如果不是预设程序需要的牌张,就会被阻挡针阻挡掉下来重新进入牌池,是程序设定需要的牌张就能顺利进入轨道,如此循环洗牌,就可以把需要的牌码在对应的位置。例如,打成都麻将,自己坐庄,骰子掷4+6,按规定开牌是在顺家的第四墩抓牌,那么,在作弊麻将洗牌时,就首先让随机的四墩牌进入顺家方位的轨道,然后按"4墩作弊牌+12墩随机牌+4墩作弊牌+12墩随机牌+4墩作弊牌+12墩随机牌",抓牌结束后,自己就可以抓到$4×3=12$张"好牌"。

(2) 遥控法

在骰子内部加入磁粉,在骰子盘下面安装感应线圈,作弊时,只要操作遥控器，当按下掷骰按钮时线圈就会起作用，通过断电放电而产生磁场吸住骰子加装磁粉的一面，从而达到控制骰子点数。控制了骰子点数就控制了开牌方位和开牌位置（牌墩）。

（3）感应法

通过 U 盘把作弊程序编写好，然后把 U 牌插入作弊麻将机自己方位的隐蔽接口里，这就做好了作弊的准备工作。这时只需要一个感应卡，当把感应卡放在靠近自己的位置（通常是将感应卡伪装后放在香烟盒里然后再放在自己的门前，或放在自己的筹码盒里），当加装在机器内部的感应装置感应到卡片信号后，作弊程序自动启动，麻将机作弊洗牌码牌就按预先设定的方位和设定的骰子点数进行。

2. 作弊麻将机的识别方法

（1）骰子点数识别

骰子两对面点数总和为 7，是不变的规律，即 6 点对面为 1 点，5 点对面为 2 点，4 点对面为 3 点，这是正常的骰子对位点数。如果麻将机安装上程序后，骰子点数是要变换位置的（即为错位骰）。因为安装上程序，它要根据麻将游戏规则，设定好开门抓牌位置，便于下一副牌开门抓牌位置进行来回切换（不切换只能是打一个点数）。如果骰子上面的点数为 6，而你从侧边上看到 1 点，骰子上面 4 点，你从侧边看到 3 点，骰子上面是 5 点，你从侧边看到 2 点，这就与正常骰子对位点数（正位骰）不一致，那么就肯定这台麻将机是安装了程序（即错位骰），如果是正位骰子的话，上面是 6 而 1 在底面，侧边你是看不到 1 的。某人坐庄打骰子时的骰子点数只有两种：比如一个 5 点，一个 1 点。或者一个 3 点，一个 5 点。这是例子，也可能是其他两组点子（只要摇控打开，某人打骰子的点数只有两组）。

（2）骰子磁性识别

作弊程序麻将是通过在骰子里面加磁粉来控制掷骰子点数。因此识别时，可用磁铁在麻将机的骰盘上晃动，如果里面的骰子也跟着晃动，就能推断它是磁性骰子，那么也能肯定这台麻将机是安装了作弊程序的。

（3）洗牌时间识别

由于作弊自动麻将机码牌是在挑着码，那些没有用的牌是要被阻挡针拨掉重新洗的，那么洗牌所需要的时间自然要长一些。这也可以做为参考。正常的麻将机洗一把牌大概要在一分多钟的时间（通常是1分20秒）。自动作弊麻将机所用的时间则会多出大致一倍的时间。如果你玩的自动麻将机，洗牌的时间比正常的慢很多，而且声音明显比一般的麻将机声音大，那么，请注意，你很有可能在被千！但通常作弊的牌客都会故意拖延打牌时间（一家和牌牌局即告结束的打法，血战麻将用时较长一般不用拖延时间），一般说来，注意力高度集中的牌友都不太注意这个细节。

（4）拆机检查识别

最简单的办法就是事先将麻将机拆开检查，看看码牌轨道旁有无安装感应器和阻挡针等物件，检查麻将机下面四周有无USB接口等。

3. 作弊麻将机的防范

（1）换骰子

对于带磁性骰子的处理办法，最简单的就是跟换不带磁性的骰子即可破除作弊了，即便通过程序把好牌码在了指定位置，只要骰子不能掷到作弊方位和作弊点数，自然就抓不到作弊牌。

（2）换牌

在开局前把作弊麻将牌与别的麻将机上的普通牌进行调换即破除程序控制，程序对普通牌不会起到作用。当怀疑有程序，但是又不便说破，可以将自己身前的牌进行调换，将最左调到最右边，反之亦可，这样可预防75%的作弊情况。如果怀疑一方作弊，最有效的方法就是当他在坐庄时，观察他掷骰子的点数，这个点数基本是固定，只要将他坐庄时开牌方位的牌墩的第一墩拿走放在牌墩尾部即可。

三、对付作弊的常用方法

1. 大小骰子点数确定开牌位置。
2. 打一圈掷骰子换张。
3. 洗牌时严格遵守牌规。
4. 将心理防卫能力同牌局的异常情况结合，断定谁有可能作弊，防患于未然。

5. 保持自己的有利局势，挫败对手的作弊手段。

6. 综合防范作弊。

总之，在打牌过程中要做到原则与实践结合，了解作弊的方法，才能应付比赛中的突发事件，有效地防范麻将中的"旁门左道"，真正做到公平竞争。

四、处罚与预防

在麻将竞技比赛中，《中国麻将竞赛规则》第四章第十三条、第十四条规定了对违规行为的处罚原则，特录于后，作为比赛时处理违规行为的依据。

（一）《规则》第十三条罚则

1. **警告**

有明显违例犯规、或干扰他人比赛的言行，由裁判员当场郑重宣布予以警告。

2. **罚分**

违例犯规者被判罚的分数，应根据情节轻重，分别扣罚 5 分、10 分、20 分、30 分、40 分、50 分、60 分七种罚分。被判罚的分数应在每盘比赛分的积分中扣除，如是违纪罚分，由裁判员登记，在该局结束时，再从总比赛分中扣除。

3. **停和**

凡影响该盘胜负的违规行为或有严重的违反《规则》的言行，即予取消该盘和牌的权利。

4. **停赛**

凡屡犯不改或有意违例犯规者，严重妨碍竞赛工作和正常秩序，即予取消继续比赛的资格。

（二）《规则》第十四条罚则

在行使处罚时要注意区别有意与无意、初次与多次、一般与恶劣的情节

给予处罚。

1. 违例摸牌

上家未打出牌,自己即动手摸牌,在一盘之内,第一次警告,第二次处罚 5 分,第三次罚 10 分,第四次罚 20 分,依次类推。

2. 摸牌必取

手已摸牌不能再改为吃牌、碰牌、杠牌或和牌。违者给予警告,屡"告"不改者可予罚分或停和处罚。

3. 快碰慢吃

吃牌和碰牌相比,碰牌比吃优先,但应快碰慢吃。碰牌的时间应在 3 秒之内报碰。超过 3 秒,在别人吃牌时才宣布碰牌,裁判员应判为有意等别人吃牌时碰牌,应劝阻其碰牌,并提出警告。在同一盘第二次出现同样行为,除警告,还应扣罚 5 分,第三次扣罚 10 分,第四次扣罚 20 分,依次类推。裁判员应掌握这一时间差的尺度。

4. 错吃、错碰、错杠

凡错吃、错碰、错杠者,在该盘比赛不得和牌。

5. 空吃、空碰、空杠

手中没有可吃、碰、杠的牌,却报出了"吃"、"碰"、"杠";或者手中虽有这样的牌,报出后却又不吃、碰、杠;一盘之内,第一次警告,第二次扣罚 5 分,第三次扣罚 10 分,依次类推,屡罚不改者,取消继续比赛资格。

6. 错和和诈和的处理

(1) 错和:和牌没有达到起和分(8 分)而宣布和牌者即予停和,并罚向各家支付 10 分,该盘继续比赛,错和者陪打,别的和牌后,按规定付分。

(2) 诈和:尚差一张牌才能听牌,却误以为已经听牌,在他人打出牌时,自己宣布和牌,本盘停和并罚给各家 20 分,该盘继续比赛,诈和者继续陪打,别人和牌后,按规定付分。

(3) 和错牌:听牌以后,误以为他人打出的牌是自己的和牌,从而宣布和牌(处罚同诈和)。

(4) 有意诈和:差两张以上的牌才能听牌,却宣布和牌,即为有意诈和,应予取消比赛资格。

第十二章　麻将旁门左道的识别及处罚

7. 暴露牌张的处理

（1）运动员在行牌进程中，将自己手牌暴露于桌面，暴露的牌就作为罚张，要在下一轮到自己出牌时，将罚张打出。

（2）在别人报和牌时，将自己的手牌推倒亮明者，如报和牌成立，即给予警告处罚；如和牌不成立，则将暴露的牌张打出，并停和陪打，直到别人和牌，按规定付分。

（3）运动员在行牌过程中，将别人的手牌暴露于桌面，裁判员可视情节轻重，判罚责任者给被干扰者5~60分，并由裁判员裁决本盘是否继续比赛。

8. 出牌应报牌名，若出牌报错，导致其他家误和牌，由报错牌者为三家付应付的分。

9. 牌张数目的错误

在和牌之前，如果手牌多于或少于规定的张数，称牌张数目错误，即"相公"，没有和牌的权利，只能陪打。

10. 非法信息

在行牌过程中，凡以暗示、表情、动作和物品等方式向同桌的其他牌手进行诱惑、误导或传递信息，无论对方收益与否，都予以本盘停和的处罚，只作陪打，再重犯者，取消继续比赛资格。

11. 故意干扰

凡由于受到处罚而不满，或行牌不顺利而不快，在比赛过程中发泄情绪，乱出牌，影响比赛正常进行者，经警告和罚分无效，可给予停和或取消比赛资格。

12. 蓄意作弊

凡有换牌、偷牌、藏牌、夹带或其他作弊行为者，一经查实，给予取消比赛资格，令其退出赛场，予以通报。

13. 严重影响比赛

明显犯规，经劝告仍不服从裁判，并无理取闹严重干扰比赛正常进行，即取消比赛资格，予以通报，并交由体育领导机关作出处理。

第十三章

中国麻将竞赛计分标准释例

一、番的类型及分数

按照《中国麻将竞赛规则》规定，番作为麻将比赛计算成绩的基本单位。番值是指对不同难度构成的各种番的定量评价，番值可换算为等量的分数，即几番为几分。

《中国麻将竞赛规则》认定的番种共有 81 种，分为 9 个系列，即：字牌系列，序数牌系列，刻系列，七对系列，花色组合系列，全带系列，不靠系列，和牌方式系列，特殊系列。

分值是以比赛分为单位，对不同难度组成的番种的量化评价。分值分为 12 级，依次为 88，64，48，32，24，16，12，8，6，4，2，1 分。

在符合和牌条件时，不同系列的番种可以按照计分原则，根据表 13～1 所示的分值，相互组合计分：

第十三章 中国麻将竞赛计分标准释例

番种分值定义表

表 13—1

分值	序号	番种	定　　义
88	1	大四喜	由四副风刻（杠）组成和牌。不计圈风刻、门风刻、三风刻、碰碰和。
	2	大三元	和牌中，有中发白三副刻子。不计箭刻。
	3	绿一色	由2、3、4、6、8条及发字中的任何牌组成的顺子、刻子、将的和牌。不计混一色。如无"发"字组成的和牌，可计清一色。
	4	九莲宝灯	由同种花色序数牌按1、1、1、2、3、4、5、6、7、8、9、9、9组成的特定牌型，见同花色任何一张序数牌即成和牌。不计清一色。
	5	四杠	四个杠。
	6	连七对	由一种花色序数牌组成序数相边的七个对子的和牌。不计清一色，不求人，单钓。
	7	十三幺	由三种序数牌的一、九牌、七种字牌及其中一对作将组成的和牌。不计五门齐、不求人、单钓。
64	8	清幺九	由序数牌一、九刻子组成的和牌。不计碰碰和、同刻、无字。
	9	小四喜	和牌时有风牌的三副刻子及将牌。不计三风刻。
	10	小三元	和牌时有箭牌的两副刻子和将牌。不计箭刻。
	11	字一色	由字牌的刻子（杠）、将组成的和牌。不计碰碰和。
	12	四暗刻	四个暗刻（杠）。不计门前清、碰碰和。
	13	一色双龙会	一种花色的两个老少副，5为将牌。不计平和、七对。

分值	序号	番种	定 义
48	14	一色四同顺	一种花色四副序数相同的顺子，不计一色三节高、一般高、四归一。
	15	一色四节高	一种花色四副依次递增一位数的刻子，不计一色三同顺、碰碰和。
32	16	一色四步高	一种花色四副依次递增一位数或依次递增二位数的顺子。
	17	三杠	三个杠。
	18	混幺九	由字牌和序数牌一、九的刻子、将牌组成的和牌。不计碰碰和。
24	19	七对	由七个对子组成的和牌。不计不求人、单钓。
	20	七星不靠	必须有七个单张的东西南北中发白，加上三种花色，数位1、4、7，2、5、8，3、6、9中的7张序数牌组成的没有将牌的和陵. 不计百门齐、不求人。
24	21	全双刻	由2、4、6、8序数牌的刻子、将牌组成的和牌。不计碰碰和、断幺。
	22	清一色	由一种花色的序数牌组成的和牌，不计无字。
	23	一色三同顺	和牌有一种花色三副序数相同的顺子。不计一色三节高。
	24	一色三节高	和牌时有一种花色三副序数依次递增一位数字的刻子。不计一色三同顺。
	25	全大	由序数牌7、8、9组成的顺子，刻子（杠），将牌的和牌。不计无字。
	26	全中	由序数牌4、5、6组成的顺子，刻子（杠），将牌的和牌。不计断幺。
	27	全小	由序数牌1、2、3组成的顺子，刻子（杠），将牌的和牌。不计无字。

第十三章 中国麻将竞赛计分标准释例

分值	序号	番种	定　义
16	28	清龙	和牌时，有一种花色1-9相连接的序数牌。
	29	三色双龙会	两种花色两个老少副、另一种花色5作将的和牌。不计喜相逢、老少副、无字。
	30	一色三步高	和牌时，有一种花色三副依次递增一位或依次递增二位数字的顺子。
	31	全带五	每副牌和将牌必须有5的序数牌。不计断幺。
	32	三同刻	三个字数相同刻子（杠）。
	33	三暗刻	三个暗刻。
12	34	全不靠	由单张三种花色1、4、7，2、5、8，3、6、9不能错位的序数牌，东南西北中发白其中的任何牌组成的和牌。不计五门齐、不求人。
	35	组合龙	三种花色的1、4、7，2、5、8，3、6、9不能错位的序数牌。
	36	大于五	由序数牌6-9的顺子、刻子、将牌组成的和牌，不计无字。
	37	小于五	由序数牌1-4的顺子、刻子、将牌组成的和牌，不计无字。
	38	三风刻	三个风刻。

分值	序号	番种	定　　义
8	39	花龙	三种花色的三副顺子连接成1-9的序数牌。
	40	推不倒	由一种牌面图形没有上下区别的牌组成的和牌。
	41	三色三同顺	和牌时有三种花色三副序数相同的顺子。
	42	三色三节高	和牌时有三种花色三副依次递增一位数的刻子。
	43	无番和	和牌时数不出任何番种分（花牌不计算在内）。
	44	妙手回春	自摸牌墙上最后一张牌和牌。不计自摸。
	45	海底捞月	和打出的最后一张牌。开杠抓进的牌成和牌（不包括补花）。
	46	杠上开花	不计自摸。
	47	抢杠和	和别人开明杠的牌。不计和绝张。
6	48	碰碰和	由四副刻子（或杠）、将牌组成的和牌。
	49	混一色	由一种花色序数牌和字牌组成的和牌。
	50	三色三步高	三种花色三副依次递增一位序数的顺子。
	51	五门齐	和牌时三种序数牌、风箭牌齐全。
	52	全求人	全靠吃牌、碰牌、单钓别人打出的牌和牌。不计单钓。
	53	双暗杠	两个暗杠。
	54	双箭刻	两个箭刻（或杠）。
4	55	全带幺	和牌时，每副牌和将牌中都有幺牌。
	56	不求人	四副牌及将中没有吃牌、碰牌（包括明杠）、自摸和牌。
	57	双明杠	两个明杠。
	58	和绝张	和牌时，和桌面已亮明三张牌所剩的第四张牌（抢杠和不计和绝张）。

第十三章 中国麻将竞赛计分标准释例

分值	序号	番种	定 义
2	59	箭刻	由中、发、白三张相同的牌组成的刻子。
	60	圈风刻	与圈风相同的风刻。
	61	门风刻	与本门风相同的风刻。
	62	门前清	没有吃、碰、明杠,和别人打出的牌。
	63	平和	由四副顺子和序数牌作将组成的和牌。
	64	四归一	和牌中有四张相同的牌归于一家的顺子、刻子、对子、将牌中不包括杠牌。
	65	双同刻	两副序数相同的刻子。
	66	双暗刻	两个暗翔。
	67	暗杠	自抓四张相同的牌开杠。
	68	断幺	在和牌中没有一、九和字牌。
1	69	一般高	由一种花色两副相同的顺子组成的牌。
	70	喜相逢	两种花色两副相同的序数的顺子。
	71	连六	一种花色六张相连接的序数牌。
	72	老少副	一种花色牌的1、2、3,7、8、9两副顺子。
	73	幺九刻	三张相同的一、九序数牌和字牌组成的刻子(或杠)。
	74	明杠	自己暗刻,碰别人打出的一张相同的牌开杠;或自己抓进一张与碰的明刻相同的牌开杠。
	75	缺一门	和牌缺少一种花色序数牌。
	76	无字	和牌中没有风、箭牌。
	77	边张	单和1、2、3的3和7、8、9的7,或1、2、3、3和3,7、7、8、9和7都为边张。手中有1、2、3、4、5和3,5、6、7、8、9和7不算和边张。
	78	嵌张	和两张牌之间的牌。4、5、5、6和5也为嵌张,手中有4、5、5、6、7和6不算嵌张。
	79	单钓将	钓单张牌作将成和。
	80	自摸	自己抓进牌成和牌。
	81	花牌	即春夏秋冬、梅兰竹菊,每花记一分。不计在起和分内,和牌后才能计分,花牌补花成和计自摸分,不计杠上开花。

下面介绍麻将做牌基本番型与牌例及其和牌后应计分数。

1. 明杠和暗杠

手中有三张相同牌，别人打出该牌时开杠，或自己抓进的牌与有碰牌相同时开杠为"明杠"。计1分。自抓四张相同牌为"暗杠"，计2分。如图13-1所示。

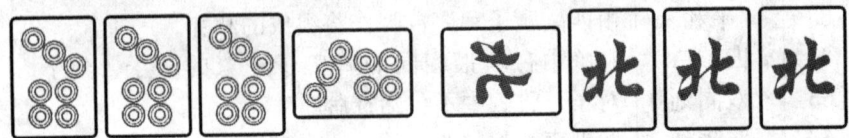

图 13-1

2. 门前清

没有吃、碰、明杠而停牌（可有花杠和暗杠），最后吃同成和牌，如图13-2所示（扣牌为一暗杠），牌中无吃、碰张，当别家打出三万时和牌，计2分。

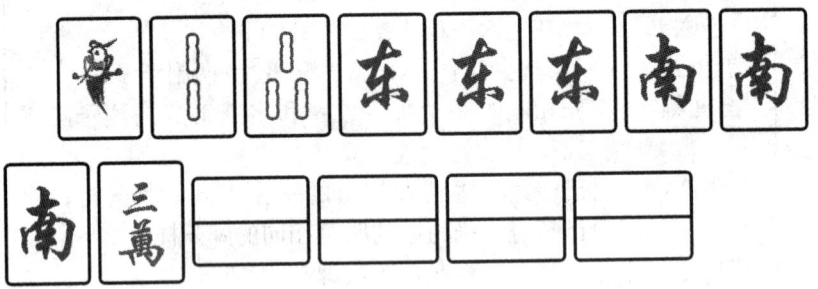

图 13-2

3. 缺一门

和牌中有字、风，但缺少万、条、饼牌其中一种。如图13-3所示，计1分。

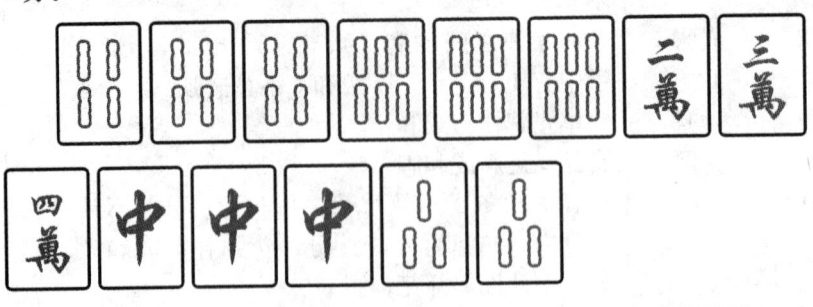

图 13-3

4. 边张

依靠别人打出或自己抓进的边张牌形成和牌，前者计1分，后者计2分（含自摸1分）。如图13-4所示（和三条）。

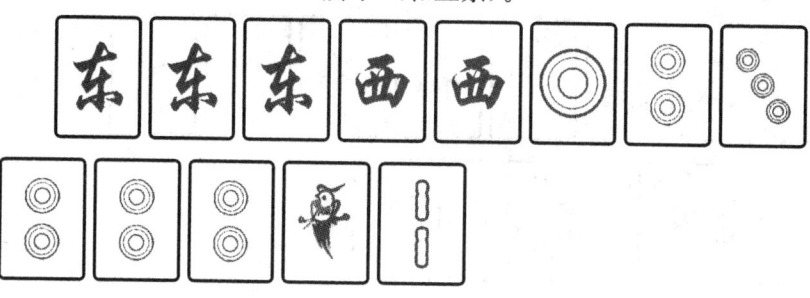

图13-4

5. 嵌张

依靠别人打出或自己抓进的中张牌而和牌，前者计1分，后者计2分（含自摸1分）。如图13-5所示（和三条）。

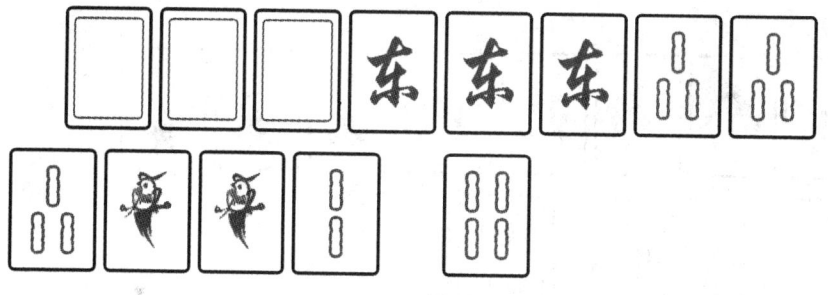

图13-5

6. 单钓将

依靠别人打出或自己抓进的牌与手中单一牌形成将牌而和牌，前者计1分，后者计2分（含自摸1分）。如图13-6所示（单钓四饼）。

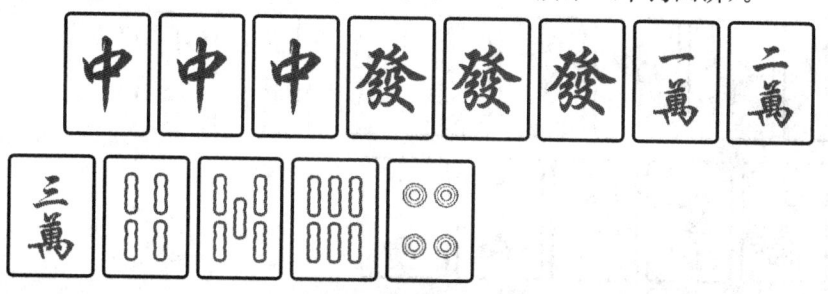

图13-6

7. 圈风刻

风圈有风字碰或风字暗刻并和牌。计2分。如果是庄家和牌再加计门风刻2分，如图13-7所示（东风圈并西风座）。

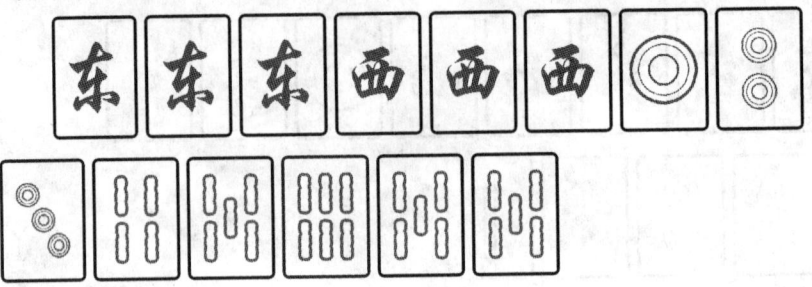

图 13-7

8. 门风刻

庄家门风为东，逆时针依次为南、西、北门风。和牌者手中有与门风相同的风字碰或暗刻，计2分。如果遇风圈时加圈风刻2分。如图13-8所示（南门风）。

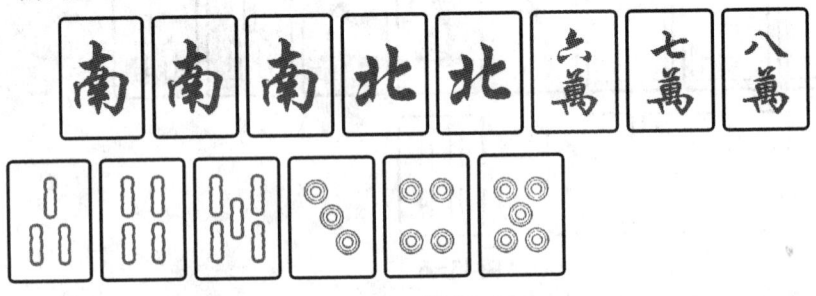

图 13-8

9. 箭刻

有中、发、白组成的刻子。如图13-9所示。计2分。

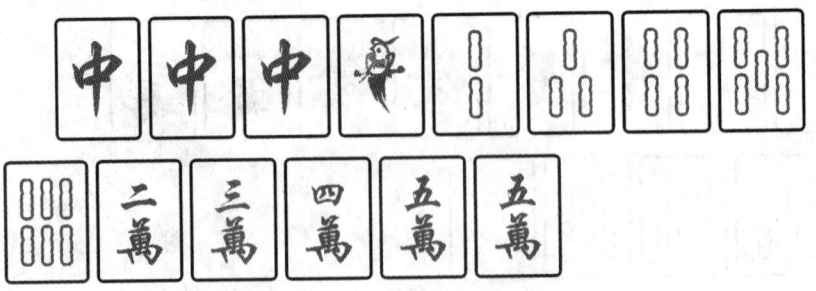

图 13-9

10. 无字

手牌中无箭牌、风牌而和牌。计1分。如图13－10所示。

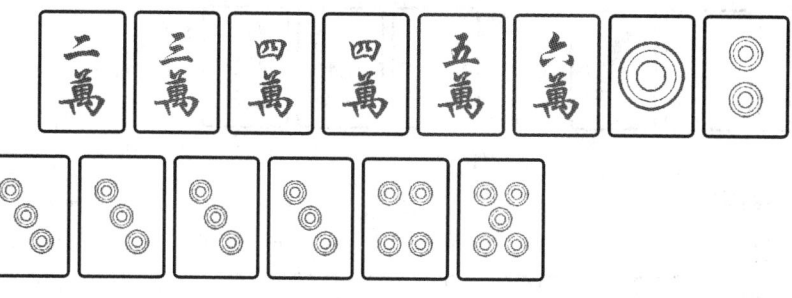

图13－10

11. 平和

除一对将外,手牌中无刻无杠也无碰牌(即都为序数牌)形成和牌。计2分。如图13－11所示。

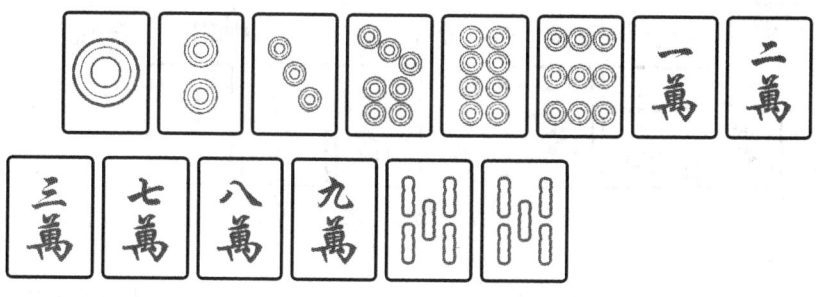

图13－11

12. 断幺

手牌中无字牌、箭牌,且饼、条、万中无幺九牌形成和牌。计2分。如图13－12所示。

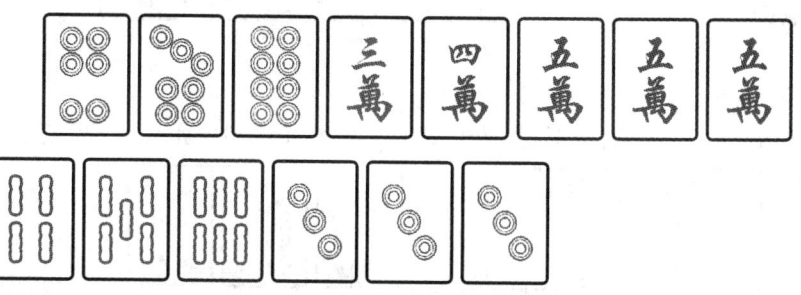

图13－12

13. 连六

手牌中有同花色6张序数相连而和牌。计1分。如图13-13所示。

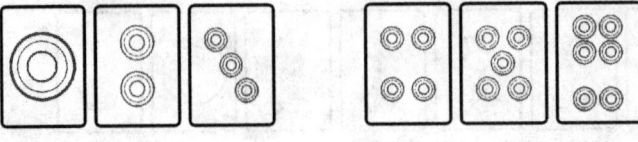

图 13-13

14. 一般高

手牌中有同花色两副相同序数牌而和牌。计1分。如图13-14所示。

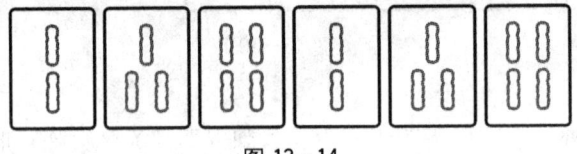

图 13-14

15. 喜相逢

手牌中有不同花色两副相同序数牌而和牌。计1分。如图13-15所示。

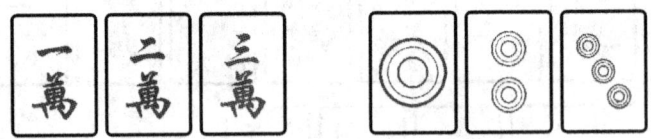

图 13-15

16. 四归一

饼、条、万任意一种牌中有四张相同牌同归于一家（未开杠）并和牌，计2分，如图13-16所示。

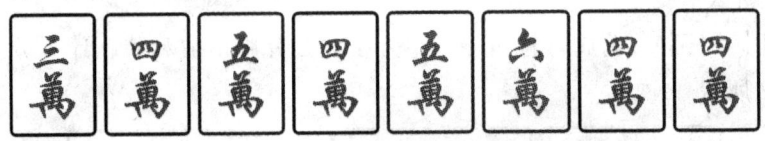

图 13-16

17. 老少副

手牌中1、2、3，7、8、9两副同花色顺子而和牌。计1分。如图13-17所示。

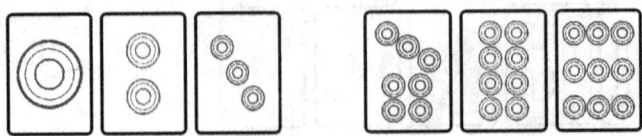

图 13-17

18. 双同刻与双暗刻

两副相同序数的刻子为"双同刻",两个暗刻为"双暗刻",杠与刻相同对待,各计 2 分。如图 13-18 所示。

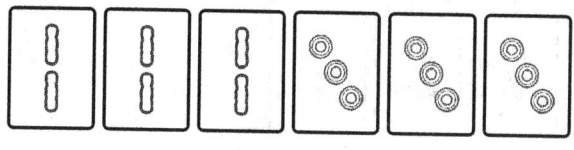

图 13-18

19. 幺九刻

有 1、9 序数牌或字牌组成的刻或杠。计 1 分。如图 13-19 所示。

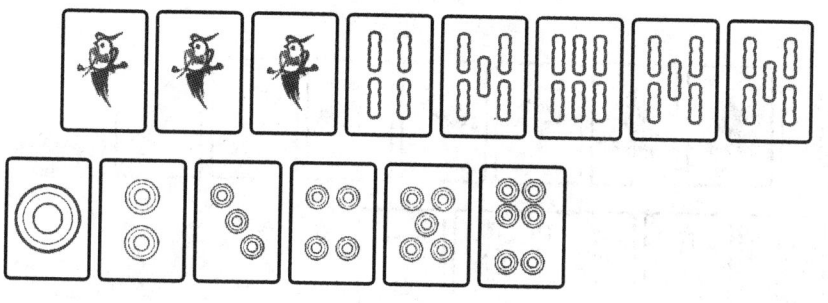

图 13-19

20. 花龙

不同花色的三副顺子连成一至九序数牌,计 8 分。如图 13-20 所示。

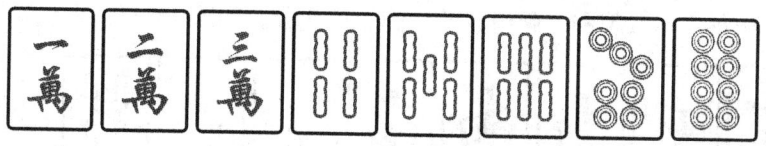

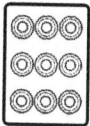

图 13-20

21. 全带幺

手牌中四副牌和将牌都含有幺、九牌(可包含字牌)而和牌。计 4 分。如图 13-21 所示。

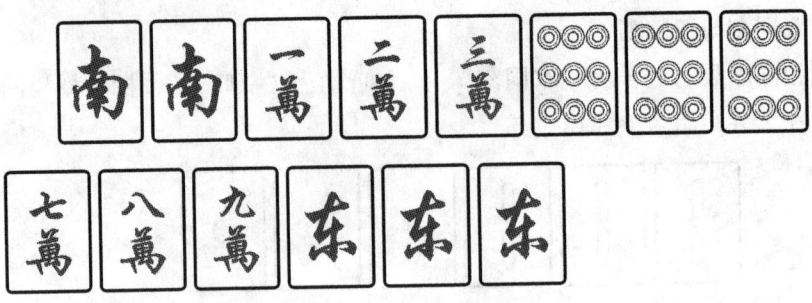

图 13-21

22. 五门齐

和牌时手牌中有风、箭、饼、条、万牌各一副。计 6 分。如图 13-22 所示。

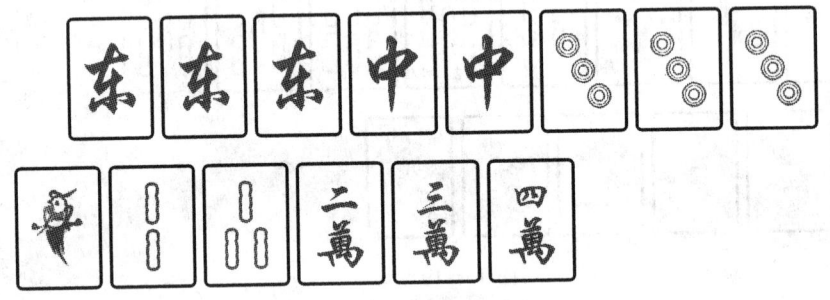

图 13-22

23. 混一色

由一种花色序数牌和字牌组成的和牌。计 6 分。如图 13-23 所示。

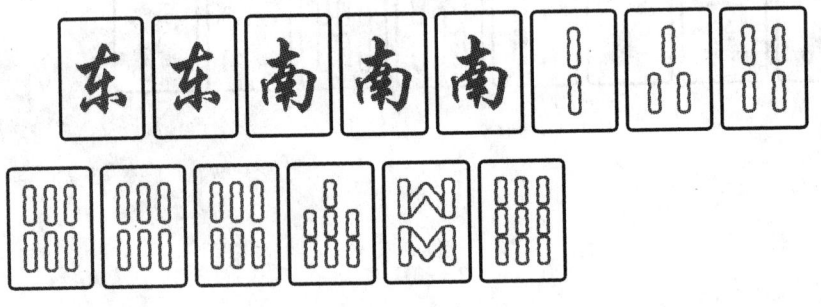

图 13-23

24. 三色三步高

手牌中有三种花色依次递增一位序数的顺子。计 6 分。如图 13-24 所示。

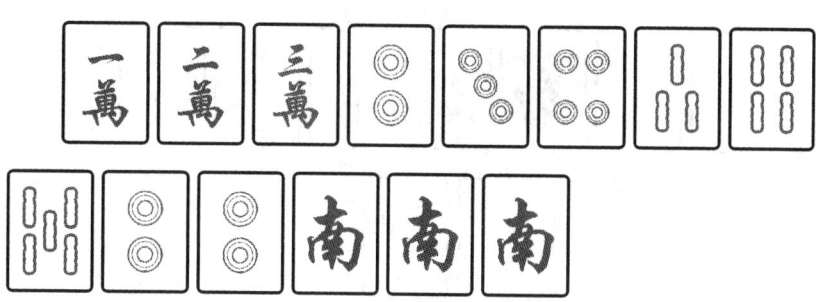

图 13-24

25. 三同刻与三暗刻

手牌中有三种花色不同但序数相同的碰牌或暗刻，碰为"三同刻"，有三个暗刻为"三暗刻"，各计 16 分，如图 13-25 所示。

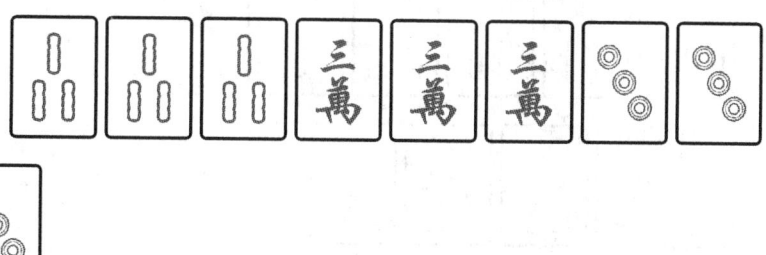

图 13-25

26. 三色三同顺

手牌中有三种不同花色的相同序数顺子。计 8 分。如图 13-26。

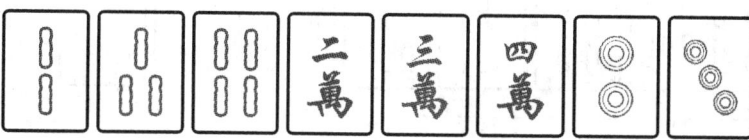
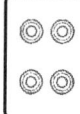

图 13-26

27. 碰碰和

除一对将外，其余皆为刻子（或杠）。计 6 分。如图 13-27 所示。

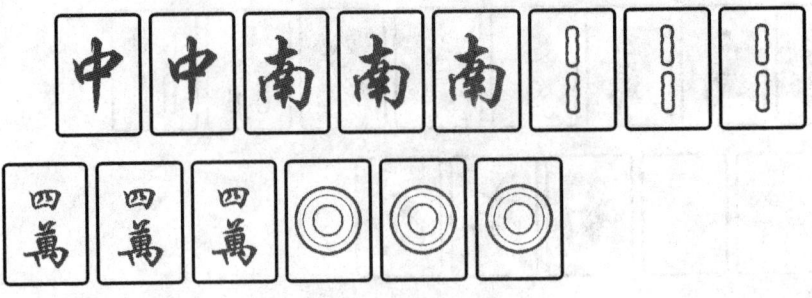

图 13-27

28. 清龙

和牌时手牌中有某一花色1至9连张牌。计16分。如图13-28所示。

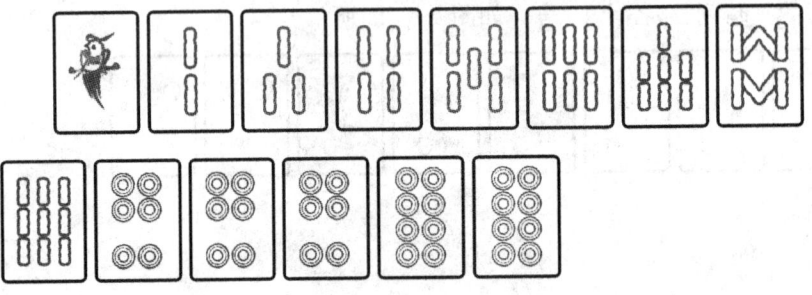

图 13-28

29. 清一色

和牌时，手牌全为一种花色牌。计24分。如图13-29所示。

图 13-29

30. 小三元

和牌时手牌中有两副箭牌（碰、暗刻和杠均可）和一对箭牌将。计64分。如图13-30所示。

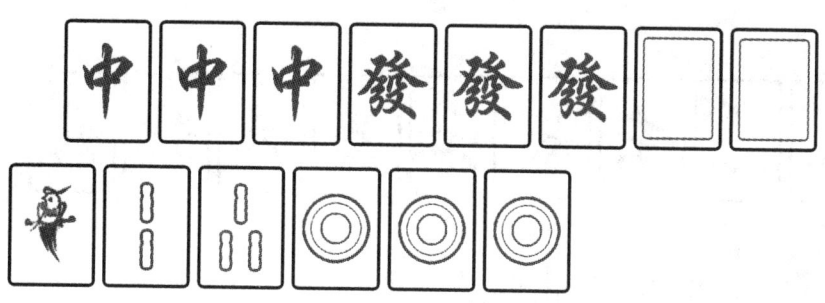

图 13-30

31. 组合龙

和牌时,手牌中有三种花色的 1、4、7,2、5、8,3、6、9 不能错位的序数牌。计 12 分。如图 13-31 所示。

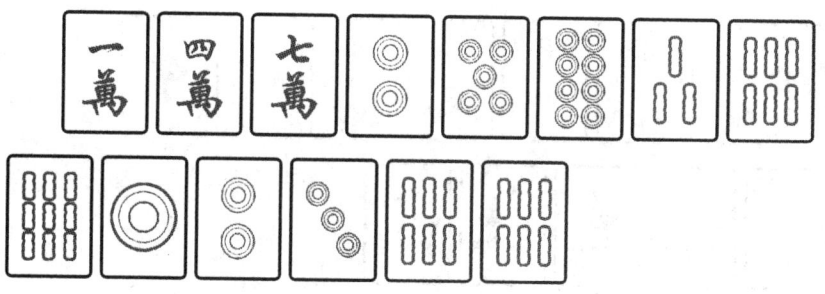

图 13-31

32. 全不靠

和牌时手牌中有由不同花色的 1、4、7,2、5、8,3、6、9 不能错位的序数牌及不同的文字牌,计 12 分,如图 13-32 所示。

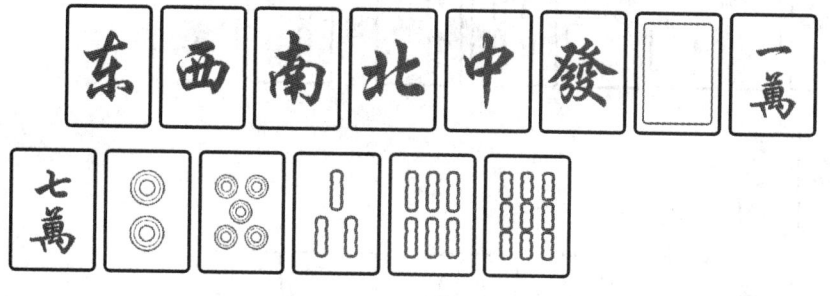

图 13-32

33. 小四喜

和牌中有风牌三副(碰或暗刻均可),另有一对风将。计 64 分。如图 13

—33所示。

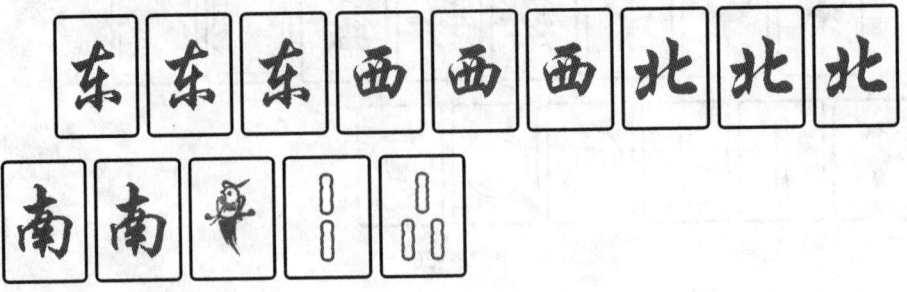

图 13—33

34. 七对

和牌时手牌为七个对子。计 24 分。如图 13—34 所示。

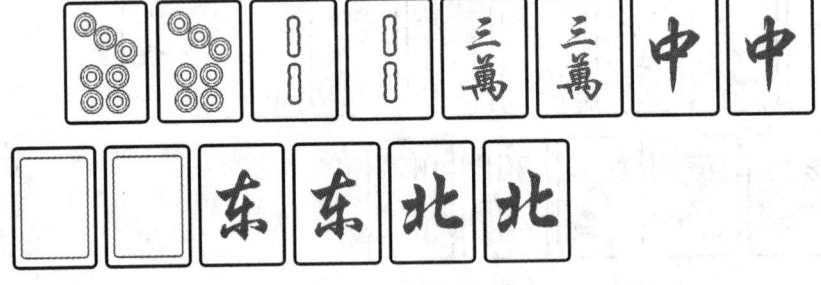

图 13—34

35. 无番和

和牌后数不出任何番种分（花牌不计算在内）。计 8 分。如图 13—35 所示。

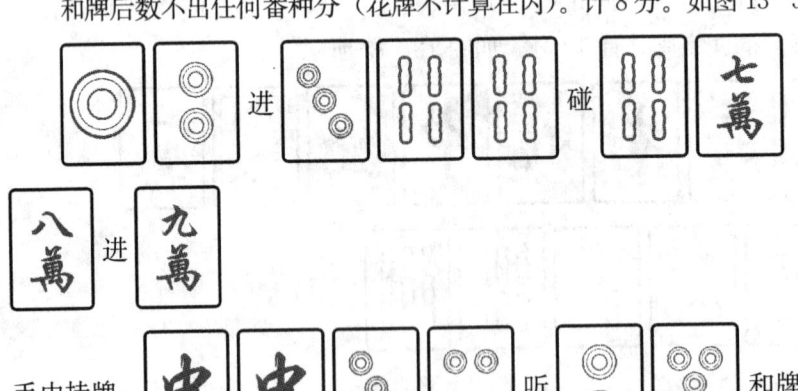

图 13—35

36. 字一色

全是文字牌形成的和牌。计64分。如图13-36所示。

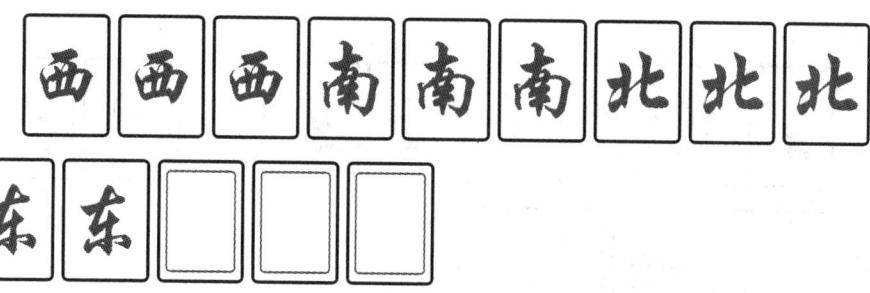

图 13-36

37. 三色三节高

和牌时有三种花色三副依次递增一位数的刻子。计8分。如图13-37所示。

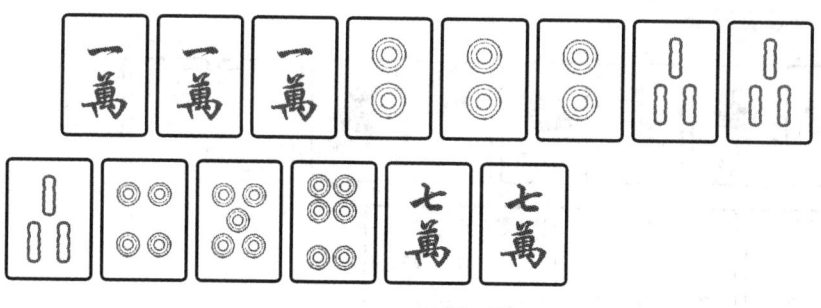

图 13-37

38. 推不倒

由一种牌面图形没有上下区别的牌组成的和牌。计8分。如图13-38所示。

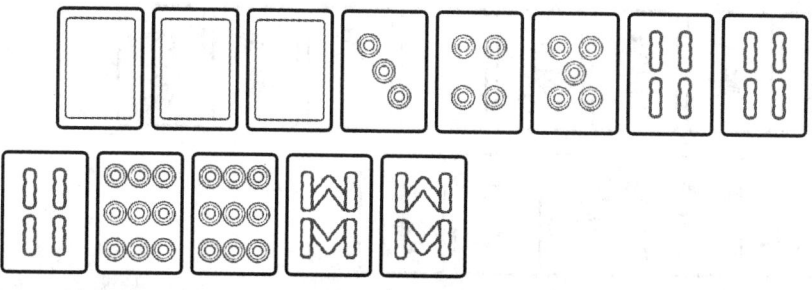

图 13-38

39. 大四喜

和牌中有东、南、西、北风各一副（碰、暗刻或杠）。计88分。如图13-39所示。

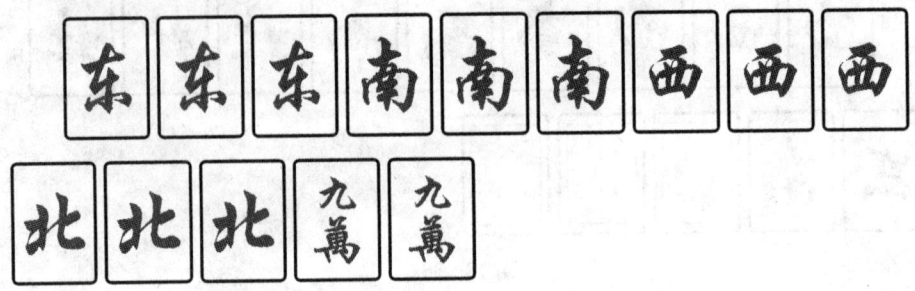

图13-39

40. 大三元

和牌中有中、发、白各一副（刻、暗刻或杠均可）。计88分。如图13-40所示。

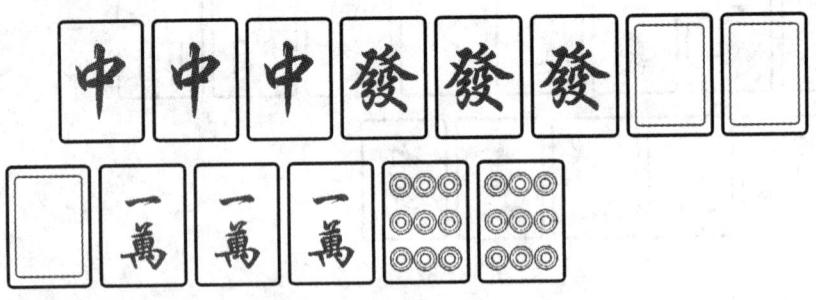

图13-40

41. 连七对

由一种花色序数牌组成序数相连的七个对子。计88分。如图13-41所示。

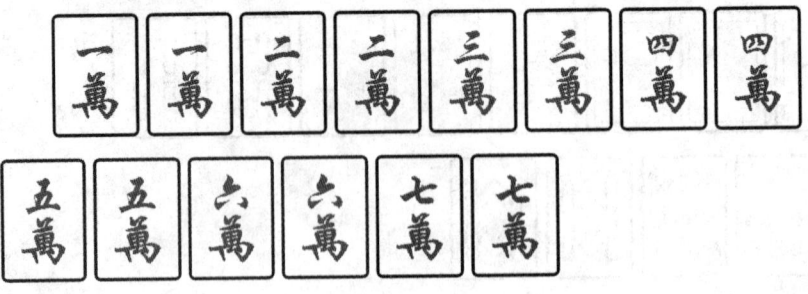

图13-41

42. 大于五小于五

由序数牌 6～9（大于五）或 1～4（小于五）的顺子、刻子、将牌组成的和牌，各计 12 分，如图 13-42 所示。

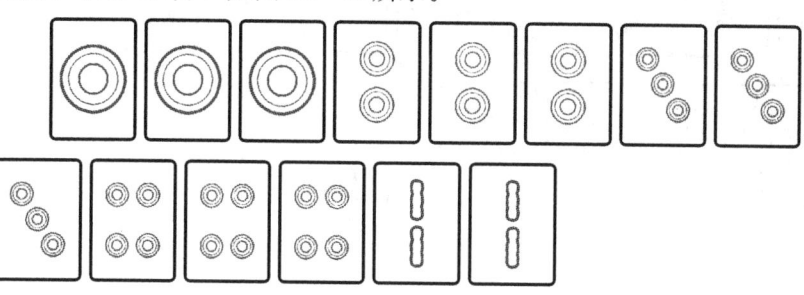

图 13-42

43. 三风刻

手牌中有三个风字刻牌。计 12 分。如图 13-43 所示。

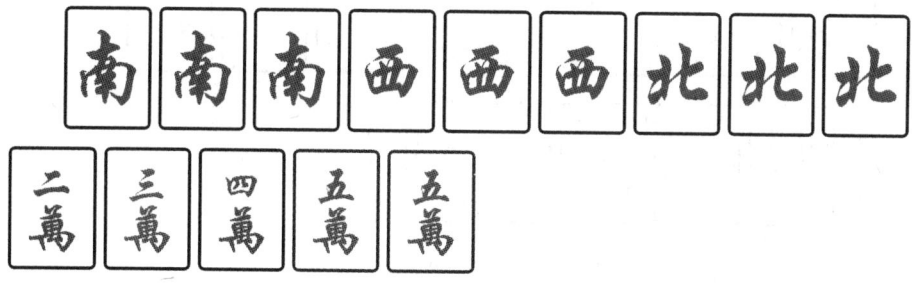

图 13-43

44. 全带五

每副牌和将牌必须有 5 的序数牌。计 16 分。如图 13-44 所示。

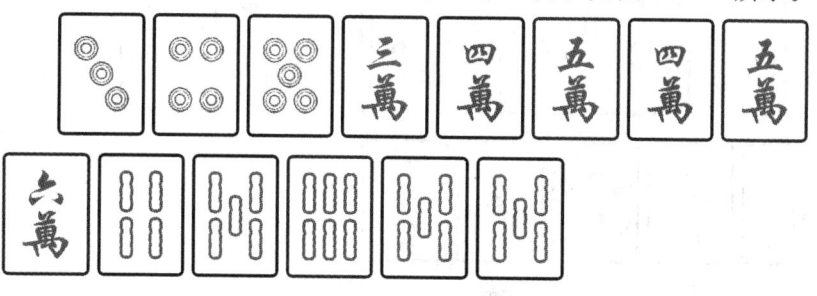

图 13-44

45. 全大、全中、全小

由序数牌 7、8、9（全大），4、5、6（全中）或 1、2、3（全小）组成的顺子，刻子（杠），将牌的和牌，计24分。如图13-45所示。

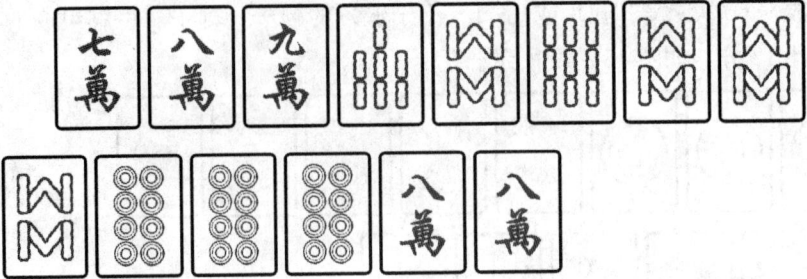

图13-45

46．一色三同顺

和牌时有一种花色三副序数相同的顺子。计24分。如图13-46所示。

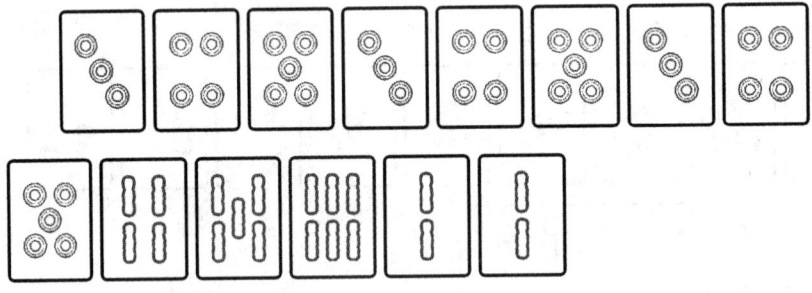

图13-46

47．一色三节高

和牌时有一种花色三副依次递增一位数的刻子。计24分。如图13-47。

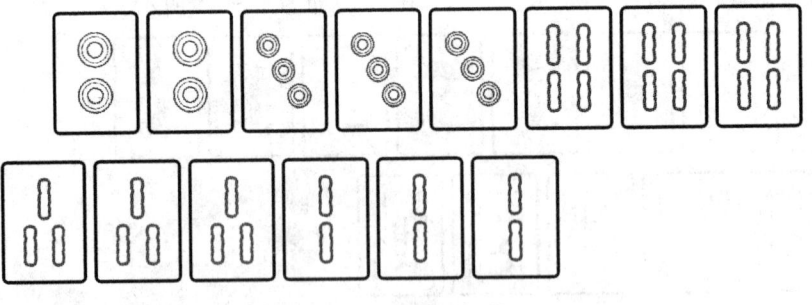

图13-47

48．全双刻

和牌时全是2、4、6、8序数牌的刻子和牌。计24分。如图13-48所示。

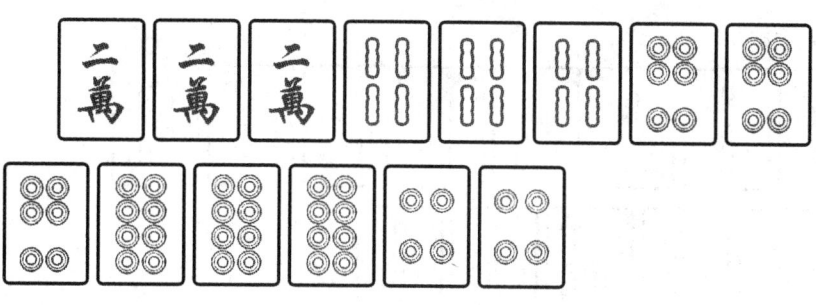

图 13-48

49. 十三幺

不同的三种 1、9 牌和七个字牌组成（将牌相同）。计 88 分。如图 13-49 所示。

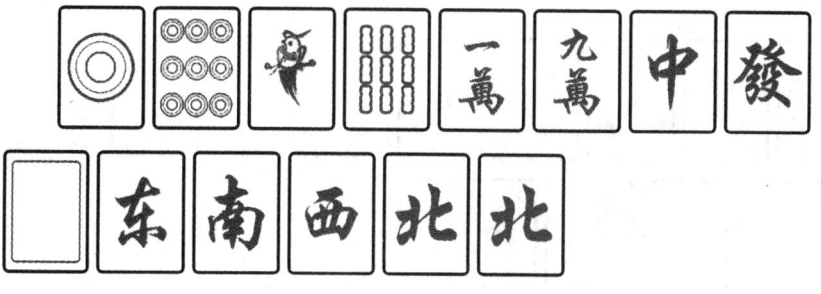

图 13-49

50. 三色双龙会

两种花色两个老少副，另一种花色 5 作将的和牌。计 16 分。如图 13-50 所示。

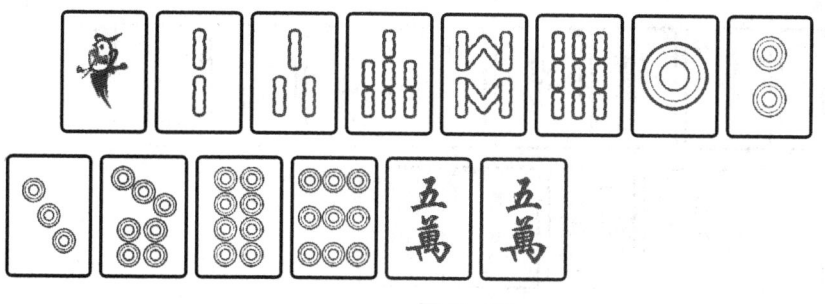

图 13-50

51. 一色三步高

和牌时，有一种花色三副依次递增一位或二位数字的顺子。计 16 分。如

图 13-51 所示。

图 13-51

52. 一色四步高

和牌时，有一种花色四副依次递增一位或二位数的顺子。计 32 分。如图 13-52 所示。

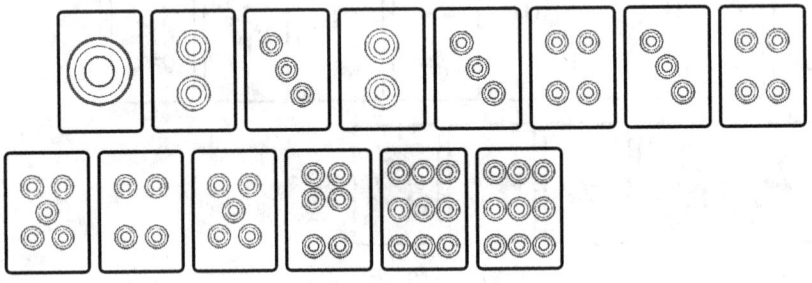

图 13-52

53. 一色四节高

和牌时，有一种花色四副序数递增一位的刻子。计 48 分。如图 13-53 所示。

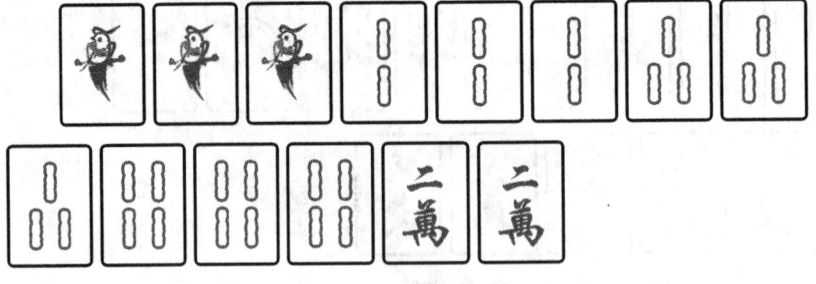

图 13-53

54. 一色四同顺

和牌时，有一种花色四副序数相同的顺子。计 48 分。如图 13-54 所示。

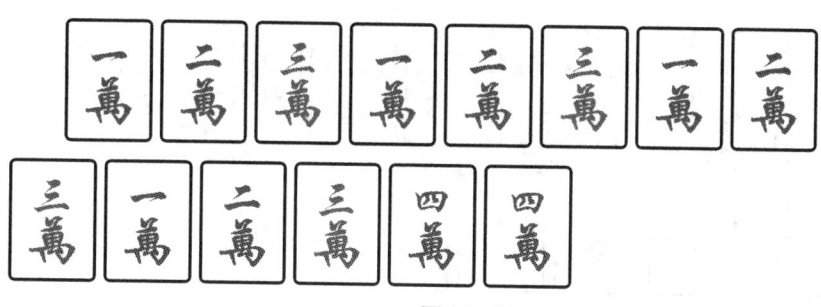

图 13-54

55. 七星不靠

有七个单张的东、南、西、北、中、发、白,加上花色不同的按 1、4、7,2、5、8,3、6、9 序数组成的没有将的和牌。计 24 分。如图 13-55 所示。

图 13-55

56. 混幺九

由字牌和序数牌 1、9 的刻子,将牌组成的和牌。计 32 分。如图 13-56 所示。

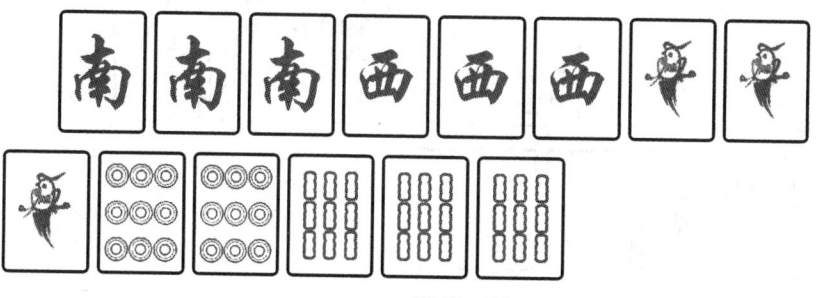

图 13-56

57. 清幺九

由序数牌 1、9 的刻子,将牌组成的和牌。计 64 分。如图 13-57 所示。

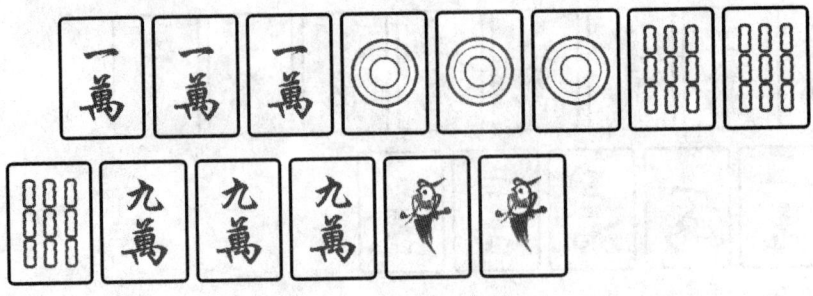

图13-57

58. 九莲宝灯

由一种花色序数牌按1、1、1、2、3、4、5、6、7、8、9、9、9组成的特定牌型，见任何一张同花色牌即成和牌，计88分，如图13-58所示。

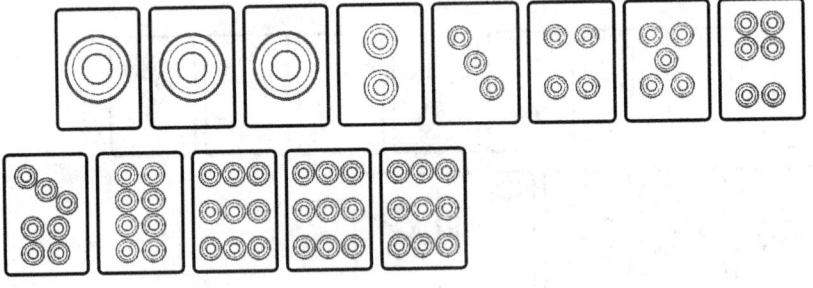

图13-58

59. 绿一色

和牌时手牌中有2、3、4、6、8及发字听任何牌组成的顺子，刻子，将的和牌。计88分。如图13-59所示。

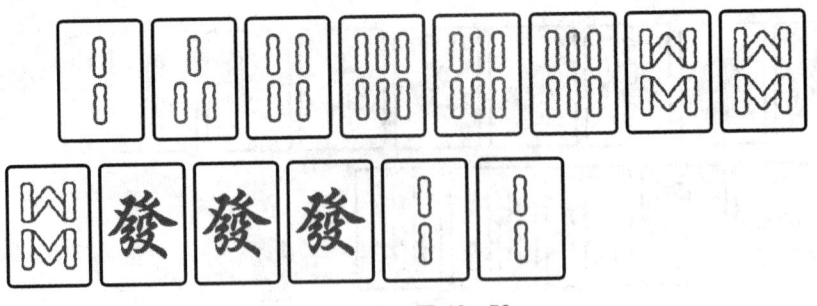

图13-59

60. 花牌

春、夏、秋、冬、梅、兰、竹、菊，和牌后每花计1分。如图13-60所示可计 3 分花牌。

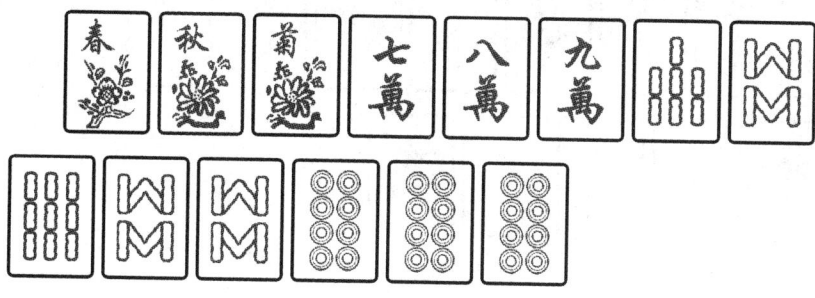

图 13-60

另有自摸、和绝张、双明杠、双暗杠、双箭刻、不求人、全求人、抢杠和、杠上开花、海底捞月、妙手回春、三杠、四杠、四暗刻等番种，顾名即可知其义，故在此不一一释例。

二、牌型花样统计及综合计分

十四张麻将牌可组合成不同的牌型花样，麻将比赛中往往一手和牌可由多种基本番型构成。下面通过 10 手例牌简单介绍番的识别和分数累计方法。（均假设没有自摸、单钓将、嵌张、边张、门前清、圈风刻、门风刻、和绝张、不求人、暗刻、全求人、海底捞月、妙手回春等番）

1. 如图 13-61 所示，此副牌由无字、老少副、连六、喜相逢、平和等番型组成，共计 6 分。

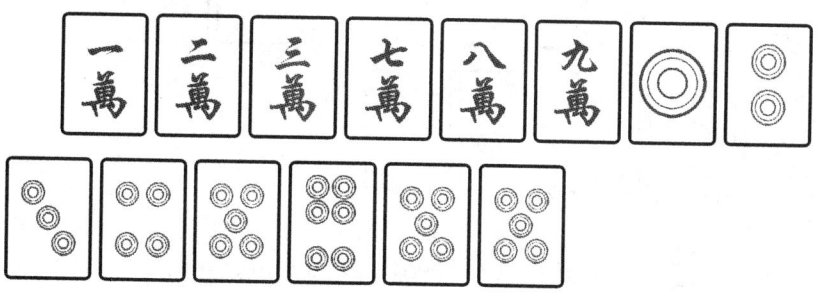

图 13-61

2. 如图 13-62 所示，此副牌由缺一门、喜相逢、全带幺、一色三同顺等番型组成，共计 30 分。

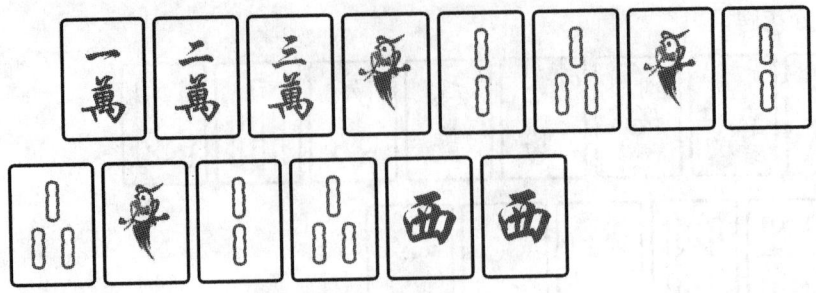

图 13-62

3. 如图 13-63 所示，此副牌由无字、一般高、四归一、平和、花龙等番型组成，共计 14 分。

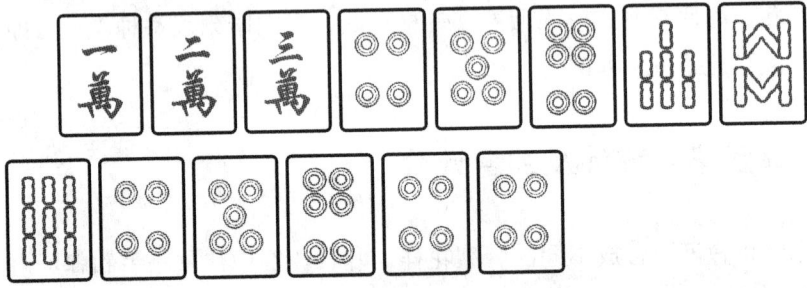

图 13-63

4. 如图 13-64 所示，此副牌由一般高、平和、清龙、清一色等番型组成，共计 43 分。

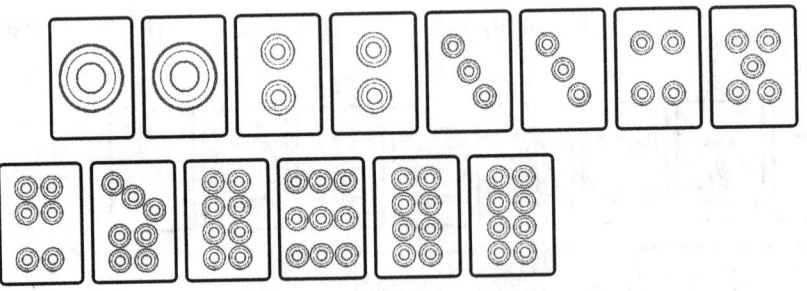

图 13-64

5. 如图 13-65 所示，此副牌由幺九刻连六等番组成，共计 2 分。

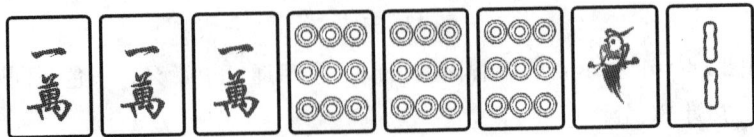

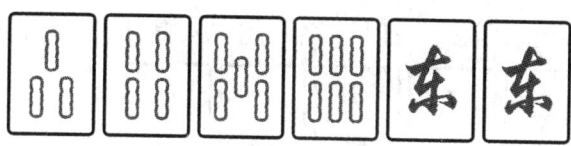

图 13-65

6. 如图 13-66 所示，此副牌由一色三同顺、喜相逢、小于五等番组成，共计 37 分。

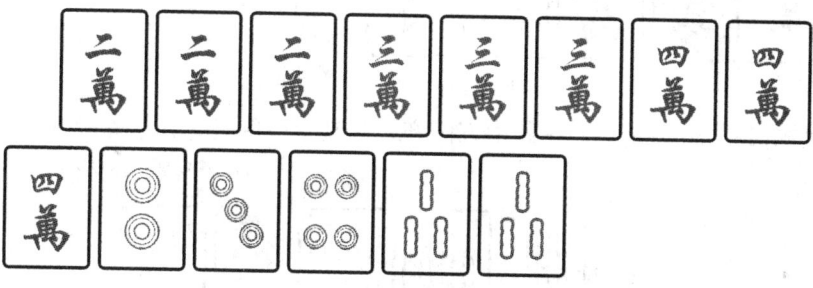

图 13-66

7. 如图 13-67 所示，此副牌由幺九刻、碰碰和、混一色等番组成，共计 13 分。

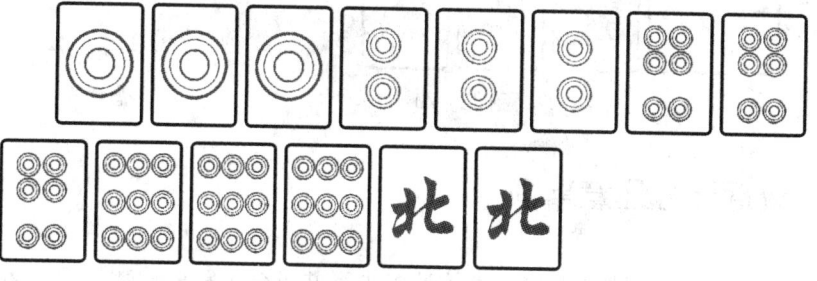

图 13-67

8. 如图 13-68 所示，此副牌由无字、清龙、喜相逢、平和等番型组成，共计 20 分。

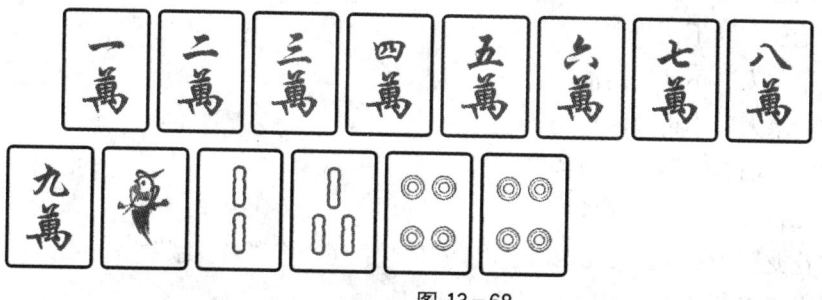

图 13-68

9. 如图 13-69 所示，此副牌由断幺、三同刻等番型组成，其计 18 分。

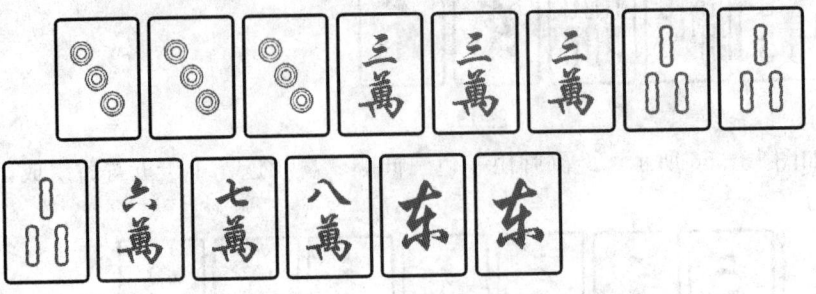

图 13-69

10. 如图 13-70 所示，此副牌由五门齐、箭刻、三色三同顺等番型组成，共计 16 分。

图 13-70

三、数番计分注意事项

和牌时，计分基本规则是有多少番核计多少番并折合为等量分数，不能多计也不能少计，一般情况下，要注意是否重复计分和漏计分并由各家共同确认。

1. "花牌"分不能计在起和分内，补花成和不计"杠上开花"；
2. "抢杠和"不计"和绝张"；
3. "不求人"不计"门清"；
4. "全求人"不再计"单钓"；
5. "妙手回春"不计"自摸"；
6. "无番和"不计"花牌"分；
7. "花龙"中的 1、2、3 和 7、8、9 不能重复计算"老少副"；
8. "大于五"、"小于五"不再计"无字"；

9. "全不靠"不计"五门齐"或"不求人";
10. "全带五"不再计"断幺";
11. "三色双龙会"不再计"喜相逢"、"老少副"和"无字";
12. "混龙"不能重复计算"混一色";
13. "全大"、"全中"和"全小"不再计"无字"和"断幺";
14. "混龙"和"清龙"中的连顺不能重复计算"连六";
15. "一色三同顺"和"一色三节高"不能互相再计番;
16. "清一色"不计"无字";
17. "全双刻"不计"碰碰和"和"断幺";
18. "七星不靠"不再计"五门齐"和"不求人";
19. "七对"不计"不求人"和"单钓";
20. "混幺九"不计"碰碰和";
21. "一色四节高"不计"一色三同顺"和"碰碰和";
22. "一色四同顺"不计"一色三节高"、"一般高"和"四归一";
23. "一色双龙会"不计"平和"和"七对";
24. "四暗刻"不计"门前清"和"碰碰和";
25. "字一色"不计"碰碰和";
26. "大三元"、"小三元"不计"箭刻";
27. "小四喜"不计"三风刻";
28. "大四喜"不计"三风刻"、"圈风刻"、"门风刻"和"碰碰和";
29. "清幺九"不计"碰碰和"、"三同刻"和"无字";
30. "绿一色"不计"混一色",但无"发"字可计"清一色";
31. "连七对"不计"清一色"、"不求人"和"单钓";
32. "九莲宝灯"不计"清一色"。

四、比赛成绩的计算

(一) 盘的计分

牌每盘计分以和牌为前提条件,以比赛分为基本计算单位,根据计分原

则，参照分值表进行计分。

1. 和牌的前提

(1) 必须符合规则规定的牌型；

(2) 番种分值之和至少8分；

(3) 符合规定的和牌方式。

2. 和牌分数的组成结构

(1) 底分：指和牌后，未和牌方必须向和牌方付的比赛分，分值为8分。

(2) 基本分：指和牌后，各个番种分数的总和。

(3) 罚分：指裁判对运动员在行牌过程中犯规所罚分，应在每盘结束时扣除。

3. 分数的计算

(1) 自摸：(底分+基本分)×3方(未和牌方)

(2) 点和：底分×3方(未和牌方)+基本分×1方(点炮方)

4. 计分程序

计分采用自报，公议，裁判核定的程序。和牌者宣布所得分数后，经过同桌运动员确认，最终由裁判核定，并在和牌中翻扣一张牌，表示盘分计算程序结束，和牌者或他人不得再重新审核或追补漏报番种。裁判员按规定要求，在《比赛成绩记录表》中记录比赛有关事项，并要运动员、裁判员签字。

5. 基本分的计分原则

新规则规定的《番种分类分值表》是和牌计分的依据。和牌后，首先根据《番种分类分值表》确定主体番种，并对无必然联系的各个番种进行组合，累加计分。计分时，须遵循以下原则：

(1) 不重复原则

当某个番种，由于组牌的条件所决定，在其成立的同时，要与并存的其他番种不重复计分。

(2) 不拆移原则

确定一个番种后，不能将其自身再拆开互相组成新的番种计分。

(3) 不得相同的原则

凡已组合过某一番种的牌，不能再同其他一副牌组成相同的番计分。

(4) 就高不就低原则

有两副以上的牌，有可能组成两个以上的番种，而只能选其中一种计分时，可就分高的番种计分。

（5）套算一次原则

如有尚未组合过的一副牌，只可同已组合过的相应的一副牌套算一次。

（二）局的计分

1. 局分：在一局比赛中每盘得失的比赛分与基础比赛分的总和。局分不带入下一局比赛。

2. 标准分：是按运动员在该局所得的局分多少排出名次核算出来的。标准分的换算方法是，同组第一名得分为参赛选手的人数，其余得分为参赛选手数减所得名次。

（三）名次的评定

团体名次，按该队运动员在各局比赛中所得的标准分的总和排定。个人名次，按运动员在各局比赛所得标准分之和排定。在排名次时，如标准分相等，则按下列原则依序决定名次：

1. 比赛分之和多者列前；
2. 单局标准分最高者列前；
3. 单局标准分高分多者列前。

（四）比赛缺席的处理

1. 可按比赛轮空处理；
2. 可重新进行编排；
3. 比赛过程中出现"三缺一"的局面；

（1）按已取得的分数评定成绩。

（2）由裁判长指定替补人员作为陪打，参赛可计分，但不计成绩名次。

第十四章

中国麻将与人体健康

一、麻将的价值——"桌上太极拳"

在 2008 年中央电视台播出的春晚节目中,赵本山和宋丹丹演出的奥运题材应景小品《火炬手》有一个抢答题情节,扮演主持人的演员比划了一组示意太极拳的动作让扮演大妈大叔的宋丹丹和赵本山猜是什么运动,赵本山抢先站起来回答说是打麻将,他一边做动作一边说道:洗牌,码牌,抓牌,看牌,和了。

太极拳由道教武当派开山祖师张三丰创建,是将易学的阴阳五行学、中医经络学和古代导引术和吐纳术熔于一炉形成的刚柔相济的内家拳术,它不仅柔和、缓慢、轻灵,而且内外兼修,具有颐养性情、强身健体、技击对抗等多种功能。而提到麻将,社会上有时把它与不健康的行为联系在一起,甚至谈"麻"色变。今天,麻将已经成为人们生活中喜闻乐见的休闲活动,但时不时还能看见听到诸如"离开麻将桌,来打太极拳"(邱黎琳、符怡:《泸州:离开麻将桌来打太极拳》)之类的话语,将麻将与太极拳作为负面消极与正面积极的标志对立起来。

赵本山的小品将麻将与太极拳串联起来,原本是要利用麻将和太极拳的"形似"和"神异"来制造笑料包袱,却不知麻将与太极拳从源头上属于一种

第十四章 中国麻将与人体健康

"同出而异名"关系,无论是它们依据的哲学思想和理论基础,还是它们对于人的性格品行的陶冶作用和身心健康的促进作用,都有着异曲同工之妙,正因为如此,"名声不佳"的麻将被知情者冠以"桌上太极拳"美称。

众所周知,麻将游戏和过牌后洗牌、码牌这一连串动作和太极拳的母式——云手十分相像。而且,打麻将洗牌、抓牌、摸牌、打牌统统都要用手、尤其是十个手指,行牌过程中无论是庄家闲家、对家上下手都会自然而然地天文地理、邻长里短地聊天说话交流,大脑更是分秒不停地高效运转分析形势判断场上趋势组织和牌,这种积极的动手、交谈和思索活动高度协调运转的状态,对人的大脑和内心会产生十分良性有益的影响和作用,收到类似于打太极拳一样的功效。

早于达尔文提出生物进化论的法国生物学家拉马克在其著名的《动物哲学》一书中指出,物种是可以改变的,生物在其生活过程中,有的器官由于经常使用而不断加强、发达,有的器官则由于不用、少用而逐步退化甚至消失。按照拉马克"用进废退"观点,打麻将不间断地让大脑接受信息和刺激并进行积极运转和做功,就是在有效激化大脑,促使大脑活化和发挥其潜在的能量,而大脑越是积极主动地进行思考和做功,便会越来越灵活好用;相反如果不给大脑刺激,让它闲置不做功,大脑便可能像机器不运转会生锈一样,日子一久便很难正常工作了。

2007年10月16日,日本东京电视台(TBS)全国联网节目《傍晚五时》栏目专题采访报道了日本东京理科大学筱原菊纪教授关于"麻将对大脑活动的影响调查"实证研究的成果。筱原菊纪教授早年就读东京大学教育学研究课专攻健康教育方向,是日本著名的脑科学家,也是日本各主要电视健康节目的热门嘉宾。其代表作《大脑提速88法》《30种大脑训练方法》以及《大脑活化手册》《我们都不能自控——从脑科学看社会现象》《我们都中计了——快感与依赖的脑科学原理》等等,不仅在日本畅销,在中国也是很受关注的关于大脑学问的通俗读物。他通过由700人样本所建立的数据库进行的脑活动对比研究,发现麻将游戏对大脑具有明显的活性化作用,麻将爱好者(平均年龄68岁)的大脑比相同年龄段不打麻将的人年轻3岁左右。

筱原菊纪教授进行测试现场"麻将对大脑活动的影响调查"是日本长寿

社会开发中心和日本健康麻将协会共同发起的一项实证性研究课题，其目的在于通过脑波测定等科学方法，验证民间关于麻将有益大脑的传闻，考察麻将对大脑所产生的作用和影响。筱原菊纪教授让志愿者头戴测试用的光纤帽，先后用4张牌、7张牌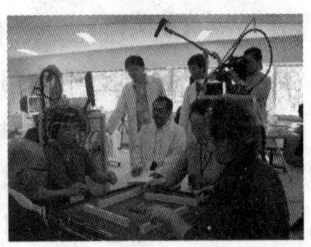
和13张牌进行麻将游戏，通过投射进头皮的红外线反射光的变化，分析打麻将时大脑活动的状况。经过连续两天的持续实验，发现打麻将时志愿者的大脑供血量明显增多，显示大脑处于积极做功状态，尤其处理多张牌和复杂牌时红外线反射光强烈，说明此刻大脑十分活跃，充满活力，证实了麻将对大脑确实具有充分的活性化作用，是一项非常有益的健脑益脑游戏活动，对于维护甚至增强大脑活力，预防大脑退化、老化，具有十分积极有益的作用和价值。

由荷兰麻将联盟主席勒普主办的麻将网站《麻将新闻》2013年6月11日以《麻将和太极拳给予痴呆症患者希望》为标题，报道了美国老年精神病学杂志关于香港教育学院老年痴呆症研究成果的介绍。

香港教育学院让110名住在养老院中患有痴呆症的老年人按每周三次的频度参与打麻将和太极拳等活动，经过为期三个月的跟踪调查，发现麻将和太极拳运动能有效促进他们的大脑和肢体活动，麻将具有延迟认知衰退能力，太极拳拥有延迟四肢衰退能力，打麻将和太极拳不仅让一般患者症状普遍有所好转，就连重度痴呆的患者也呈现出了减缓的趋势（Martin Rep："Mahjong and Tai Chi offer hope for people with dementia"），可见麻将"桌上太极拳"的称号并非浪得虚名，而是毋庸置疑的实至名归。

二、麻将的作用——"老+脑杀手"的克星

1972年日本著名女作家有吉佐和子发表了酝酿、写作达六年之久的长篇小说《恍惚的人》，描写一个叫立花的普通职员家庭如何与患有认知障碍症的老人共同生活的故事。由于日本65岁以上的老人1970年超过了总人口的7%，开始正式步入老龄化社会，《恍惚的人》一经发表立刻引爆了全社会的

关注和共鸣，不仅成为销量过百万的超级畅销书，而且迅即被日本五大电影公司之一的东宝株式会社拍成同名电影，对社会形成了极大的影响。书中对老年问题的思考不仅在很大程度上促进了日本政府关于老年人问题的对策和措施，并让老人问题、老年生活变成了人人关心的问题，"恍惚的人"也因此成为了家喻户晓的流行语和认知障碍症患者的代名词。

所谓的认知障碍症就是老年痴呆症，也叫阿尔茨海默病（Alzheimer disease，英文简称 AD）。医学界目前较为一致的看法认为，阿尔茨海默病是一种进行性发展的致死性神经退行性疾病，临床表现为认知和记忆功能不断恶化，日常生活能力进行性减退，并有各种神经精神症状和行为障碍，患者不仅记忆功能会退化，而且原来认识知道的人和事也会逐渐遗忘，本人不能再进行正常的日常生活以及职业、社交相关活动。

据报道，2015 年全球约有 4600 万人老年痴呆症患者，中国有 600—800 万人。美国的一项研究显示，随着人口老龄化加快，每七秒就有一个人患上此病，而年龄每增加 5 岁，老年痴呆症病人的百分数就将上升 2 倍，换言之 60 岁人群的患病率为 1%，而 85 岁人群的患病率为 30%。阿尔茨海默病患者平均生存期只有 5—9 年，该病和心脑血管病、糖尿病和癌症并列为威胁老人健康的"四大杀手"。

老年痴呆症通常发生在 60 岁以上的老人身上。虽尚未发现十二三岁的低年龄患者，但不能认为是老年人的"专利"，世界上首例老年痴呆症患者就是 51 岁的一位女性，现在四五十岁患痴呆症的数量正在逐年增加。有消息称，"50 岁的女儿陪同 80 岁老母亲看病，竟然双双被诊为老年痴呆；47 岁妇女丢三落四，同样是老年痴呆惹的祸……这些都在显示，患老年痴呆的年龄在提前，老年痴呆逐步呈现年轻化趋势，在中年就开始有症状和反应"（搜狗百科：《世界老年痴呆日》），老年痴呆症在任何年龄段都有可能出现。

老年痴呆症患者从最初的记忆减退、容易遗忘和判断能力下降，逐渐发展为记忆严重受损、简单结构的视空间能力下降，不仅出现时间、地点定向障碍，不能独立进行室外活动，甚至连穿衣、个人卫生之类日常生活方面也需要帮助，失语、失用和失认，已经完全不能进行任何社交室外活动。到晚期，患者记忆力严重丧失，大小便失禁，呈现缄默、肢体僵直，必须完全依赖护理者,除了还能够行走外几乎等同于植物人,给家人和家庭带来极大的痛苦和困难。借助发达的现代医学手段,恶性肿瘤、白血病等患者也能通过有效治疗得到治愈或者延长存活年限,享受生活的乐趣。心脏类疾病通过安装起搏器、进行支架手术等方法,已经基本可以免去其对人健康的毁灭性威胁了。但是,如果人的大脑患病,如患上老年痴呆症,尽管其生命不会因此立刻发生危险,却极大可能变成一个走动的植物人——行尸走肉,除了给身边的人增添麻烦带来痛苦外,更主要的是本人感觉不到生活的乐趣,失去了生活的意义和价值。

2004年6月5日美国第40任总统罗纳德·里根与世长辞,享年93岁。作为美国迄今最长寿的总统,里根在卸任后度过一段依旧风光时期之后,1994年11月5日发表《里根公开信》,公开自己罹患老年痴呆症的病情开始,在之后长达十年的岁月里基本上一直处于与老年痴呆症进行抗争的状态。而与里根当年惺惺相惜的"灵魂伴侣",执英国政坛牛耳11年之久的英国首相玛格丽特·撒切尔在生命的晚年同样罹患老年痴呆症,一生叱咤风云的铁娘子像一个普通的老年孀妇一样独自居住在伦敦的公寓里,几乎没有朋友来看望她,直到2013年4月8日平静去世。

1988年里根和撒切尔在美国白宫跳舞

美国前总统尼克松说过,"世界上最难的工作,是做卸任的美国总统"。确实,从世界上最有权势的人变回一介平民,其间的人生际遇与心态感受不是普通人能体味的。里根总统和撒切尔夫人被认为是"二战"结束后世界上最有影响力的政治领袖,他们联手在20世纪80年代捣毁了"铁幕",结束了东西方对抗的冷战。对于像里根总统、撒切尔夫人这样的一度让世界翻云覆雨的超级强人,医疗护理的因素根本不需考虑,身体上的衰老包括病痛毕竟与岁月有关,他们或许也能够忍受,但精神上不能再感受和拥有曾经的精彩和威权,对他们却是极大的折磨,成为难以医治的心灵创伤。尽管身边有妻子或丈夫陪伴,也有礼貌周到的工作人员护理,但对于前者,长年的相濡以沫已经让彼此熟悉得犹如左手摸右手,难以产生并感受到新的刺激和影响了;

第十四章　中国麻将与人体健康

对于后者，地位和智力的差距让他们根本不可能平等交流互动，没有推心置腹的朋辈秉烛夜谈，没有推杯把盏的好友吆五喝六，他们曾经翻江倒海五光十色的精神生活逐渐变成了没有波浪、没有吐纳的一潭死水，毫无疑问地，老年痴呆症成了他们离群索居后的必然之路。

2009 年获得诺贝尔物理学奖的"光纤之父"高锟，在 20 世纪 90 年代中期从香港中文大学校长职位上退休下来，为了克服家族遗传性的老年痴呆症影响，他开始学习几乎从未接触过的麻将。与高锟认识三十多年的香港中文大学副校长杨纲凯说，高锟退休前从未打麻将，退休后将打麻将作为消遣，可能是他发现自己记忆不如从前，想通过打麻将锻炼大脑、增强记忆。2004 年，常与高锟打麻将的牌友发现他反应变得比以前迟缓，便建议他到医院接受磁力共振脑部扫瞄检查，结果确诊他与自己父亲一样患上了老年痴呆症。

据高锟夫人黄美芸回忆，高锟早在 50 多岁就时不时会忘记钥匙所放的位置，当时还以为高锟只是健忘，现在看来就是老年痴呆的明显征兆了。不难想象，如果高锟不是远超过常人地积极用脑动脑，而且在退休后能够主动积极接触麻将，开始与朋友一起经常搓麻将交流锻炼大脑，恐怕他很早就已经病入膏肓了。

美国阿尔茨海默病协会研究公布的保护大脑、预防阿尔茨海默病的 10 项守则，其中重要的两条内容分别是："给大脑积极刺激"和"与人交流联系"。前者说的是通过学习新知识、包括兴趣爱好等等让大脑积极活动从而增强脑的活性；后者说的是通过与其他人见面交谈参加社会活动等保持身心活力。不言而喻，麻将作为一项以人与人交流为基础的智力游戏，有效地融汇了动脑和社交的所有要素——记牌、算牌，记忆不老；摸牌、抓牌，动手动脑；叫碰、叫和，脑快嘴快，完全涵盖并充分体现了"给大脑积极刺激"和"与人交流联系"的要求。越来越多的实证研究和临床研究结果显示，由于麻将行牌过程中，玩家会自觉不自觉地依据场上变化能动地开动脑筋做出摸、吃、碰、杠和等一系列选择决定，还会有意无意地制造话题与旁家进行交流，有时甚至还要说反话干扰对手思考判断，这些言行会对大脑形成十分有益的积极刺激作用，能有效地活化大脑的神经细胞，因此，经常玩麻将可以让大脑比实际年龄呈现出更富活力的年轻态，"常和麻将脑不糊"，麻将是防治老年痴呆症物美价廉和事半功倍的有效方法。

2004年香港仁济医院与岭南大学合作进行了一项以麻将为内容的研究，这项富有开创性意义的研究旨在验证民间关于麻将有益老年痴呆症的传闻。项目组募集了100名早期老年痴呆症患者，将他们分成两组进行比对性实证研究：一组按每星期打4次麻将每次打4圈的频度进行试验；另外一组则按每星期打2次麻将每次同样打4圈的频度进行对比观察。5个月后当课题组再次对患者的思考及记忆能力进行测试时，数据显示一周打4次麻将的实验组患者无论是其思考力、记忆力还是反应速度，都明显好于一周只打2次麻将的实验组患者，证实了麻将确有活跃大脑、减缓老年痴呆症的功效（腾讯健康：《专家称打麻将可以预防老年痴呆症》）。

三、麻将的魅力——平和心性、活力健康

在大众喜闻乐见的休闲娱乐活动中，麻将是一项适合终身参与的运动。无论是年轻人喜欢玩的篮球、乒乓球之类的体能活动，还是被推荐作为中老年人主要选项的绘画书法，前者运动剧烈容易伤筋动骨，后者静谧厉害让人益发孤僻。麻将动静相宜，快乐有趣，对于改善老年人单调孤独的生活方式有非常大的补益作用，从中老年人生理心理发展特点来看，非常值得在中老年群体中进一步合理有序地推广。

许多麻将爱好者都有这样的体验：一场玩通宵、战连场麻将后，往往都会一边捶打着酸痛的腰背，一边赌咒发誓说下次再也不这样打牌了，结果不到两三天就又坐到牌桌上，在方城之战中冲锋陷阵厮杀得天昏地暗起来。"闲来围坐玩麻将，不知窗外几春秋"。麻将丰富的趣味性和娱乐性容易让人玩耍起来忘掉时间。一代文豪梁启超也难以抗拒麻将的诱惑，打起牌来往往会控制不住自己，最后只好说"只有读书可以忘记打牌，只有打牌可以忘记读书"来自嘲收场。因此，麻将常常被指责引诱人不误正业，浪费时间。新文学旗手胡适在其著名的《麻将》檄文中指出，"麻将平均每四圈费时约两点钟。少说一点，全国每日只有一百万桌麻将，每桌只打八圈，就得费四百万点钟，就是损失十六万七千日的光阴"，他借用吴梅村《绥寇纪略》"明之亡是亡于

马吊"的观点,认为明朝之所以被满洲灭亡,就是因为明朝士大夫夜以继日地打马吊,把正事都荒废了,所以他把麻将和鸦片、八股、小脚一起称为"新四害",批评"国中的男男女女,无论富贵贫贱,不分日夜寒暑,把精力和光阴葬送在这一百三十六张牌上"。

麻将最遭人诟病之处在于赌博,似乎麻将天然就和钱有关联,甚至就是专门的赌钱工具。实际上,一个人是否会赌博、滥赌,甚至不惜倾家荡产地赌博,根本的原因在于他本人,不应归咎于麻将。

麻将活动其实是认识结交朋友、参悟人生哲学和修炼自身品性的有意义的社会学习活动,参与者必须保持充沛的精力和良好的精神面貌,是传统文化千百年来大浪淘沙孕育的国粹,是值得大力发掘、推而广之的健康活力宝藏。

麻将与易经八卦源出同流,其机理之中内置了博大精深的易学哲理,对个人和社会有着十分积极和有益的教化训育功能。《易经》是东方文明的根源,是传统道德和文化的重要载体,含盖万有,纲纪群伦。可是,由于其内容宏大深邃,文字简古变化,因此,先贤圣人为了让更多的人得到易理的熏陶,接受圣哲体道悟道的智慧洗礼,特别创制了麻将作为通俗日用版《易经》,供世人研修习练,修身明德。麻将作为《易经》的通俗日用版本,尽管"百姓日用而不知",甚至长期被贬低为"赌博"工具,但它终归瑕不掩瑜,日久天长和麻将浸润的结果,自然会或多或少地被易经八卦承载的宇宙正能量潜移默化,让我们平和心性,升华德行,活力健康。所以有人认为麻将的"易赌"实际上是要让人"读易",其目的在于锤炼品行,"入局斗牌,必先炼品",通过麻将活动,让《易经》传承的天道地理陶冶并强健整个人的身心。

麻将牌的结构与扑克、象棋不同,144张牌尽管有点色花样的分别,却不像后者事先确定了大小等级差别。比如1饼和9饼有多与少的分别,却没有扑克牌中大王和梅花5,象棋中车和兵有不同的能力和权力的设置。麻将每一张牌的重要性,只有结合到具体的牌型中才能体现出来,脱离了具体的行牌过程,哪张牌好哪张牌差,是无法进行对比衡量的。

但是,拿上手的13张牌却有好与差的分别,因为此时的牌已经不再是没有方圆的散牌,而是已经完成了约定张数的集合了。手气好的人13张手牌已经搭子齐备，一副清一色的胚子；手气差的人一手烂牌首尾不连，花色杂乱。假如是打扑克，此时不等到出牌这一盘实际上早已经胜负分明了，拿烂牌的人只有等着拿好牌的人狂轰滥炸，不可能有丝毫抵抗的余力。可是麻将的行牌过程和结果却和扑克不同：拿好牌的人上张被碰走摸不到牌，和张被人开暗杠；而拿烂牌的人要张得张，不该自己摸的绝张也被上家碰下家送上门来，三下五除二顺势而为自摸和一个门前清不求人的十三幺。因此，对麻将颇有造诣和心得的毛泽东认为麻将里边有辩证法，并且还拿麻将教导下属和身边的工作人员说，打麻将就是拿到最坏的"点数"，只要统筹调配，安排使用得当，也会以劣代优，以弱胜强，天下事事在人为（孙宝义、刘春增、邹桂兰：《毛泽东谈中国对世界三大贡献：第三是麻将》）。

麻将是一个极其易变的游戏。当一盘游戏在 4 名玩家各自拿好 13 张牌后，牌池里 144 张牌还剩下 91 张牌，三分之二的牌还处于不明朗状态，加上如果不留墩要将牌全部打完的话，玩家每人可以换牌 22.75 手，几乎能够让手牌轮换 2 次。即便是当下火热的四川 108 张的血战麻将，理论上也有 13.75 张牌可供换手。同时，麻将的组合方式又十分多样化，即便是按用 108 张游戏的四川麻将计算，其组合类型也有 470 多万种，在听牌之前，每一张新上来的牌都有可能改变手牌的取舍和组合。所以，麻将不像扑克那样把牌拿到手上大致就能够预知结果。手牌好只是一个好的开端而已，最终能不能和牌获得胜利，更多的是需要看玩家在行牌过程中能不能根据牌局发展合理运用碰、吃、摸、杠对手牌进行有效的统筹调配。如果调配得当，差牌也可能顺利和牌；而如果胡吃乱碰，好牌也可能和不了牌甚至点炮。

起手牌好与差不能轻易决定胜负，影响和牌结果的往往更多取决于行牌过程中的积极心态和合理判断，拿到好牌不喜形于色，拿到差牌不垂头丧气，平和心态积极开动大脑，审时度势吃、摸、碰、杠，"风物长宜放眼量"，得失焉能一盘定。"平和"作为麻将的最基本番种和组合，实际上已经清楚道出了麻将的魅力和精妙。

曾出任日本麻将联盟第一任总裁的日本当代文豪菊池宽毕生酷爱麻将，并为推动日本麻将事业发展做出了巨大的贡献。他认为麻将和茶道、花道、空手道一样是一个要求心、体、技精益求精的活动，将其称为"麻将道"，并专门撰写了一篇《麻将赞》，指出任何人都可以凭借不懈的努力达到最好的技术水准，但最后的胜负却更多地要依靠人的性格、心态、悟性和胸襟。麻将玩到了极致就变成了玩家人格的竞技，把麻将的胜负直接和人的心性联系来看，打麻将其实就是在参道悟德，磨砺自己的人品。

四、麻将的竞赛——老龄化社会的福音

麻将活动的康乐作用长期以来并非没有被人体会到，只是由于麻将玉石混杂的特性，其所具有的健康活力价值和意义"瑜被瑕掩"，一直未能得到社会主流的认识和认可，即便今天麻将已经拥有亿万爱家，并且日渐在世界各地散叶开花，其蕴藏的康乐作用却没有充分开发，造福人类。

记载大法家韩非思想学说的《韩非子》讲述了一个卞和献玉的故事。楚人卞和在山中发现了一块玉璞，他拿到王宫献给楚厉王，但鉴别的匠人却说玉璞是石头，楚厉王大怒认为卞和耍诈，令人砍掉了他的左脚。几年后楚武王继位，卞和又去献玉，结果同样被认为是石头，又被砍掉了右脚。等到许多年后楚文王继位，卞和因为双脚都被砍了无法行走，只有抱着玉璞痛哭。三天三夜过去，楚文王听闻了卞和"泣尽而继之以血"的情况，于是派人带他把玉璞再次拿到王宫甄别，这次匠人仔细剔出了玉璞外面的石质成分，发现竟然是一块稀世美玉，文王念卞和的苦心便将这块天下最好的玉石命名为"和氏璧"。

这个妇孺皆知的传说可以作为麻将命运的写照。尽管先人或许正是为了"聚众"，让更多的人能够习练麻将而为麻将预设了"易赌"（其实是"读易"，即阅读《易经》）的机理，但这个设置在世人眼中却本末倒置，对其本来价值和意义反而"买珠还椟"般看不到了。不过，随着科学文化的进步，人们对麻将本质认识的加深，掩饰麻将真相的"马褂"被脱掉，麻将势必犹如破石而出的和氏璧一样，成为大众益智健身、怡情养性、参悟人生的至宝臻品。

1988年，日本针对麻将最常见的弊端，提出"健康麻将"理念，以"不赌钱·不吸烟·不饮酒"作为标志性口号，将麻将升华为一项能够帮助人们"创建健康·创建朋友·创建生活意义"的智力运动项目，对麻将进行了创造

性的新诠释并加注了活力十足的正能量。

日本健康麻将协会理事长田嶋智裕先生出版了《健康麻将：与长寿社会共生》一书，从 20 世纪 80 年代中期就开始尝试在自己的麻将店"加拉帕戈斯"引导客人进行"不赌钱、不吸烟"的麻将活动。加拉帕戈斯原本是厄瓜多尔共和国位于太平洋东部赤道上的海岛名，因岛上有许多体型硕大的乌龟又被称为巨龟之岛。加拉帕戈斯群岛一直以来被认为是"世界上最孤独、最美丽的群岛"，1835 年达尔文登上了这片由海底火山喷发形成的岛屿，岛

上的奇花异草和珍禽异兽让他深受启发，为其最终完成"进化论"的学说奠定了基础。田嶋先生用"加拉帕戈斯"命名自己的"麻将试验田"，一是为了显示健康麻将的独树一帜，二是寄望健康麻将能够一帆风顺走出一片新天地。果不其然，这个在当时颇具新意的游戏方法迅速得到了社会、尤其是老年人的广泛好评和响应。健康麻将杜绝了麻将的陋习并改良了游戏者吸烟造成的不利于健康的负面现象，让人们能够进行游戏时充分感受麻将乐趣，增加和扩大与人进行交流的机会和圈子，让晚年日渐孤立、寂寞消沉的老人们通过参与麻将活动而能够再次能动地融入到社会中来，有效帮助他们摆脱老年痴呆症的困扰并充满活力地生活。在日本，不仅有超过百岁的老人兴致勃勃地和朋友一起打健康麻将，而且日本厚生劳动省将健康麻将吸纳为其主办的全国健康福祉大会的正式竞技项目，政府引导推动健康麻将发展，促进老年人的健康、丰富老年人的生活。

国际奥委会副主席、原国家体育总局副局长于再清先生为日本健康麻将协会会长田边惠三先生编撰的《健康麻将》一书作序指出，麻将是中国民间发展起来的健智运动项目，是中国文化遗产的一部分，可以娱乐身心，锻炼大脑，促进思维，防止老年痴呆，是一项健脑、健心的运动。

麻将是中国具有独特价值的瑰宝，是"群经之首大道之源"《易经》的通俗日用版本，是富有趣味性和娱乐性的益智活动，自然容易为寻求接近中国文化的老外所发现、所喜爱。特别是麻将蕴涵的"众乐乐"功能，天生具有

第十四章　中国麻将与人体健康

聚友亲情作用，对于人口老龄化问题日益严峻的世界，无疑具有化瘀通气的中和调济功效。

美国人口调查局2016年3月29日发布《一个正在老去的世界：2015》报告，称目前全球65岁以上人口数量为6.17亿，预计这一数字将以每年2710万的增长速度急速攀升，到2050年增致15.65亿，世界老龄状况十分严重。而有意思的是，发达国家60岁以上男性仅有21％的人在经济上还处于活跃状态，远低于发展中或不发达国家同一年龄段男性高达50％的经济活跃度（联合国：《世界人口老龄化：1950－2050》）。发达国家凭借社会福利在经济上和医疗上的保障，老年人在物质生活上没有太大的困难，但许多老年人因为无所事事而容易失去自己的社会地位。美国社会学家伯格斯认为，美国的社会结构不能容纳老年人，被排斥在社会活动之外的状况还在进一步发展；加之没有中国家庭"孝亲敬老"的传统和氛围，孤独和冷落逐渐成为生活的主旋律，接近于"行尸走肉"……

2005年6月中国新华网针对欧洲举办麻将锦标赛发表《中国文化走遍全球，欧洲麻将公开赛周末掷骰子》专稿。文章对欧美近年来麻将盛行的现象进行了分析，认为20世纪最后10年，美国主流社会老龄化，不少老人整天闲暇无事，扑克游戏又玩腻了，于是在中国移民的帮助下，打起了麻将。现在，美国纽约等地的老人经常聚在一起玩麻将，而且还举行一些小规模的比赛，给老年生活增添乐趣。过去美国人经常用两个字来描绘中国："好吃！"而现在美国老人喜欢用两个字来形容中国："麻将"。

在中国，家里有老人喜欢打麻将的话，一到休息或周末的时候，子女往往会推掉其他应酬安排，回家陪老人一起打"孝心麻将"，平日说这里痛那里不好的老人打起麻将来就再也不说哪里不舒服了。麻将不仅具有显著的健脑开心的功能，更重要的是，它作为先贤哲人"何以聚人"思维的一个具体物化方法，通过亲友彼此间的邀约和督促等等形式，可以让容易把自己封闭在家中的老年人走出家门，融入到人际社会交流中去，分享快乐，找到寄托，重新回归社会。

日本健康麻将协会田边惠三会长通过在日本近三十年来运用麻将帮助老年人增加生活乐趣、保持健康减少社会护理以及重新融入社会等一系列的社

会实践指出，作为智力健康游戏的麻将活动能够为老年人"创建健康，创建朋友，创建生活意义"，可以作为老年人福祉的核心事业进一步推广发展，为地区、为国家乃至全世界构建充满活力的老龄社会做贡献。

21世纪人类将生活在老龄化的世界中，人口的老龄化已经渗透到了社会、经济和文化的各个领域，不管是否愿意积极地面对老龄化这个问题，我们都不可能回避。因此，我们应发挥创造性思维，为制定和实施有效政策提供更坚固的基础。

习近平主席指出，"积极应对人口老龄化，构建养老、孝老、敬老政策体系和社会环境"，"要努力挖掘人口老龄化给国家带来的活力和机遇，努力满足老年人日益增长的物质文化需求"。美国社会学家哈维格斯特提出的活动理论认为进入老年期的人口和其他年龄组的人口一样有着旺盛的活动愿望，老年人应该积极参加社会活动，社会活动可以帮老年人重新认识自我，可以助老年人保持生命力。社会学家伯格斯对人口"变老"过程的研究发现，进入晚年的老人不一定会变得"没有角色可扮演"，社会中应当有他们适合的新的角色，同其他生命期一样，在社会活动中可以作出应有的贡献。活动理论否定了撤退理论主张的老年人的社会撤退是自然的和不可避免的过程，指出由于现实社会生活往往容易剥夺绝大多数老年人期望扮演社会角色的机会，让其活动的社会范围变窄，活动程度变小，对自身的价值存在感到迷茫，这实际上构成了年龄歧视，应当受到谴责。活动理论提出应当以老年人为对象设计并开展一些补偿性的活动，以维持并增强他们对于社会以及个人心理方面的适应性。

麻将作为一种群体性博弈的智力游戏活动，它能够通过玩家间彼此的邀约和督促，让退出社会舞台、容易陷入孤独和封闭的老年人重新参与到团体活动中来，在麻将社交平台中分享快乐，结交朋友，改变个人生活孤寂冷漠的状态，恢复活力和生机，减少对家庭和社会护理的依赖，达成回归社会的效果。美国斯坦福大学历史学博士爱丽丝。海因茨在对麻将和现代美国社会关系的研究中发现，美国许多退休老年人现在也会利用空闲时间跨越种族和年龄界限来学习如何打麻将，并借此建立、发展他们在退休社区中的新友谊。

麻将的这种益智健脑、愉悦身心的作用对于今天的老龄化社会具有十分重要的价值和意义。在世界第一长寿国的日本，主管医疗福利的最高政府机构厚生劳动省2007年在举办第二十届全国老年大会之际，鉴于麻将具有促进老年人结识朋友、活化大脑的良好作用，将麻将作为了大会的正式竞技项目，以期鼓励并促进老年人参与到这项活动中来，帮助他们维护"健康"的身体，扩展"交流"的圈子，感受"生命"的喜悦。

因此，充分聚焦并扩展麻将这种对中老年人的身体健康和心理慰藉的积极作用，采用老年能动产业理论为依托的产业化运作模式，"政府搭台，社会赞助，团体实施，老人参与"，从丰富中老年人文化精神生活的角度，搭建以中老年人为主体的健康活力麻将赛事活动平台，让中老年人通过参与这个赛事活动走出封闭孤独的自我，实现强健身心回归社会的目的，甚至成为名人、成为一个自信健康快乐成功的人。这是可以缓解甚至解决未来庞大的老年人口对现行社会系统冲击的有效而积极的行动方案，是中国传统文化推陈出新为世界人口老龄化奉献的福音。

主要参考文献

1. 《图解中国麻将经》，居士乐主编，华龄出版社1998年5月版；
2. 《麻将技巧大全》，周庆、裴胤臻编著，黄山书社1993年9月版；
3. 《怎样打麻将牌》，张普生编著，安徽科学技术出版社1993年3月版；
4. 《麻将打法技巧》，袁恩祥编著，蜀蓉棋艺出版社1994年8月版；
5. 《麻将文化和成都麻将技巧》，刘宇编著，蜀蓉棋艺出版社1998年5月版；
6. 《麻将速成和全花样打法》，荣慧剑编，蜀蓉棋艺出版社1998年8月版；
7. 《麻将理念与胜诀》，袁恩祥、陆跃宗编著，蜀蓉棋艺出版社1997年4月版；
8. 《竞技麻将手册》，罗兴贤编，成都体院1998年2月版；
9. 《中国麻将竞赛规则》，国家体育总局审定，人民体育出版社1998年9月版。
10. 《麻将玩法大全》，王庆跃主编，成都时代出版社2003年1月版；
11. 《中国麻将竞技大全》，王庆跃主编，蜀蓉棋艺出版社1999年5月版；
12. 《麻将概率至胜法》，刘清泉著，成都时代出版社2015年10月版；
13. 《血战到底——成都麻将实战妙诀》，伍泽荣、黄培惠编著，成都时代出版社2011年4月版；
14. 《麻将经典实战牌局详解》，伍泽荣编著，成都时代出版社2014年7月版；
15. 《通俗麻将技巧》，赵国鑫著，人民体育出版社2006年6月版；
16. 《麻将和牌原理》，熊道庵编著，蜀蓉棋艺出版社2000年5月版。